# How To Read Horoscope

# कुण्डली कैसे पढ़ें

पं. उर्मिला शर्मा



डायमंड बुक्स

प्रकाशक : डायमंड पॉकेट बुक्स (प्रा.) लि.
X-30 ओखला इंडस्ट्रियल एरिया, फेज-II
नई दिल्ली-110020
फोन : 011-40712200
ई-मेल : wecare@diamondbooks.in
वेबसाइट : www.diamondbooks.in
संस्करण : 2025

**Kundali Kaise Padein (How To Read Horoscope)**
*By : Pt. Urmila Sharma*

# दो शब्द

कोई भी विद्या पूर्ण नहीं हो सकती और कोई भी व्यक्ति पूर्ण नहीं हो सकता। कोशिश हमेशा जारी रखनी चाहिए। अपनी कला व अपने अनुभूत ज्ञान को कभी भी छुपा कर न रखें। जो कुछ भी है वह बांट दें। ज्योतिष एक सटीक और पवित्र शास्त्र है। इसको गलत तरीके से इस्तेमाल न करें और न ही भोली-भाली और लाचार जनता को गुमराह करें। कुछ लोग कुछ बातों के आधार पर ज्योतिष जैसे पवित्र कार्य को आजिविका का धन्धा बना लेते हैं और जनता बेचारी ठगी सी रह जाती है। मैं भी पूर्ण नहीं हूँ और न ही किसी भविष्यवाणी पर पूर्ण दावा करती हूँ, हां किसी को गुमराह करने से जरूर डरती हूँ। इस पुस्तक में भी अपनी अनुभूत बातें लिखी हैं अगर कुछ गलत लिखा गया हो, तो उसके लिए क्षमा प्रार्थी हूँ। कोई भी सम्पर्क करके कुछ भी त्रुटि बता सकता है।

उर्मिला देवी शर्मा
एन-1 राजौरी गार्डन-27
41444979

# विषय सूची

# कुण्डली कैसे पढ़ें?

कई बार जन्म कुण्डली के सामने आते ही भविष्य वक्ता कुछ न कुछ बोलने लग जाते हैं। कभी तो सामने वाले को बातें ठीक लगती हैं और कभी ठीक नहीं लगती। उसका कारण होता है–जन्म-पत्री पढ़ने का तरीका ठीक न होना। लग्न में शुभ ग्रह देखे, या एक दो ग्रह शुभ देखे, बोल दिया कुण्डली ठीक है। बाद में पता चला कि एक माह पहले उसकी पत्नी मर गई है।

इसलिए ठीक भविष्यवाणी और स्टीक बात करने के लिए कुण्डली पढ़ने का ज्ञान अवश्य होना चाहिए। उसके लिए कुछ बातों का ध्यान रखना बहुत जरूरी है :-

(1) लग्न की शुभता–या अशुभता

(2) लग्न कितने डिग्री का है। कई बार लग्न 28, 29 डिगरी का और ग्रह कम डिगरी के होते हैं अतः वह आगे बढ़ने की बजाय पीछे मुड़ रहे होते हैं

(3) ग्रहों का उदय अस्त होना

(4) ग्रहों का वक्री या मार्गी होना उसमें यह भी देखना जरूरी होता है कौन सा कि वक्री होकर कौन से घर को प्रभावित कर रहे हैं? मान लो किसी का मिथुन लग्न है, गुरु लाभ स्थान में वक्री होकर दसवें भाव में अपनी राशि मीन को शुभ करेगा अगर नवम भाव में कोई ग्रह वक्री होगा तो वह आठवें भाव यानि मृत भाव को प्रभावित करेगा। सिंह लग्न की कुण्डली में शनि वृश्चिक राशि का था किसी अनाड़ी पंडित ने मां-बाप को डरा दिया कि यह बच्चा मां के लिए हानिकारक है। मां ने वह जन्मपत्री मुझे दिखाई तो ज्ञात हुआ कि शनि चतुर्थ भाव में केवल डेढ़ डिग्री का ही है जो तीसरे भाव को प्रभावित कर रहा है।

(5) जन्म कुण्डली का जानना बहुत जरूरी है। मुझे एक प्रसंग अच्छी तरह याद है, हमारे घर के सामने किसी का बच्चा होने वाला था। उसने किसी ज्योतिष को कुण्डली दिखा कर पूछा कि हमारे घर लड़की होगी या लड़का? पंडित जी बोले लड़की। जब मुझे बताया कि पंडित जी लड़की बोल रहे हैं। आप क्या कहती हैं? मैंन कहा वैसे तो यह एक लम्बा विषय है मैं एकदम प्रिडिक्शन नहीं कर सकती। क्योंकि नीचे दी गई बातें जानना जरूरी है :-

1. पत्नी पति दोनों की कुण्डली देखना।
2. ग्रहों की डिगरियाँ देखना।
3. सप्तमांश चक्र व द्वादशांश चक्र।
4. नवांश चक्र।
5. ग्रहों की दशा आदि देखना।

उस कुण्डली में मैंने दो बाते नोटिस की-मिथुन लग्न की कुण्डली गुरु दसवें भाव में 22 डिग्री का और चन्द्र विशाखा नक्षत्र के तृतीय चरण का पांचवें भाव में था। जब हमने बड़ी कुण्डली बनवा कर देखा तो गुरु लाभ स्थान पर आ गया था और चन्द्र पाचवें भाव से हट कर छटे भाव में आ गया था। अत: मैंने दावे से कह दिया था कि लड़का होगा। वैसे मैं अपने विद्वान भाई बहनों से निवेदन करूंगी कि वे लड़की-लड़के की भविष्यवाणी के माया जाल में न फँसे।

इस प्रसंग की एक दिलचस्प बात मेरे सामने आ गई। एक दम्पत्ति ने आकर मुझसे पूछा, हमारा लड़का होगा कि लड़की? मैंने यह भविष्य वाणी वर्ष फल के आधार पर कर दी कि लड़का होगा। बस दो महीने बाद पता चला कि लड़की हो गई है। अब वह औरत मुझे झूठा करार करने पर तुल गई। मुझे झूठा होने पर जरा भी दु:ख नहीं था। पर अपनी भविष्यवाणी गलत होने का आश्चर्य जरूर था फिर भी मैं अपनी बात पर जमी रही और कारण ढूंढ़ने लगी।

एक दिन अचानक मेरे दिमाग़ में एक विचार आया और वह विचार सही साबित हुआ। मैंने औरत के पति को अपने घर बुलाया बिना सोचे समझे उस आदमी को साफ बोल दिया। कि तुम्हारा इस औरत के अतिरिक्त और भी किसी से रिलेशन है और उसका बच्चा भी हुआ है। आदमी की सांस ऊपर की ऊपर नीचे की नीचे रह गई। उस व्यक्ति से मैंने प्रार्थना की कि तुम्हारे सच बोलने से मुझे ज्योतिष में मदद मिलेगी मेरा वादा रहा मैं किसी को नहीं बोलूंगी। उसने पूरी स्टोरी सुना दी कि मेरे पहले बच्चे के टाइम मेरी साली घर आकर रहने लगी उसके साथ मेरे रिलेशन हो गए उस समय वह कुँवारी थी। जब उसकी शादी होने की बात आई तो मैंने साफ कर दिया "शादी तुम करो लेकिन बच्चे तुम मेरे ही पैदा करोगी" शादी के एक दिन पहले ही मैंने उससे सम्पर्क जोड़ दिया। 15 नवम्बर को वहां लड़का हुआ और 30 नवम्बर को यहां लड़की। मुझे अपनी रिसर्च पर राहत मिली वह औरत आज भी मेरी ज्योतिष का मज़ाक उड़ाती है।

सो मेरी उन लोगों से प्रार्थना है कि वह सन्तान सम्बन्धी प्रिडिक्शन कभी न करें न जाने पति के सम्बन्ध कहां हैं और पत्नी के कहां?

एक किस्सा तो बड़ा अजीब हो गया एक औरत आई कि कुण्डली बना कर बताओ कि यह बच्चा मेरे पति का है कि मेरे प्रेमी का। मैंने कहा यह तो तुम खुद हिसाब लगा सकती हो। वह बोली अगर दोनों ही एक दिन मिले हों तो? मैंने कहा इसका जवाब साइंस ही दे सकती हैं। सो जन्म-कुण्डली द्वारा भविष्य

बताने वाले को, अनुभव, बुद्धि, दूरदर्शिता, आत्मविश्वास चिन्तनशील इल्हाम-युक्त होना अति आवश्यक है। इस विषय में मेरे पति देव अक्सर मुझे एक कहानी सुनाते थे। एक राजा के दरबार में एक राज ज्योतिषी था। जब वह बूढ़ा होने लगा तो उसने अपने बेटे को तैयार किया और राजा के दरबार में प्रस्तुत कर दिया। राजा ने परीक्षा हेतु मुट्ठी में कुछ रखा और पूछा बताओ बेटे मेरी मुट्ठी में क्या है? बेटा हिसाब में तो पक्का था पर सामान्य ज्ञान में कच्चा। उसने बोलना शुरू किया- आप की मुट्ठी में गोल-गोल वस्तु है, वह पत्थर और धातु की है। राजा बोले बताओ फिर कि वह क्या चीज़ है लड़का बोला चक्की। राजा ने कहा अभी तुम्हारा यह बना है, पर पक्का नहीं। 50 प्रतिशत ज्योतिष होती है 25 प्रतिशत अनुभव एवं दूरदर्शिता और 25 प्रतिशत देशकाल वातावरण का हिसाब होता है। मेरे साथ तो उपरोक्त सभी बातें सही हुई किसी जमाने ऐसी बातें बताना आम था लोग हैरान होते थे। पर इसमें हैरानी की बात नहीं थी केवल दूरदर्शिता की बात थी जो मेरे केस में 90 प्रतिशत खरी उतरी- जैसे दो जवान पति पत्नी आये तो समझो वह बच्चे के बारे में जानना चाहते हैं। दो क्वारे लड़का लड़की निश्चित लव मेरिज़ के लिए पूछना चाहते हैं। 20-22 का अकेला लड़का या लड़की करियर के विषय में जानना चाहेगा। मां के साथ लड़की आएगी, तो प्रश्न विवाह का हो सकता है अगर चेहरे से निराशा या उदासी है तो उसके घर बसने में प्राब्लम आ रही है। अगर अधेड़ व्यक्ति उदास और अस्त व्यस्त बाल और अस्त व्यस्त कपड़ों में है तो वह जरूर किसी विवाद में फंसा है। लेन-देन में अथवा व्यापार में प्राब्लम आ रही है। ऐसी बातों के लिए प्रश्न कुण्डली और जन्म कुण्डली भी देखी जाती है।

जन्म कुण्डली पढ़ते समय धन भाग्य विवाह खानदान, पुराना इतिहास खान दानी रिकार्ड और परम्परागत बातों का भी ध्यान रखना होता है। विदेश में रहने वाले लोगों के विषय में विचार अलग तरीके से किया जाएगा। उनके चरित्र, बोल, चाल, रहन-सहन, वेष भूषा का ब्यौरा अलग होगा भारत में रहने वालो का ब्यौरा अलग तरीके से बताना होगा। जैसे कि विदेश में रहने वाले भारतीय लोगों के लिए सिगरेट शराब कोई ख़ास बात नहीं, पर यहां के लोगों के लिए यह खास बात है। भारत में भी हर राज्य के लोगों का स्वभाव-संस्कृति वेष-भूषा बोल-चाल का लहज़ा अलग होगा उसी तरीके से हम लोग उसके बारे में वैसी ही भविष्यवाणी करेंगे जैसे कि हरियाणा और राजस्थान की लड़की वैसी बोल्ड नहीं होगी। जैसे कि दिल्ली और मुम्बई की लड़की अगर हमें भविष्य वाणी करनी होगी तो राजस्थान की लड़की के लिए हम कहेंगे कि उसकी सोच काफी ऊंची और स्वतन्त्र दिमाग़ वाली है। जब कि बॉम्बे की लड़की के लिए पार्टी, आधी कचरी पोशाक सिगरेट शराब का सेवन करने वाली, और स्वतन्त्र स्वभाव की कहेंगे। और अरब देश की स्त्री की भविष्यवाणी तो काफी सोच समझ कर करनी होगी।

अभी हाल ही में टी. वी. पर तालिबानी लोगों ने एक 17 साल की लड़की को कोड़ों की मार से नवाज़ा कसूर केवल प्रेम प्रसंग का था। ऐसे लोगों की कुण्डली को सोच समझ कर ही बताना होगा इसलिए ही मैंने लिखा कि ज्योतिष 50 प्रतिशत बाकी अनुभव और बुद्धि का खेल है।

विदेशों में खास कर योरुपीय देशों में स्त्री और पुरुष के कार्य रहन सहन और विचार धारा एक जैसी होती है, और शक्ति प्रदर्शन भी लगभग एक जैसा ही होता है पर भारत में अभी स्त्री को पूर्ण आज़ादी नहीं है, अगर कोई व्यक्ति अपनी ओर से आज़ादी दे भी तो भी समाज के कुछ तुच्छ लोग उसे जीने नहीं देंगे। यहां की स्त्री एक तालाब की भांति है और जबकि पुरुष बहते पानी की तरह है। स्त्री की इज्ज़त जल्दी उछलेगी, पुरुष पर कोई ख़ास ध्यान नहीं देगा न घर के लोग न बाहर के।

# कुछ बातें प्रश्न कुण्डली की

जन्म कुण्डली तो तभी बन जाती है जब बच्चे का जन्म होता है। जीवन में बच्चे के अनेकों पड़ाव आते हैं। अनेकों रूप बदलते हैं जिनका ब्यौरा, जन्म कुण्डली में न तो ग्रन्थ की शक्ल में होता है और न ही व्याख्या की शक्ल में। आज का दिन यात्रा के लिए कैसा रहेगा? परीक्षा में पास होऊंगी या नहीं? आज लड़की वाले देखने आ रहे है? आज फलां डील होनी है? इन्टरव्यू कैसा होगा? आदि सैकड़ों ऐसे सवाल होते हैं जो समय समय पर उगते रहते हैं। जिनका जन्म पत्री में ब्यौरा कोई नहीं होता। वंश नाम के साथ मेरा ताल मेल बैठेगा विख्यात मेरे लिए लकी है? या अन लकी ऐसे ढेरों सवाल कुकरमुत्ते की तरह उगते हैं और खत्म हो जाते हैं। इन्हीं समस्याओं के लिए 'ईन्स्टन' प्रश्न कुण्डली का निर्माण होता है वैसे तो मैंने ढेरों प्रश्न कुण्डलियां बनाई और उनके उपयुक्त जवाब दिये और उनके रिजल्ट भी ठीक आए पर अभी मैं ताज़ा उदाहरण दे रही हूँ।

मैं मेरठ में रह रही थी। मेरे छोटे 'ग्रेंड सन' ने दिल्ली से प्रश्न किया मैं फलां होटल में साक्षात्कार देने जा रहा हूं। वहां मेरा काम बनेगा मैंने फोन पर ही उसी वक्त जवाब दिया कि होगा जरूर मगर देर से।

प्रश्न- 3-4-09 समय दोपहर पौने 3 तीन बज़े।

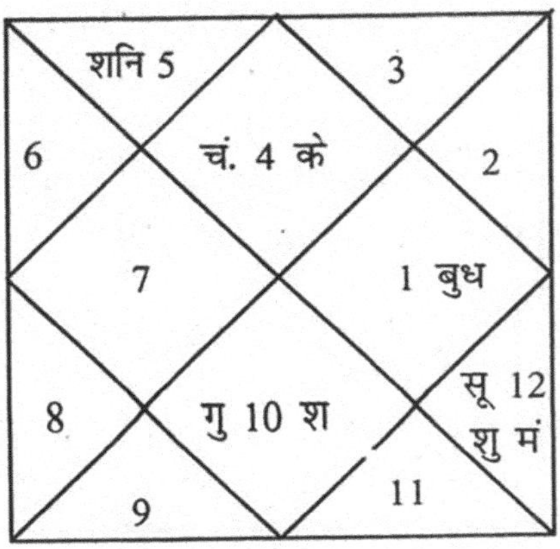


(1) थोड़ी बहुत चिन्ता और आशंका, क्योंकि लग्न में केतु है।

(2) शनि दूसरे ढैया का प्रदर्शन कर रहा है। कर्मेश मंगल लामेश शुक्र और धनेश सूर्य भाग्य स्थान में शुभ तो हैं पर पूर्णतया शुभ नहीं शुक्र सूर्य से अस्त है मंगल कारक ग्रह है वह अपने से 12 वें हैं। सूर्य शनि अधिष्ठित राशि का स्वामी है। मैंने हां क्यों कही?

लग्न चर राशि का है। चन्द्र भी चर राशि का है। बुध दशम में पराक्रमेश

होकर आ गया है। गज़ केसरी योग भी है। इन्टरव्यू 3-4-09 को हुआ और कॉल आई 1-5-09 को सो मेरी रीडिंग ठीक हो गई। मेरे अपने तैयार किये प्रश्न सम्बन्धी तथ्य हैं जैसे लग्न तीन प्रकार के होते हैं। वैसे प्रश्न लग्न भी तीन प्रकार के होते हैं। चर स्थिर द्विसभाव- 3, 6, 9, 12 स्थिर 2, 5, 8, 9 चर- 1, 4, 7, 10 मेष, कर्क, तुला, मकर यह जल्दी तुरन्त या लगभग हां के प्रश्न होते हैं। इसमें चन्द्र की स्थिति जानना जरूरी होता है। शुक्ल पक्ष की चतुर्थी से लेकर कृष्ण पक्ष की पंचमी तक के किये गए प्रश्नों के उतर लगभग ठीक होते हैं। किसी भी सबजेक्ट का प्रश्न यदि चर है, चन्द्र भी चर राशि का है और बैठा

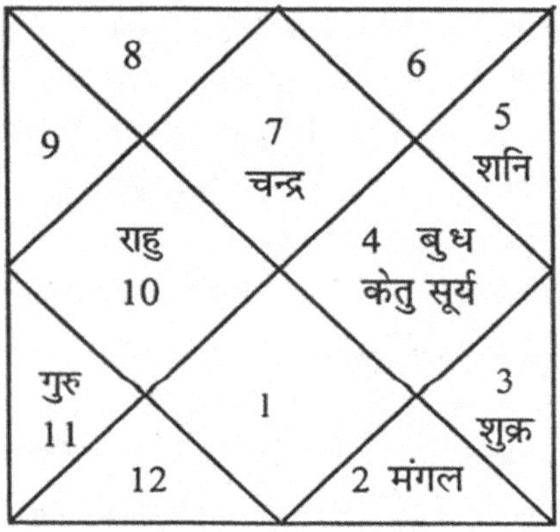


भी उसी भाव में है जिस भाव से सम्बन्धित प्रश्न हुआ है तो उसका उत्तर ठीक होगा वैसे मेरे तो हज़ारों प्रश्नों के उत्तर ठीक रहे पर जो ताज़ा प्रश्न और तुरन्त उत्तर वाला प्रश्न काफी महत्वपूर्ण है 30-7-09 समय लगभग दोपहर के 12 उस के पहले 10 साल तक न मेरे मन में लिखने का ख्याल आया न ही कोई चर्चा। बस बच्चों के करियर बनाने में लगी हुई थी। अब दोनों बच्चे सेट हो गए थे। मैं एक दम फ्री हो चुकी थी अचानक एक क्षण में दोबारा लिखने का ख्याल आया। बात हुई और लिखना शुरू किया।

क्यों और कैसे?- वर्तमान दशा शनि की और अन्तर गुरु का प्रश्न भी जन्म कुण्डली के पंचम भाव का था। कुछ नक्षत्र सकारात्मक फल देते हैं। जन्म

**जन्म कुण्डली**

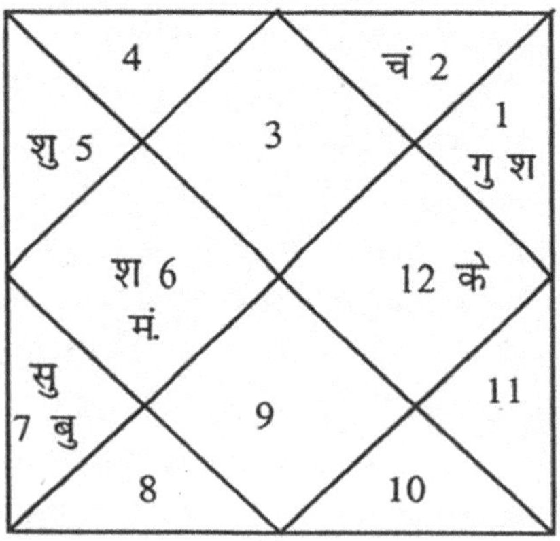


**प्रश्न कुण्डली**

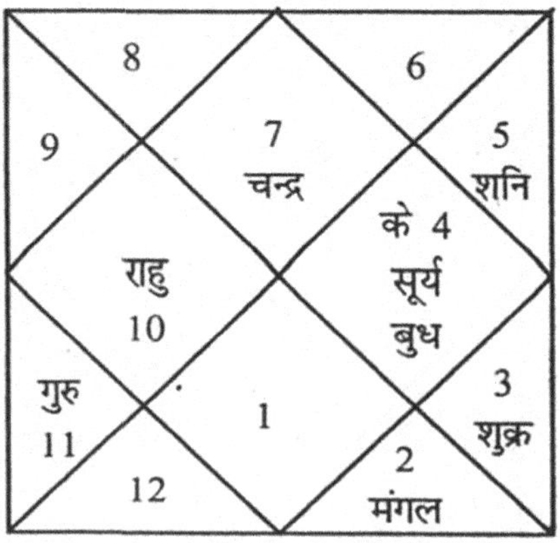

कुण्डली में भी और प्रश्न कुण्डली में भी- रोहिणी, पुण्य, उत्तरा फाल्गुनी, विशाखा, पूर्वाषाढ़ा, घनिष्ठा और रेवती। ये शुक्ल-कृष्ण दोनों पक्षों में ठीक फल देते हैं।

(2) नकारात्मक- कृत्तिका, पुर्नवसु, फूफाल्गुनी स्वाति मूला श्रवण उत्तरा भाद्र पद।

(3) मरणी, आर्द, मधा, चित्रा ज्येष्ठा- पूर्वामाद्र आंशिक सफलता

(4) अश्वनी मृगाशेरा- आश्लेषा हस्त अनु राधा उत्तरा माद्र शत भिषा- यह नक्षत्र शुल्क पक्ष में ठीक काम करते हैं।

प्रश्न का सकारात्मक स्वरूप:-

लग्न तुला चर, चन्द्र चर लग्न में नक्षत्र विशाखा लग्नेश शुक्र भाग्य स्थान पर भाग्येश बुध दसवें सूर्य के साथ। पाचवें गुरु नवम, लाभ स्थान और लग्न को देख रहा है इसलिए 5 मिनट के अन्तराल में कार्य प्रक्रिया पूर्ण हो गई।

दशा- अन्र्तदशा का जन्म पत्रिका में बहुत ज्यादां महत्त्व होता है। क्योंकि यह तो सभी कहते हैं कि तुम्हारी कुण्डली बहुत अच्छी है। राज योग हैं, उच्च के ग्रह है, पर होता बिल्कुल विपरीत है। व्यक्ति पंडित जी को कोसता है झूठा करार भी कर देता है। इसमें किसी का भी कसूर नहीं होता। ***माली सीचें सौ घड़ा ऋतु आए फल होय***

***धीरे धीरे रे मना धीरे सब कुछ होय***
***माली सीचे सो घड़ा ऋतु आए फल होय***

दो व्यक्ति के जन्म कुण्डलियां लगभग एक जैसी होती हैं पर केवल चन्द्र की स्थिति ही जमीन आसमान का अन्तर पैदा कर देती हैं। यानि जन्म नक्षत्र के कारण लगभग सेम कुण्डली के होते हुए भी जीवन शैली एक दम भिन्न हो जाती है। A-कुण्डली वाले को कुछ भी अच्छा प्राप्त नहीं हुआ- कुण्डली A- (1)

A (1)

B (2)

माता पिता सुख-पिता ने मां को छोड़ दिया मां अस्पताल में रहती थी। बेटी घर में अकेली।

(2) भाई बहन नहीं

(3) शादी में जरूरत से ज्यादा अभाव मां के घर रह कर उसी के खर्चे पर जीवन यापन किया। पति को आर्थिक सुख नहीं मिला।

(4) सन्तान भी नहीं हुई।

(5) 40 साल में विधवा हो गई।

(6) एक बच्चा गोद लिया वह भी मर गया।

(7) न पढ़ाई, न कोई ऐसी योग्यता जिससे जीवन यापन किया जाए।

(8) हां मां का छोटा सा मकान जरूर मिल गया।

उपरोक्त A-No की कुण्डली में धनेशचन्द्र नीच का होकर छठे स्थान में है। जो भी धन प्राप्त हुआ, सब बीमारी और बच्चे प्राप्त करने के लिए खत्म हो गया एक मुकद्दमा भी लड़ना पड़ा। लाभ स्थान के गुरु, शनि, व चन्द्र जैसी महत्वपूर्ण दशाएं जीवन पर्यन्त नहीं आएगी। शुक्र दशा शुरू में आ गई सूर्य और चन्द्र दशा संघर्षों में बीत गई, मंगल दशा में पति की मृत्यु हो गई 73 वर्ष की उमर में गुरु की दशा आएगी।

**कुण्डली B**

(1) शादी से पहले का जीवन इस महिला का काफ़ी दुःख-पूर्ण गुज़रा। घरवालों ने पढ़ने नहीं दिया पर बाहर की किसी महिला ने पढ़ने में सहयोग दिया। पांचवी के बाद रत्न-भूषण प्रभाकर किया। जिसके फलस्वरूप एक लेखक और महाविद्वान् व्यक्ति से विवाह हुआ।

(2) ससुराल के लोग अच्छे विशेष कर सास बहुत महान्, पति भी सोच के अनुकूल थे।

(3) राहु की दशा में विवाह गुरु के अन्तर में बेटा प्राप्त और खूब पढ़ाई की मैट्रिक से एम. ए. तक। अन्य कई डिग्रीयाँ प्राप्त की।

(4) 1974 में गुरु की दशा आते ही लेखन कार्य शुरू हो गया, कई मैगनीज़ों में लेख लिखे, कई किताबें लिखी 25 वर्ष तक राशिफल लिखे। शनि की दशा बुध के अन्तर में पति की मृत्यु के बाद जीवन में ठहराव आ गया। धन-कोठी तो प्राप्त हो गई, पर गठियां रोग होने के कारण लेखन कार्य रुक गया अब दस वर्ष बाद शनि में गुरु के अन्तर में फिर लेखन कार्य शुरू हो गया।

मैं कोई अपनी जीवनी नहीं लिख रही बल्कि दशाओं का महत्व बता रही थी कि कौन सी दशा अपने कार्य काल के दौरान कैसा फ़ल देती है।

मैंने बहुत सी ऐसी जन्म-कुण्डलियां देखी जिनके उच्च के ग्रह और, अच्छे योग होने पर भी उपयुक्त फल नहीं भोग पाये। कईयों की तो शादी भी नहीं हो पाई कईयों के बच्चे नहीं हुए। ऐसे केस भी होते हैं जिनमें पति को तो सन्तान

लिखी होती है पर पत्नी को नहीं। ऐसे तो बात बन जाती है या तो पति दूसरा विवाह कर लेता है या कही अन्य स्त्री से सम्पर्क बना लेता है। अगर पति को सन्तान न लिखी और पत्नी चुपचाप किसी और से जुड़ जाए। नहीं ऐसा कैसे हो सकता है जब पति को डाक्टरों ने शुक्राणु न होने की बात कह दी हो तो? जी हां मेरे पास ऐसा केस 1980 जनवरी में आया था मैंने लड़के को कह दिया था कि तुम्हारा बच्चा नहीं हो सकता। तुम्हारी पत्नी का हो सकता है। वह लगभग 12 वर्ष तक उन लोगों ने कई इलाज़ किये कितने खर्च किये पर नतीज़ा कुछ नहीं निकला। फिर वे लोग दोबारा मेरे पास आए। लड़का कहने लगा तुम्हारी भविष्यवाणी में यह तो समझ आता है कि मेरी सन्तान नहीं हो सकती पर यह समझ नहीं आ रहा पत्नी मेरे बगैर सन्तान कैसे पैदा करेगी? मैंने सुझाव दिया कि आज कल नई पद्धति इज़ाद हो गई है, शुक्राणु बैंक से शुक्राणु लेकर परखनली द्वारा बच्चा पैदा हो सकता है। सो उन्होंने उसी पद्धति को अपनाया। 12 साल बाद उनके दो बच्चे हो गए। देखे कुण्डलियां क्या कहती हैं?

(3) पति

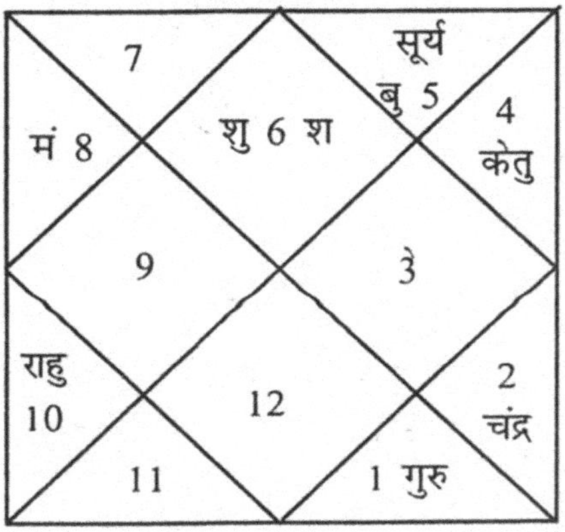


(4) पत्नी

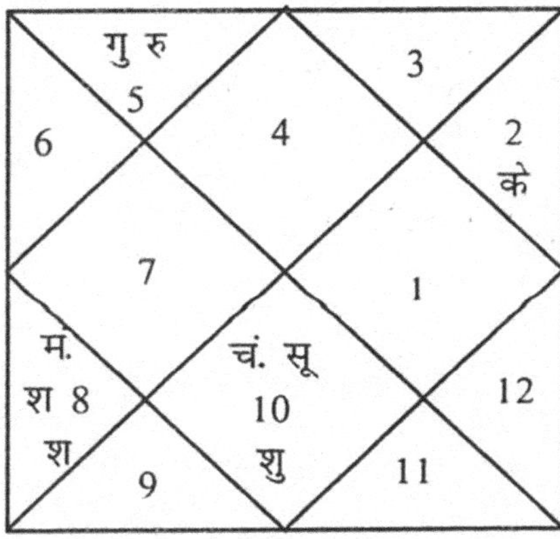


शुक्र अस्त नहीं मगल 5 डिगरी है राहु 23 अत: कर्क लग्न की कुण्डली में पंचमेश सुरक्षित था। देर से होने का कारण थी दशाएं राहु की दशा तक बच्चा नहीं हुआ गुरु की दशा आते ही बच्चा हो गया। गुरु दशा में चन्द्र के अन्तर में एक लड़की मंगल के अन्तर में दूसरी लड़की।

कन्या लग्न की कुण्डली के अनुसार लग्नेश बुध नंपुसक ग्रह माना जाता है। वह 12 वें सूर्य से अस्त है पंचमेश शनि भी नंपुसक ग्रह है और वह बुध की राशि में शुक्र के साथ बैठ कर, उसे भी बर्बाद कर दिया। लग्न में नीच का शुक्र, नंपुसक शनि और लग्नेश बुध भी अस्त होकर नंपुसक हो गया है अत: व्यक्ति में शुक्राणु की कमी थी सो उसकी पत्नी ने शुक्राणु बैंक' का सहारा ले

लिया और बच्चे हो गए। जो लोग या तो जादू से या फिर कल्पना से चमत्कारों को देखते थे। आज वह सब कुछ नंगी आंखों से देख रहे हैं। इसी प्रकार ज्योतिष शास्त्र भी एक समुद्र भी भांति है या यू कहिए कि वह एक खदान है उनमें से अनमोल रत्न, कीमती मोती केवल सशक्त और पारखी लोग ही खोज़ सकते हैं। और पा सकते हैं विवेकहीन लोग खदान में जाकर गर्क हो जाएंगे। कुण्डली कैसे पड़े इसका वर्णन हम अगले भाग में विस्तार से कर रहे हैं। शुक्र देव ने मेरे हाथ में कलम थमा दी है और मैंने लिख दिया। कहां तक मैंने यथार्थ को छुआ है यह तो जनता जनार्दन ही बता पायेगी। गलतियों और सुझावों को मैं सहर्ष स्वीकार करूंगी। ज्योतिष शास्त्र तो सत्य है, पर जरूरत है सच्चे और ईमानदार ज्योतिषियों की और कुशल भविष्य वक्ताओं की।

**उर्मिला देवी शर्मा**
**011-41444979**
**M-9654817141**
**एन-1 राजौरी गार्डन**
**नई दिल्ली-110027**

# कुण्डली पढ़ने के मूल तत्व

ज्योतिष शास्त्र वैसे तो बहुत गहरा विषय है उसका थाह कोई नहीं पा सकता। फिर भी जो मूल रूप से बेसिक बातों को समझ लेता है उसे ज्योतिष समझने में देर नहीं लगती। नक्षत्रों के भी अपने अपने गुण होते हैं इसी तरह राशियों के भी अपने गुण होते हैं और ग्रहों के भी अपने- स्वभाव होते हैं। जैसे रोहिणी नक्षत्र है उसमें साम, दाम, दण्ड, भेद भी समाया हुआ है कल्याण एवं मनोहारी गुण भी उसमें निहित है। यह नक्षत्र श्री कृष्ण का था। उसके विभिन्न स्वरूपों को सभी जानते हैं।

ऐसे ही राशियों को और उनके साथ जुड़े नक्षत्रों को जो समझ लेता है, उसे कोई भी बात समझने में मुश्किल नहीं होती। ज्योतिष एक घोतक है जिसका काम है सही राह बताना। यह पुस्तक प्राइमरी लोगों के लिए नहीं लिखी जा रही बल्कि महाविद्वानों और भ्रमित लोगों के लिए लिखी जा रही है। जो ज्योतिष का सदुपयोग नहीं कर पाते इसलिए नक्षत्र, राशि ग्रह के माया जाल से निकल कर मूल विषय का वर्णन करते हैं। उसके लिए बस यह जानना जरूरी है कि ग्रहों का मूल स्वभाव क्या है? जन्म कुण्डली में हर भाव का क्या रोल है? क्या महत्त्व है, और उसमें क्या क्या गुण है।

लग्न- 30 डिग्री का

हर ग्रह 30 डिग्री

बारह भाव-

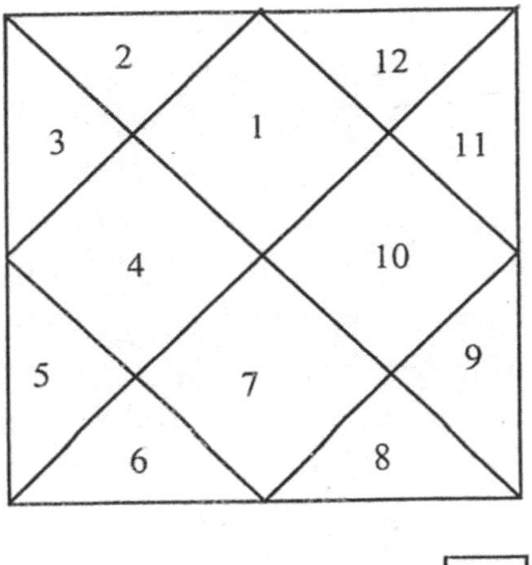


वैसे तो बारह भाव बहुत सारे विषयों को दर्शाते हैं। यहां विस्तार जरूरी नहीं क्योंकि यह "प्राइमरी बुक" नहीं है।

(1) भाव सेहत शक्ल, चेहरा नक्शा, स्वभाव मजबूत, कोमल, शान्त क्रोधी, सेहतमन्द अथवा कमज़ोर, चिड़चिड़ा अथवा हंसमुख, विद्वान दार्शनिक मैकेनिक संगीतज्ञ, संगीत प्रिय,

शोधकर्ता, विद्वान डरपोक शूरवीर, आदि बातें लग्न से उसकी, शुभता अशुभता एवं लग्न में पड़े ग्रहों से ज्ञात हो जाती है।

कभी-कभी जो दिखता है वह होता नहीं जो होता है वह दिखता नहीं। जैसे किसी का बिना सोचे समझे बोल देना बालक बुद्धिमान तेजस्वी और शूरवीर होगा। जब कि वास्तविकता कुछ और होती है। यहां एक ऐसे बच्चे की जन्मकुण्डली दी जा रही है जिसे विद्वानों ने दीर्घायु बताया और तेजस्वी बताया और वह सात साल में मर गया।

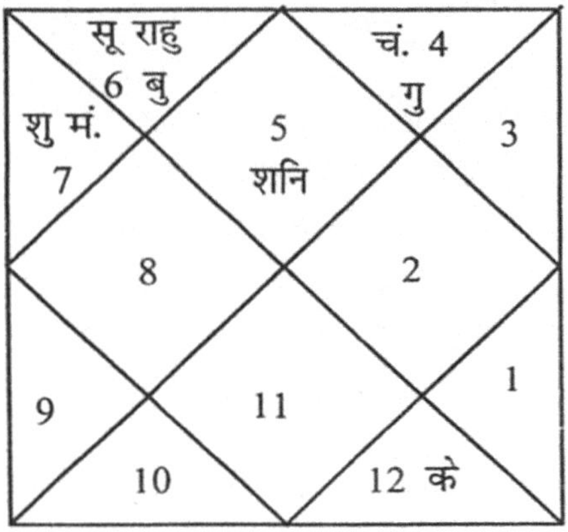


(1) लग्न 28 डिग्री सन्धिकाल में

(2) चन्द्र 26 डिग्री जो गज़ केसरी योग को कमज़ोर कर रहा है।

(3) लग्न में मारकेश शनि है और कोई ग्रह केन्द्र में नहीं।

(4) सूर्य भी मारकेश बुध के साथ मारक भाव में राहु से प्रभावित है अत: यह बालक बुध की दशा सूर्य के अन्तर और केतु के प्रत्यन्तर में मारा गया। किसी ने दुश्मनी में गला रेत दिया।

शनि- मारकेश व छटे पर का मालिक

सूर्य- लग्नेश राहु बुध सें ग्रसित, केतु आठवें, मृत्यु का रोल अदा कर रहा है। अत: लग्न एवं चन्द्र की शुभता व लग्नेश की शुभता जरूरी होती है।

लग्न 28 डिग्री होने के कारण 12 वें भाव की ओर सन्धि काल में चला गया लग्नेश सूर्य भी सन्धि काल में आ गया अर्थात् मृत्यु के जाल में फंस गया।

मुख्य कुण्डली के साथ-साथ नवाश, द्वादशांश, दशमांश, और त्रिशांश चक्र जरूर देखें। जन्म कुण्डली की संरचना बड़ी सावधानी से करनी होती है क्योंकि चन्द्र के विपल के हेर फेर में राशि और दशा अर्न्तदशा बदल जाती है। लग्न के हेर फेर में पूरे जीवन की व्याख्या ही बदल जाती है। हमारे एक परम मित्र हैं उन्होंने अपने बेटे की ढेरों कुण्डलियां बनवा डाली पर सन्तुष्टि नहीं हुई। जो भी पंडित कुण्डली की व्याख्या करता सब विपरीत होता। मेरे पास भी आए मैंने भी गलत बोल दिया। पर मैं अपनी बात पर अडिग रही और कह दिया यह कुण्डली गलत है। आखिर हार कर वर्ड लेबल पर जन्म समय और लोकल स्थान का समय ज्ञात किया तो लग्न बदल गया था। केवल 45 सेंकड का अन्तर था और दोनों कुण्डलियों के फलादेश में जमीन-आसमान का अन्तर था। एक में लग्न अस्त हो रहा था और दूसरे में लग्न उदय हो रहा था। बुध चलित में कुम्भ राशि में ही था। मकर लग्न की कुण्डली के अनुसार लड़का मक्कार चालाक,

(3)

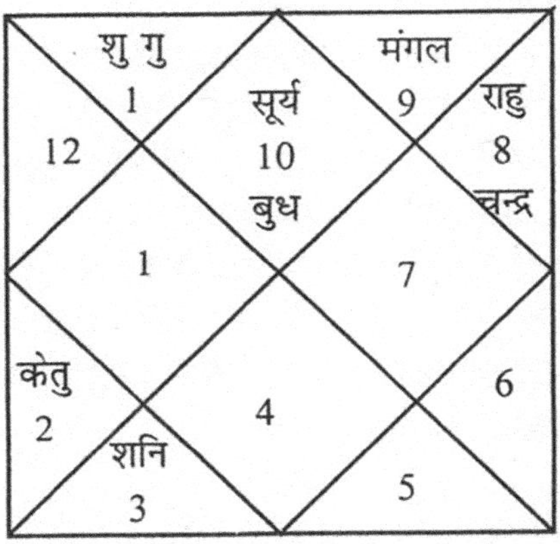


(4)

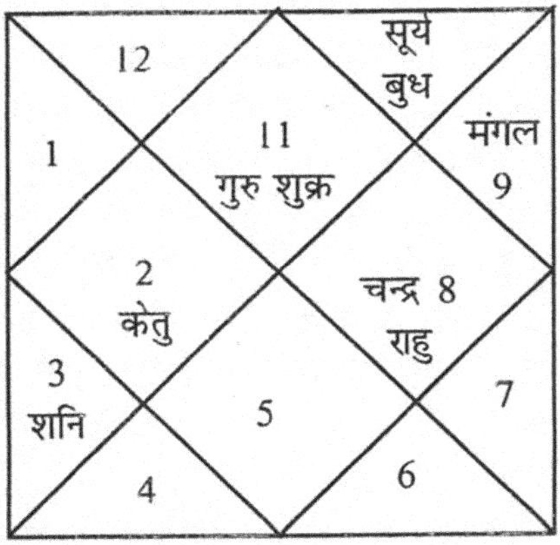


मंगलीक मुकद्दमे, ऋण रोग और विवाद से ग्रसित।

उल्टे सीधे कार्य करे हेराफेरी करे आदि। जब कुम्भ लग्न की कुण्डली सिद्ध तो सारा भविष्य ही बदल गया।

टाप क्लास इंजीनियर भाग्येश शुक्र लग्न में धनेश और लाभेश गुरू के साथ गज़ केसरी योग बना रहा है। छोटी अगर में ही अपना मकान बना लिया दो लाख महीने की नौकरी कर रहा है। बाप दादा की भी करोड़ों की जमीन जायदाद का अकेला वारिस है। पत्नी उच्च शिक्षा प्राप्त रईस घराने की है। पत्नी कारक ग्रह शुक्र लग्न में बैठ कर सप्तम भाव को देख रहा है। सात साल शादी के बाद ही सन्तान हुई क्योंकि सूर्य मारकेश था और 12 वें भाव में शत्रु राशि में था। अतः सूर्य दशा खत्म होते ही सन्तान भी हो गई तरक्की भी हो गई।

अतः कुण्डली देखने से पहले लग्न की स्थिति जानना जरूरी है।

ग्रहों की डिग्री का भी अपना महत्व होता है। शिशु अवस्था, बाल्यावस्था, यौवनावस्था वृद्धावस्था और मृत्यावस्था। युवावस्था के ग्रह सर्वोत्तम माने जाते हैं। ऐसे ग्रह शुभ तो होते हैं पर कार्य इतनी तेज़ी से नहीं कर पाते 10 से 20 डिग्री के ग्रह पूर्ण फल देते हैं। 28-30 डिग्री के ग्रह बहुत देर से और वृद्धावस्था जैसा फल देते हैं। केन्द्र और त्रिकोण में स्थित ग्रह जो अस्त या क्रूर ग्रह से युक्त या ग्रसित नहीं होते वह पूरा फल देते हैं। तीसरे भाव में और छटे भाव में क्रूर ग्रह अच्छा फल देते हैं। यह बात तो सभी जानते हैं कि तीसरे और छटे घर में क्रूर ग्रह ठीक फल देते हैं। पर उसमें यह जानना भी जरूरी है कि तीसरे और छटे पर का स्वामी कौन है? और उसमें पड़े हुए ग्रह अति शत्रु तो नहीं। जैसे वृष लग्न है उसके तीसरे घर में चन्द्र राशि यानि कर्क लग्न बनता है वहां पर पड़ा मंगल, राहु, शनि शुभ नहीं होगा, सूर्य अच्छा हो सकता है। मंगल राहु पराक्रम की दृष्टि से तो अच्छे हो सकते हैं पर पर रिश्तें एवं भाई चारे की दृष्टि से शुभ

नहीं। चौथे, आठवें, बारहवें ग्रह अच्छे नहीं माने जाते। चौथा भाव सुख का होता है। वहां स्वराशि के ग्रह अच्छे माने जाते हैं उच्च राशि के ग्रह भी शुभ होते हैं। पर राहु शनि सूर्य केतु अच्छे नहीं माने जाते हां उच्च का मंगल स्वराशि का मंगल भवनों का स्वामी जरूर बनाता है। पर वैवाहिक जीवन को डिस्टर्ब करता है। भले ही दोनों पति पत्नी मंगलीक हों आठवें भाव में कोई भी ग्रह शुभ नहीं माना जाता। 12 वें भाव में शुभ ग्रह मन आत्मा और मस्तिष्क को ठीक रखते हैं। लग्न की सुरक्षा बनाये रखते हैं हां शनि राहु और केतु का होना अच्छा नहीं माना गया। ऐसे ग्रहों से व्यक्ति भयभीत प्रेतबाधा के शिकार आशंकित उल्टे सीधे कार्यों पर खर्च करने वाले होते हैं। इनके कार्य भी उल्टे सीधे ही होते हैं। विदेशों से नशीले पदार्थों का आयात निर्यात जुआ सट्टा नम्बर दो के कार्यों में संलग्न होते हैं।

यहां फिर कहना जरूरी है कि नंवाश कुण्डली तथा अन्य योगा योग देखना भी जरूरी होता है। जैसे नीच भंग राज योग विपरीत राज योग, परिवर्तन योग। जैसा कि ऊपर कह आये हैं कि कई लोग बहुत अमीर होते हुए भी गन्दे और फटेहाल बने रहते हैं। मैं एक ऐसे परिवार को जानती हूं जो बहुत ज्यादा अमीर हैं करोड़ों पति हैं पर उनकी पत्नी हमेशा फटेहाल रहती है सोने से लॉकर भरे होंगे पर वह काला धागा हाथ में नकली चूड़ी और साधारण सी धोती पहने रखती हैं। यह जन्मपत्री उपराक्त लड़की का पति शादी से पहले किसी खूब खूबसूरत लड़की को चाहता था उसी को लिए उसने ढेरों रिश्ते ठुकरा दिये जब उस की शादी कहीं दूसरी जगह हो गई तो इसे भी मजबूरन शादी करनी पड़ गई जिसमें काफी धोखा और झूठ छिपा था। लड़की दिखने वक्त ब्यूटी से अच्छी दिख रही थी। कुछ दिनों में उसका असली चेहरा सामने आ गया, बीमार चौबीस घण्टे जुकाम, सिर पर पट्टी बन्धी बाल सफेद आई ब्रो सफेद दाड़ी मूंछे शरीर पर घने बाल। कारण केवल मैं जानती थी। सातवें भाव में शनि और राहु हैं यह दोनों ग्रह मलेच्छ कहलाते हैं। तभी वह बन संवर कर भी नहीं रहती थी।

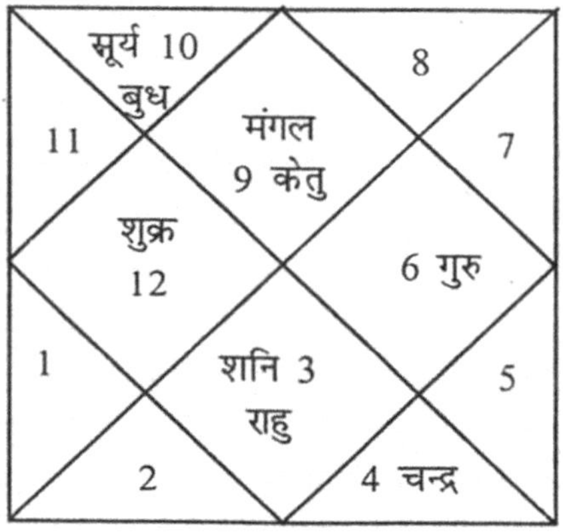


हां एक सवाल अभी भी जीवित है उस व्यक्ति के चौथे भाव में उच्च का शुक्र है फिर पत्नी ऐसी क्यों? बस हम इन सब बातों का विवरण करेंगे कि कुण्डली कैसे पड़े। चौथा भाव सुख का है, जनता का है खूबसूरत औरतों से

प्रभावित है। उस व्यक्ति को जनता में शोहरत प्राप्त है। इज्जत मान प्राप्त है उच्च घराने की पढ़ी लिखी, ऊँचे पदों पर आसीन, और सुन्दर औरतों का सुख प्राप्त है।

वैसे तो केन्द्र में केवल शनि का होना अनिष्टकारी है जिसका जिक्र हम पीछे कर आए हैं। एकाध जन्म कुण्डली ऐसे भी देखने को मिली जिनका केन्द्र में शनि है और वह राजा तुल्य सुख भोग रहे हैं राष्ट्रपति भवन से ताल्लुक रखते हैं। सबसे बड़े उच्चपदाधिकारी है। इसलिए हम कहना चाहते हैं बुद्धि का प्रयोग और जागरूता का होना बहुत जरूरी है। हम फिर से वर्णित कुण्डली को प्रस्तुत करेंगे साथ में उपरोक्त कथन की कुण्डली भी–

चन्द्र मां सन्धि काल मे है $27^1/_2$ डिगरी पार कर चुका है। केन्द्र में केवल शनि

(1)

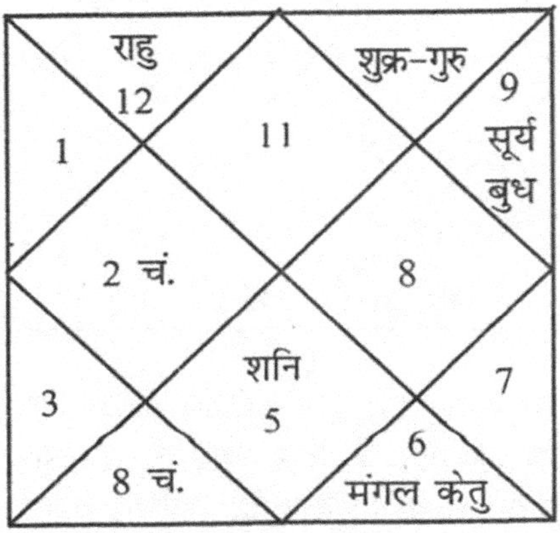


(2)

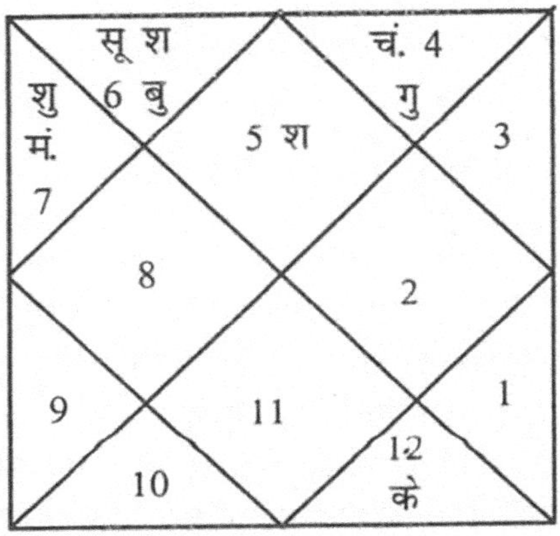


है जिसने बचपन में पारिवारिक पीड़ा तो दी पर उच्च शिक्षा, उच्च पद, और राजयोग का पूरा सुख भोगा है, भारत और देश विदेश के भ्रमण–सुख भी भोगे क्यों?

यहां पर एक योग का प्रयोग हो रहा है अपने भाव को पूर्ण दृष्टि से देख कर उसकी क्षमता बढ़ाना कोई भी जीव, व्यक्ति या प्राणी अपने को नुकसान नहीं पहुँचाता। यहां कुम्भ लग्न है और शनि सातवें घर बैठ कर पूर्ण दृष्टि से कुम्भ लग्न को देख रहा है। जो शनि की मूल त्रिकोण राशि भी है। फिर सातवां भाव काल पुरुष के अनुसार शुक्र का घर है। जो शनि का मित्र है। सूर्य दशम से दशम भाव का स्वामी होकर लाभ स्थान में गुरू की राशि में शुभ ग्रह बुध के साथ है। बुध पंचमेश भी है जो बुद्धि, चिन्तनशील, गहराई तक पहुंचने और रिसर्च करने वाला ग्रह है। केवल लाभ स्थान का सूर्य ही पूरी कुण्डली को जगमगा रहा है। 12 वें भाव में गुरु और शुक्र दोनों ही शुभ ग्रह हैं जो पूरे राजसी ठाठ का रहस्य बता रहे हैं आठवें घर में मंगल और केतु हानि कारक था जिसने

शारीरिक एवं मानसिक तनाव दिये पर गुरु की नवम कृपा दृष्टि से सब कुछ सुरक्षित हो गया।

जब कि सिंह लग्न की कुण्डली में शनि मारकेश होकर- सप्तम भाव यानि मारक स्थान को बढ़ावा दे रहा है न कि शरीर को। यह कुण्डली दिखने में इतनी खतरनाक नहीं पर क्लासीफिकेशन करने से कई बातें उभर सकती है। हमारे पास इसका जन्म ब्यौरा नहीं है। एकाध जन्मपत्री ऐसी पेश करेंगे जो देखने में छोटन लगे पर घाव करें गम्भीर कुण्डली संख्या 3–

**कुण्डली नं 3**

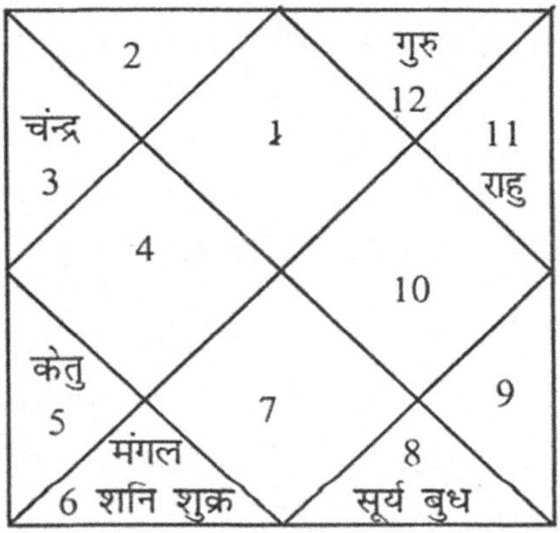


यह कुण्डली- मानों शिव से प्राप्त वरदान की हो सब कुछ व्यर्थ फिर भी सब कुछ प्राप्त या यूं कहें कि यह व्यक्ति रिश्तों से तो गरीब लगता है पर शिव शंकर से इसका अटूट रिश्ता है। उसी ने इसे संरक्षण और रिश्ते प्रदान किये हैं। लग्नेश मंगल देव राजदूत और शनि शंकर भगवान का शिव नेत्र और शुक्र देव्यों का राजा। इसका केन्द्र खाली है धनेश और सप्तमेश शुक्र नीच का है। फिर भी यह व्यक्ति कर्मशील, धनी और भूमिपति क्यों? इसे माता-पिता का आशीर्वाद तो मिला पर सुख नहीं। कुछ अनाड़ी या अनुभव हीन लोगों के पास अगर यह जन्म पत्रिका दिखने के लिए आए तो वह इस कुण्डली को निर्धन, लाचार, रोगी और परिवार से वंचित बता देंगे। उसकी गहराई में नहीं जाएंगे और न ही नवाश कुण्डली देखेंगे। खैर मैं इस व्यक्ति के जीवन और परिवार को जानती हूं। इसलिए मुझे ज्यादा खोज करने की जरूरत नहीं। इस कुण्डली का भाग्येश व्ययेश गुरु अपनी राशि में बैठकर सभी ग्रहों पर अमृत बरसा रहे हैं। 12 वें घर में गुरु बैठ कर, सुख भाव, मातृभाव, जनता भाव एवं भूमि भाव को यानि चतुर्थ भाव को पाचवीं उच्च दृष्टि से देख रहे हैं। गुरु की छटे भाव पर पूर्ण दृष्टि है। जो सप्तमेश शुक्र, लग्नेश, मंगल, और लाभेश शनि को सुरक्षित कर रहे हैं। पंचम भाव में केतु सन्तान सम्बन्धी चिन्ता पैदा करता है पर उस घर के स्वामी सूर्य के मित्र, परम मित्र गुरु की भाग्य कारक नवम दृष्टि सूर्य और बुध पर है। अत: सभी ग्रह खतरनाक स्थिति में होते हुए भी कृष्ण रूपी गुरु की दृष्टि गोवर्धन की भांति सब को सुरक्षित कर रखा है।

**गज़ केसरी राज योग**-चन्द्र से शुक्र केन्द्र में होने से नीच भाग राज योग छटे भाव के स्वामी मंगल चतुर्थ भाव में हैं। और चौथे भाव का स्वामी बुध छठें भाव में है अत: परिवर्तन राजयोग है भूमि विवाद भी और भूमि सम्बन्धी लाभ

**चन्द्र लग्न कुण्डली नं. 4**

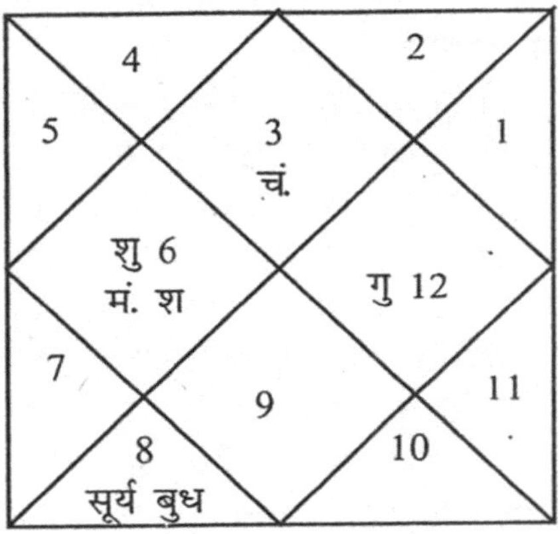


भी और शत्रुहन्ता राजयोग भी है।

कुण्डली के स्वामी के चारों केन्द्र खाली है जो मातृ साथ, पितृ साथ और पत्नी साथ से वंचित करा रहा है। देखो दो दो नैन वरसते मैं प्यासी की प्यासी। स्त्री सम्पर्क से सावधान होने की जरूरत है। नहीं तो हमेशा स्त्री पक्ष से पहले तो सहयोग मिलेंगे बाद में धोखे। तीन बातें हमेशा याद रखें- शत्रुओं पर विजय, स्त्री सहयोग हानि कारक, और भूमि कभी भी अपने नाम पर या स्वतन्त्र रूप से न खरीदें।

पितृ पक्ष मातृ पक्ष के तत्त्व (जींस) का भी काफी असर होता है। बाहर के लोगों का साथ एवं प्रभाव क्षणिक होता है। घर के, माता-पिता, दादा दादी के संस्कार बच्चों पर अवश्य पड़ते हैं। देखना यह होता है कि मां प्रभावशाली है या बाप जो ज्यादा प्रभावशाली होता है, उसी का बच्चों पर प्रभाव पड़ता है। नीचे एक बच्चे की जन्म कुण्डली पेश कर रही हूं (कुण्डली न. 5)जो दिखने में इतनी प्रभावशाली नहीं पर अब तक के परिणाम बहुत अच्छे हैं। जन्म समय बुध एक घण्टे बाद भाग्यस्थान में आया था। अगर ध्यान से देखें तो लग्न और लग्नेश पर क्रूर ग्रहों का प्रभाव है। लग्न पर शनि की दशम और मंगल की चतुर्थ दृष्टि पड़ रही है।

**कुण्डली नं. 5**

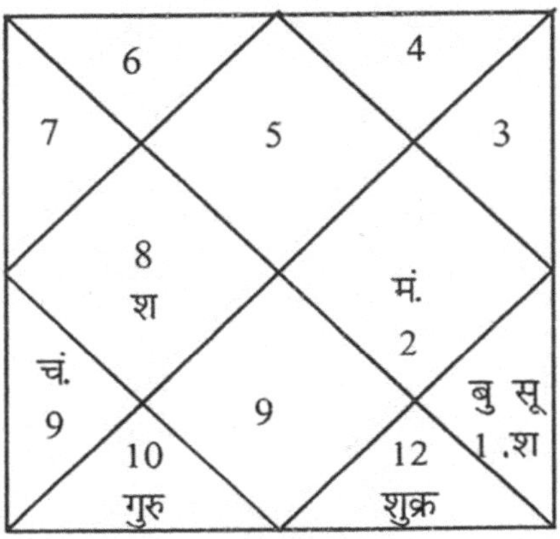


राहु लग्नेश सूर्य के साथ है और लग्न पर राहु की पूर्ण दृष्टि पड़ रही है। गुरु नीच का छटे भाव में बैठ कर 12 वें भाव को उच्च दृष्टि से देख रहा है और लग्नेश सूर्य भी धर्म कर्म भाग्य स्थान में है अत: बालक धार्मिक, परोपकारी, मित्र व्ययी, आदर्श पिता, आदर्श पुत्र और आदर्श पंति होगा। कभी-कभी तानाशाह भी बन जाएगा। मंगल इस कुण्डली का कारक ग्रह है और दशम भाव में बैठा है। अत: यह बालक कुल का दीपक, परिवार का संरक्षक और जनता का सेवक और परोपकारी होगा। विवाह के विषय में इतना कहूंगी कि यह बालक विधिवत विवाह न करे। वैसे भी इस बालक को सखा

सुख तो है संग सुख नहीं जब भी यह बालक फेरों के चक्कर में पड़ेगा इसका जीवन 'फिर' जाएगा यानि "बैक" यानि वापस हो जाएगा।

तीसरे भाव में केतु ने भाई को पैदा होते ही मार डाला। केन्द्र में कोई शुभ ग्रह नहीं लग्न भी सुरक्षित नहीं और लग्नेश भी सुरक्षित नहीं। लग्न को राहु, शनि, मंगल, तीनों क्रूर ग्रह देख रहे हैं। लग्नेश सूर्य राहु के साथ है सो आम ज्योतिष इस कुण्डली को निकृष्ट बता देंगे पर हम नहीं क्यों? एक योग के अनुसार लग्न के दोनों ओर शुभग्रह हों या छटे आठवें शुभ ग्रह हों तो लग्न की सुरक्षा बनी रहती है देखें कैसे? छटे भाव का स्वामी गुरु उच्च दृष्टि से 12 वें भाव को सुरक्षित कर रहा है। दूसरे भाव को शुक्र सुरक्षा दे रहा है वैसे भी लग्नेश सूर्य भाग्य भाव में शुभ है। जैसा कि मैं इस कुण्डली की पहले व्याख्या कर आई हूं कि शनि चलित कुण्डली में तीसरे है तो केन्द्र में केवल मंगल का ही रोल है। और मंगल इस कुण्डली का कारक ग्रह है अत: यह बालक निश्चय ही उच्च पदाधिकारी होगा बहुत बड़े शोरूम का स्वामी और भूमिपति होगा। बालक की चन्द्र एवं नंवाश कुण्डली भी हमें प्राप्त है। अत: इस

(6)

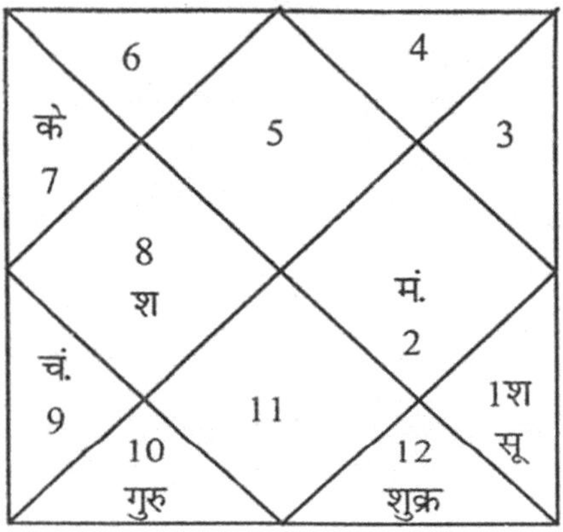


**(7) चन्द्र कुन्डली**

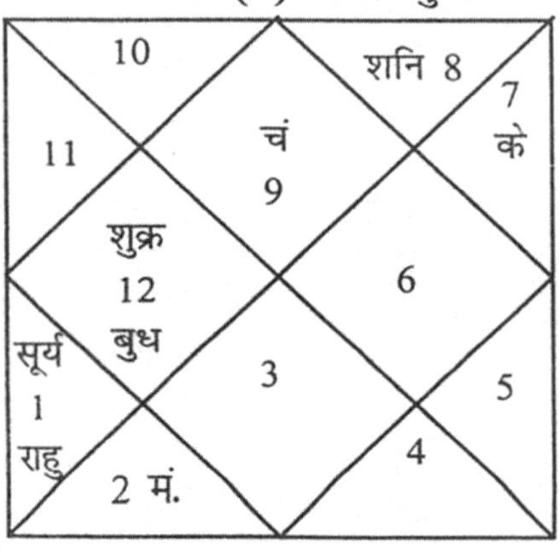


**(8) नवांश कुन्डली**

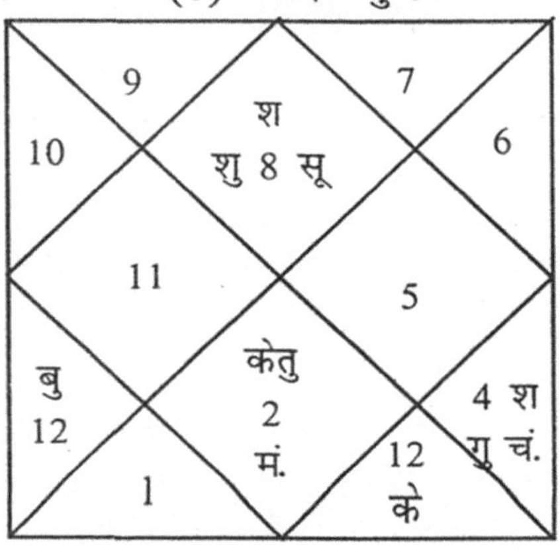


कुण्डली से हमें भविष्य वाणी करने की सुविधाएं प्राप्त हैं।

(1) शुक्र उच्च का पत्नी उच्च शिक्षा प्राप्त ऊंचे घराने की।

(2) कुण्डली में शनि चौथे जाकर मंगल की दृष्टि है पर चलित में

## (9) चलित कुण्डली

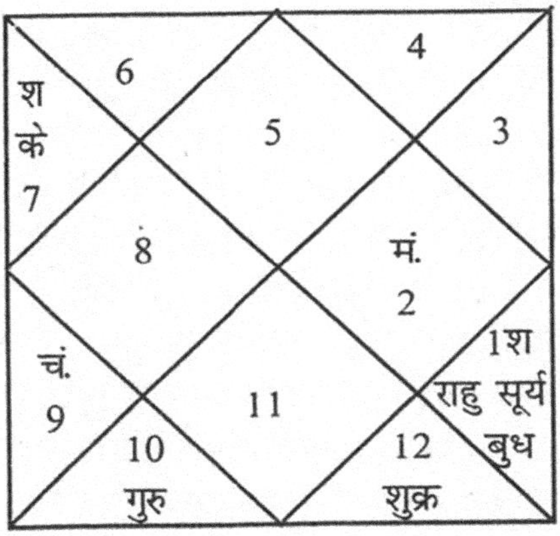


सप्तमेश शनि मंगल की दृष्टि से अलग है। चलित में भी डिग्री के कारण मंगल से प्रभावित नहीं। गुरु शुक्र लग्न के सुरक्षा गार्ड बने हुए हैं। चलित कुण्डली और नंवाश कुण्डली के अनुसार पुत्री योग बना रहा है।

नवांश कुण्डली में लग्न और सप्तम भाव में परिवर्तन योग बन रहा है। शुक्र लग्न में मंगल के घर में है और मंगल शुक्र के घर में है। यानि पति पत्नी एक–दूसरे के विचारों से सहमत रहेंगे। सातवें केतु होने से, पत्नी को डर के कारण थोड़ी बहुत बात छुपानी पड़ेगी।

नंवाश कुण्डली के नवम भाव में शनि सुख और पराक्रम भाव का स्वामी होकर पराक्रम की वृद्धि कर रहा है, शनि जुझारू ग्रह है। चन्द्र नवम में अपनी राशि का होकर उच्च के गुरु से युक्त गज़केसरी योग बना रहा है। अतः बालक जीवनपर्यन्त अपनी इच्छाओं की पूर्ति करेगा। दीर्घायु होगा परिवार के प्रति समर्पित रहेगा पर न तो किसी को अपने अन्डर रखेगा और न ही खुद किसी के कन्ट्रोल में रहेगा। धार्मिक और ऊंचे विचारों का होगा। प्रेम सुख ज्यादा पत्नी सुख कम। जैसे कि हम ऊपर कह आये हैं कि जीन्स का असर होता है इस बालक पर मां के "जीन्स" का असर ज्यादा होगा क्योंकि मातृ भाव का स्वामी मंगल दशम भाव में है। देखें कुंडली 6।

जब कोई व्यक्ति किसी ज्योतिषी के पास किसी खास विषय को लेकर कुछ जानना चाहता है तो ज्योतिषी कोई तसल्ली बक्श उत्तर नहीं दे पाता। क्योंकि उसके जन्मपत्री पढ़ने का तरीका ही गलत होता है। अगर वो व्यक्ति अपने बारे अपनी परसनैलिटी के बारे में जानना चाहे तो तो उसे सीधे जन्म कुण्डली के अध्ययन से जानकारी दें। अन्यथा कोई दूसरा रास्ता अख्तियार करना होगा। जैसे कोई व्यक्ति अपनी सन्तान के विषय में जानना चाहता है तो आप सन्तान भाव को ही देखना शुरू कर दोगे। जो कि गलत है, सन्तान सम्बन्धी भी तो कई तरह के सवाल हो सकते हैं।

जैसे– 1. सन्तान पैदा होने का

2. लड़की या लड़का, पढ़ाई लिखाई

3. सन्तान के करियर, शादी ब्याह

4. सन्तान बिगड़ रही है अपने रास्ते से

5. भटक रही है। जिस गन्तव्य पर पहुंचना चाहती है वहां नहीं पहुंच पा रही।

6. उसकी सेहत ठीक नहीं है उसका घर नहीं बस रहा, या शादी नहीं हो रही।

संतान की आगे सन्तान नहीं हो रही ऐसे अनेकों सवालों का उत्तर देना आसान नहीं सही उत्तर देने के लिए व्यक्ति की कुण्डली, सन्तान की कुण्डली नंवाश कुण्डली सप्तमाश चक्र दशान्र्तदशा अपनी भी और सन्तान की भी।

8. उस साल का वर्ष फल सभी कुछ देखना पड़ेगा। तभी आप ठीक रिजल्ट दे पायेंगे शुरू में जब मैं ज्योतिष के क्षेत्र में नहीं आई थी तो मैंने अपने बेटे और बेटी की जन्म कुण्डली बनवाई थी। उसमें बेटे की कुण्डली पूछी तो पंडित ने कहा कि ''मेरी रीडिंग में यह बच्चा 12 वर्ष से आगे नहीं चल पाएगा। और अगर बच गया, तो यह ढेरों नोट कमायेगा। बहुत अमीर होगा इसकी शादी मुश्किल से होगी सन्तान सम्बन्धी प्राब्लम भी हो सकती है। उस समय के पंडित केवल अपने बुजुर्गों के नक्शे कदम पर चलते थे। जिस लकीर पर बाप दादा ने चलाया बस चल पड़े। अपनी सोच अपने प्रयास को कभी बढ़ाने की कोशिश नहीं की बस छोटे पन्ने पर चन्द्र और लग्न कुण्डली बना कर व्याख्या कर दी। न डिग्री देखी न चलित या नवांश देखा और न हि योगा योग।

**(10)**

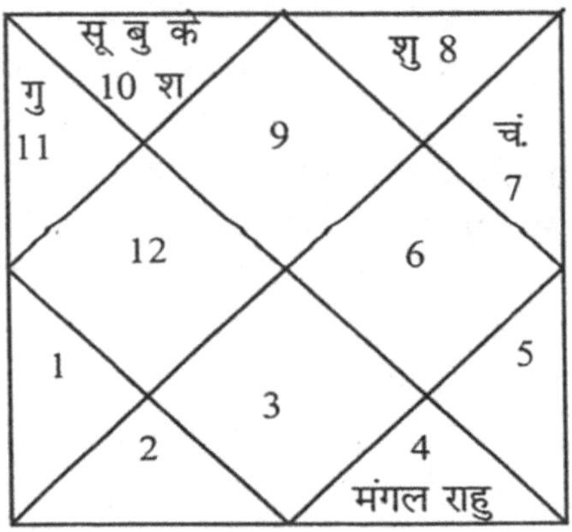


(1) शुक्र 12 वे देख कर ऐश और अमीरी बताई।

(2) भाग्येश सूर्य धनेश शनि धन स्थान में है और कर्मेश सप्तमेश बुध सभी धन स्थान में है। इसलिए लड़का खूब धन कमायेगा।

(3) आठवें राहु और नीच का मंगल है। इसलिए शादी देर से होगी।

(4) मंगलनीच का राहु के साथ है उस पर शनि सूर्य की दृष्टि है अत: दुर्घटना ग्रस्त होने का खतरा बताया।

पंचमेश मंगल नीच का है इसलिए सन्तान भी नहीं होगी।

सबसे पहले शुक्र का विचार करें तो धन लग्न और मीन लग्न की कुण्डली में शुक्र अकारक ग्रह माना जाता है। क्योंकि शुक्र छठें, और छठें से छठें लाभ स्थान का स्वामी है। भावाति भाव के अनुसार चौथे से चौथे छठें से छठें अर्थात् जिस विषय का भाव होगा वह उस विषय की बढ़ोतरी करेगा। चाहे वह त्रिस्थान हो या दुष्ट भाव। ध न लग्न के लिए शुक्र वैसे भी अकारक ग्रह है और शत्रु भी क्योंकि धन लग्न का स्वामी गुरु हे। जो शुक्र का शत्रु है। धन कमाने की बात का दूसरा कारण धन सम्पत्ति में भाग्येश शत्रु राशि के साथ है। धनेश शनि और कर्मेश बुध अस्त है। फिर वह दशाएं

भी नहीं आई, जो कर्म या धन की वृद्धि करे। हां धन लाभ और तरीके से मिलेंगे क्योंकि पितृ भाव और सप्तम भाव के स्वामी बुध धन स्थान में है अत: पितृ पक्ष और पत्नी से धन का सहयोग मिल रहा है।

सन्तान सुख की कमी?

और विवाह लेट?

सो 21 वर्ष एक महीने की आयु में विवाह हो गया और 23 साल की उमर तक तीन बेटे भी हो गए जिसमें मझला बेटा जरूर चल बसा। बेटे बहुत ही महान आज्ञाकारी, कोई ऐब नहीं पढ़ाई का आलम यह हुआ कि बड़ा बेटा 23 वर्ष में डेन्टल सर्जन हो गया दूसरा 21 वर्ष में होटल मैनेजमेन्ट के कोर्स के आधार पर फाइव स्टार में होटल में लग गया है। फिर गलती कैसे हुई। दरअसल आठवें घर में मगल 28 डिगरी का था जो चलित में नवम भाव में आ गया। और लग्नेश गुरु मित्र दृष्टि से सप्तम

**(11) जन्म लग्न**

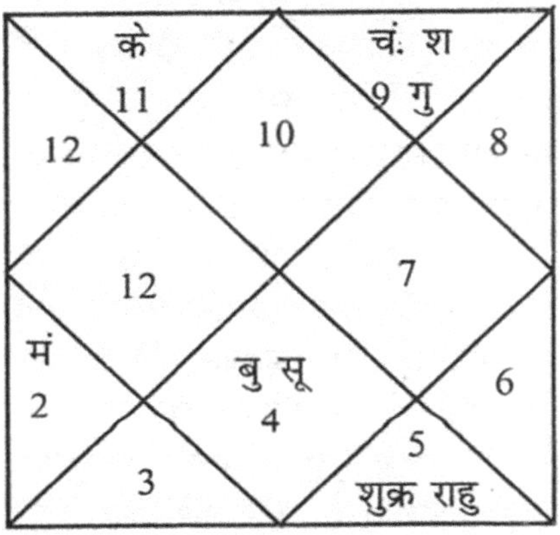


**(12) नवांश**

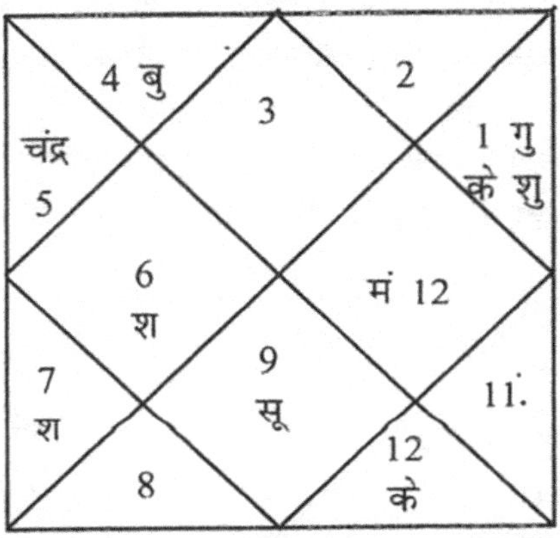


**(13)**

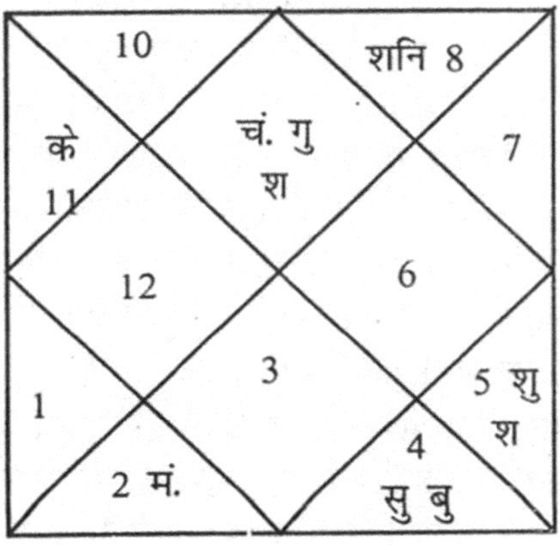


भाव और नवम भाव के मंगल को देख रहे हैं। अत: शादी और पुत्र शीघ्र ही मिले। पुत्र सुख और पत्नी सुख भी पूरी तरह मिला।

जहां तक धन का सवाल है उसे कभी कमी नहीं हुई पर शुक्र के कारण सदैव ऋण से प्रभावित रहा कारण कोई भी रहा हो। डिगरियों का कुण्डली में बहुत महत्त्व है कुण्डली नं. 11 के सभी का महत्त्व पूर्ण ग्रहों की डिगरियां क्या हैं इसलिए इसके फल ठीक नहीं है।

शुक्र ० डिग्री मधा (सिंह में)
बुध ० डिग्री कर्क में
गुरु ० डिग्री धनु में

यह एक लड़की की कुण्डली है। इस कुण्डली के अनुसार शुक्र बुध गुरु वर्गोत्तम तो है पर शिशुवस्था के कारण कोई जयादा फल नहीं देंगे। गज केसरी योग होने के कारण लग्नेश शनि गुरु के साथ होने से शादी भी हो गई और वे लड़की बस भी गई। तीन सन्तानें टॉप क्लास शिक्षा और टॉप नौकरी से भी नवाजें गए। इसमें चन्द्र कुण्डली भी ठीक है पर नंवाश कुण्डली अपेक्षाकृत अच्छी है। सातवें सूर्य होने से पति थोड़ी क्रोधी स्वभाव का तो है, पर समाया हुआ पत्नी के बीच है। क्योंकि सप्तमेश चन्द्र गुरु और लग्नेश शनि के साथ है।

अगर कोई व्यक्ति किसी ज्योतिषी से सन्तान सम्बन्धी सवाल करे तो ज्योतिषी सोच में पढ़ जाएगा कि क्या जवाब दें? पर इसमें कोई समस्या नहीं। एक ही जन्म कुण्डली या प्रश्न कुण्डली से सभी सवाल हल हो सकते हैं।

किसी विषय पर पूछना हो उसे प्रश्न कुण्डली या लग्न कुण्डली से जाना जा सकता है। मान लो आप ने सन्तान सम्बन्धी सवाल पूछना है कि सन्तान कैसी होगी? उसका जीवन कैसा होगा? उसका स्वास्थ्य कैसा होगा? यह सब बातें तो

**(14)**

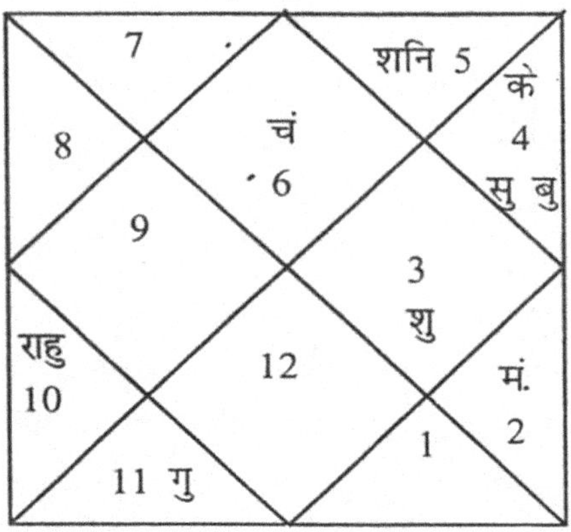


जन्म लग्न से पंचम भाव से जान सकते हैं। अगर इसके अलावा सन्तान सम्बन्धी और कई जानकारियां हासिल करनी हो तो उसके लिए जन्म लग्न की कुण्डली से ही सन्तान की कुण्डली बना सकते हैं। और उसे ऐसे ही पढ़ेंगे जिस पद्धति से जन्म कुण्डली को पढ़ते हैं। ऐसे ही प्रश्न कुण्डली से भी उसी प्रकार भविष्य जाना जा सकता है। बीमारी से उबर पायेगी? अगर किसी ने प्रश्न को टेलीफोन पर ही सीधा जवाब जानना हो तो उस समय केवल चन्द्र की स्थिति से भी बताया जा सकता है। चन्द्र तुरन्त जवाब दे सकता है। उसके ठीक जवाब शुक्ल पक्ष' की चतुर्थी से कृष्ण पक्ष की चतुर्थी तक ठीक हो सकते हैं। चन्द्र के अलावा प्रश्नकर्त्ता के लग्न की स्थिति जिसके बारे में पूछा गया हो। उसकी भी सही जानकारी मिल जाएगी तो उत्तर ठीक हो सकता है।

चर लग्न के जवाब सही होते हैं द्विस्वभाव लग्नों की जन्म कुण्डली का हिसाब अलग होता है। द्विस्वभाव के लग्न किन किन सवालों का उत्तर दे सकते हैं। उपरोक्त बीमारी का प्रश्न है लग्न (द्विस्वभाव है) चन्द्र है अतः लड़की ठीक हो गई।

(1) रिश्ता पक्का होगा कि नहीं

(2) मैच के लिए जीत हार या ड्रा?

अगर लग्न द्विस्वभाव होगा तो मैच ड्रा होगा जीत के प्रश्न के लिए चन्द्र और लग्न की शुभता जरूरी है लग्न चाहे स्थिर हो या चर। प्रश्न जिस विषय के लिए किया गया हो उसी भाव की स्थिति अच्छी होनी चाहिए। अगर चन्द्र का कनेक्शन दृष्टि द्वारा या उसी भाव में स्थित हो तो प्रश्न के जवाब ठीक आते आयेंगे चन्द्र अगर चौथे, आठवें बारहवें हो तो उत्तर ना में ही होगा।

द्विस्वभाव प्रश्नों के स्वरूप

(1) अगर किसी की सगाई में हां हो गई है और विवाद हो गया हो उस सिलसिले में अगर प्रश्न द्विस्वभाव हो चन्द्र ठीक न हो तो सगाई टूट जाएगी- यानी कि निर्णय ड्रा हो गया।

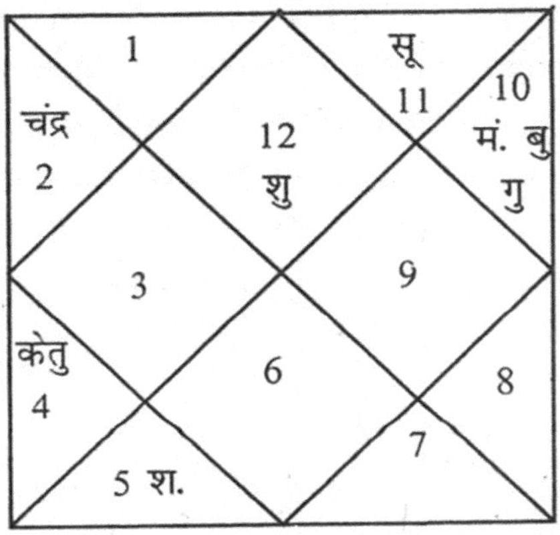


(2) अगर किसी की वस्तु खो गई है उस स्थिति में द्विस्वभाव लग्न का अर्थ है जा कर या खो कर वापस आना। इसी प्रसंग के अन्तर्गत कोई चीज या व्यक्ति के खो जाने पर भी यही जवाब होगा। यानी खोया हुआ व्यक्ति जरूर मिलेगा।

(3) पेपर स्थगित होगा- किसी ने प्रश्न किया कि आज मेरा पेपर कैसा होगा? मैंने फौरन घड़ी देखी द्विस्वभाव का प्रश्न का लग गया मैं सोच में पड़ गई इसे क्या कहूं आखिर मुझे कहना ही पड़ा कि आज तुम्हारा पेपर कैंसल हो जाएगा कैसे? तीन मार्च 3-3-09 सुबह 8 बजे। शिक्षा भाव में केतु चिन्ताकारक लग्न द्विस्वभाव यानि फैसला कैंसल हुआ।

(4) जमीन जायदाद की डील में बयाना लिया जाता है अगर डील द्विस्वभाव में लिखी ज्ञात तो जरूर ड्रा हो जाएगी।

(5) यात्रा स्थगित- हम कुछ दिनों के लिए कही किराये के मकान में रहने लगे थे फस्ट फ्लोर पर एक परिवार भी रहता था। औरत बहुत चुस्त थी, घमण्डी भी अक्सर मेरी ज्योतिष के मामले में खिल्ली उड़ाती थी। एक दिन वह परिवार सहित वैष्णोदेवी जाने वाली थी। वह विदेशी लोगों को 'हैण्डी क्राफ्ट' का माल सप्लाई करती थी। उसी दिन सुबह मुझे बोली बताओ आज हम वैष्णो देवी जाएंगे। उस समय तक मुझे मालूम नहीं था कि यह वैष्णो देवी जाने वाली हैं। मैंने सचमुच प्रश्न लगाया और कह दिया नहीं। वह खूब हंसी। उसने मुझे टिकटें दिखा दी। घर में पकवान पूरी कचौरी बनाई गई इसके लिए उनकी भाभी और

मदर भी मदद करने के लिए आ गई थी। गाड़ी रात की थी शाम पांच बजे किसी विदेशी व्यक्ति का फोन आया और औरत उसे मिलने के लिए किसी होटल में चली गई। परिवार के बाकी सदस्यों को कह गई कि तुम सीधे रेलवे स्टेशन प्लेट फार्म ने 2 पर पहुंचना मैं भी वही आ जाऊंगी। सब कुछ ठीक ठाक हो गया। गाड़ी का अनॉउसमेन्ट हो गया कि फला गाड़ी प्लेट फार्म नं. 3 पर आ रही हैं। समय कम था बाकी लोग तो 3 नं. प्लेट फार्म पर पहुंच गए। औरत प्लेट फार्म नं. 2 पर आई। और जब तक वह उन प्लेटफार्म पर पहुंचती गाड़ी चल पड़ी और पूरा परिवार वही खड़ा कोसता रह गया। उस समय भी द्विस्वभाव लग्न लगा था। अत: चन्द्र की शुभस्थिति के आधार पर अगर प्रश्न स्थिर है तो रिजल्ट देर से, द्विस्वभाव है तो हो भी सकता है, नहीं भी प्रश्न चर लग्न का है तो तुरन्त रिजल्ट देगा। एक आदमी जो ज्योतिष नहीं जानता वह भला अपने सवालों का उत्तर कैसे जाने। कई बार स्थिति ऐसी होती है पचांग तो पास नहीं होता पर अखबारों में नक्षत्र के विषय में जरूर लिखा होता है। ऐसी स्थिति में थोड़ी मदद नक्षत्रों से भी ली जा सकती है। जैसा कि मैं पहले नक्षत्रों के स्वभाव के बारे में कह आई हूं कि कुछ नक्षत्र सकारात्मक कार्य करते हैं। पुष्य, विशाखा, पूर्वाषाढ़ा, उतराफाल्गुनी, रोहणी रेवती और घनिष्ठा ऐसे नक्षत्र हैं जो एक कामन व्यक्ति की मदद कर सकते हैं। हां इसमें चन्द्र की स्थिति जानना जरूरी है कि वह शुक्ल पक्ष का है या कृष्ण पक्ष का। इस प्रक्रिया से छोटे-छोटे सवालों को जवाब मिल जाते हैं। जैसे:-

(1) मैं किसी को मिलने जा रहा हूं, वह मिलेगा?
(2) मेरी बेटी आज आएगी?
(3) वह आज पैसे दे देगा?
(4) फलां व्यक्ति का फोन आएगा?
(5) गुम वस्तु मिलेगी?
(6) कुरियर आएगा?
(7) 'डील' सम्बन्धी कार्य हो सकता है।
(8) उसकी सेहत हो जाएगी?
(9) दाखिला मिल सकता है?
(10) इन्हीं दिनों यात्रा का प्रोग्राम बन सकता है?
(11) इस वर्ष विवाह हो सकता है?

ये कुछ ऐसे प्रश्न हैं जो सम्भावना के घेरे में होते हैं। पर बहुत महत्त्वपूर्ण नहीं होते। बात जम जाए तो ठीक वर्ना हानि की गुंजाइश नहीं होती। इन सभी सवालों से मैं गुजर चुकी हूं। एक सवाल अचानक उपजा, किसी को फोन किया तुरन्त मिल गया। मैंने पूछा मेरा यह काम करोगे? बोले हां। तारीख 30 जुलाई नक्षत्र विशाखा, वीरवार शुक्ल पक्ष ही नवमी, लग्न तुला।

# सन्धि काल के प्रश्न

मेरे पास बहुत से लोग ऐसे आए जिनके कार्य अधर में लटके हुए थे। मसलन तरक्की नहीं हो पा रही। प्रोमोशन रूकी हुई है। वीज़ा मिलने में कुछ प्राब्लम आ रही है। जज बार बार तारीखें दे रहा है, फैसला नहीं दे रहा। परीक्षा की या इन्टरव्यू की तारीख नहीं मिल रही। नौकरी तो लग गई है या हां हो गई है। पर ''अप्वाइंटमेंट लैटर नहीं मिल रहा। मन्त्री जी से बिजनेस कोटे की बात करनी है पर उसका सेकरेट्री टाल रहा है आदि आदि। ऐसे प्रश्न सन्धि काल में आते है जैसे किसी ने सवाल किया उस समय सुबह के 11-25 हुए थे तारीख थी 1-8-09 उस वक्त लग्न चल रहा था कन्या अगर सरसरी तौर पर सोचे तो हम कह सकते हैं कि कन्या लग्न द्विस्वभाव का है। अत: कार्य सम्पन्न होने में एक बार तो न जरूर होगी। पर यह सोच गलत है। क्योंकि 11-31 पर लग्न समाप्त हो रहा है और तुला लग्न शुरू हो रहा है क्योंकि लग्न चर राशि की ओर बढ़ रहा है द्विस्वभाव राशि से मुक्ति पा रहा है आईये देखें प्रश्न क्या था।

(16) 11-31 से पहले

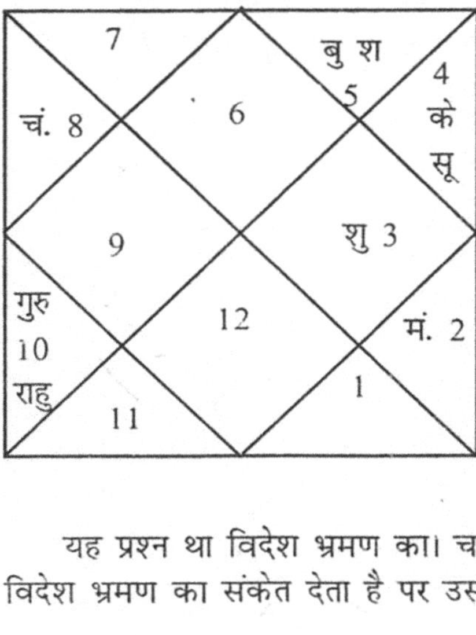


(17) 11-31 के बाद

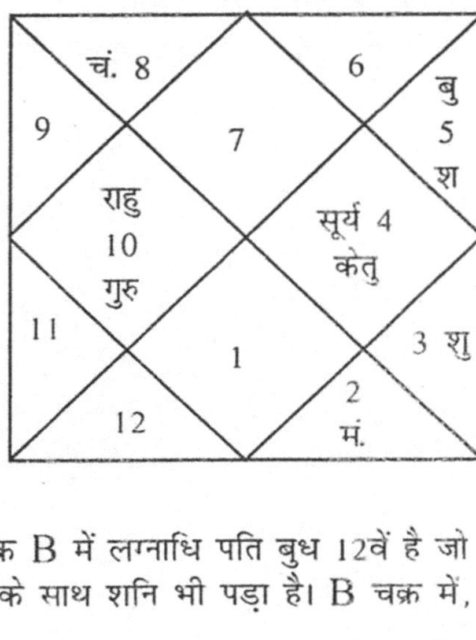


यह प्रश्न था विदेश भ्रमण का। चक्र B में लग्नाधि पति बुध 12वें है जो विदेश भ्रमण का संकेत देता है पर उसके साथ शनि भी पड़ा है। B चक्र में,

तुला लग्न आ गया। 12वें घर का स्वामी खुद बुध बन गया और फिर भी शनि के साथ जुड़ा हुआ है। A को आठवें भाव का स्वामी मंगल नवम भाव में आ गया जब कि B चक्र में, स्वयं मंगल ही आठवें में स्थित हो गया। अतः इस प्रश्न का उत्तर दोनों लग्नों में बहुत अच्छा नहीं है यात्रा आगे चल कर भले ही हो पर फिलहाल नहीं। क्योंकि प्रश्न एक खास समय के लिए ही पूछा जाता है। कुछ प्रश्नों का उत्तर तो ठीक होता है पर उसका रिजल्ट बड़ी देर से प्राप्त होता है हां अगर शुक्ल पक्ष का चन्द्र लग्न में हो तो स्थिर लग्न होने पर भी फल में ज्यादा देर नहीं लगती। प्रश्न नौकरी सम्बन्धी। हालांकि इस कुण्डली में लग्नेश शुक्र 12वें है पर हमें केवल नौकरी के प्रश्न को ही जानना है। दसवें भाव में गुरु है, दशमेश शनि चौथे भाव में बैठ कर दशम भाव को देख रहा है दशमेश शनि पर गुरु की पूर्ण दृष्टि हैं भले ही चन्द्र नीच का है फिर भी वह लग्न को उच्च दृष्टि से देख रहा है साथ ही गज़ केसरी योग भी बना रहा है। अतः बालक को जाते ही उच्च अधिकारी ने, नौकरी के लिए हां कर दी। क्योंकि चन्द्र शुक्ल पक्ष का है और लग्न को उच्च दृष्टि से देख रहा है, गज़ केसरी योग भी बन रहा है।

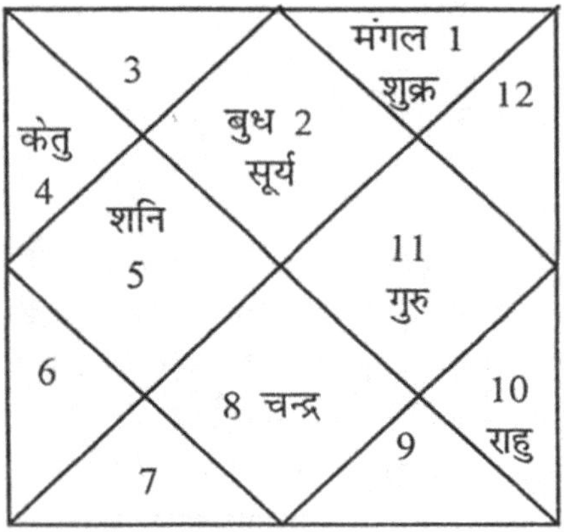


किसी भी विषय को जानना हो तो एक ही कुण्डली में उसके उत्तर मिल सकते हैं। बस मुख्य कुण्डली से, उस भाव को लग्न बना लो जिस विषय को जानना चाहते हो। जैसे मिथुन लग्न है, और पढ़ाई का विषय है तो तुला लग्न की कुण्डली बनेगी, यही बात सन्तान सम्बन्धी प्रसंग पर भी लागू होगी।

# लग्न व ग्रहों का व्यक्तित्व

जब हम किसी लड़के या लड़की को देखने जाते हैं या कहीं इन्टरव्यू देने जाते हैं उस समय हमारी अन्दरूनी योग्यता कोई नहीं देखता। किसी की शक्ल कैसी है? दिखने में कैसा है? चाल ढाल उठता बैठता कैसा? बोल-चाल और व्यवहार कैसा है अन्दर का व्यक्तित्व तो बाद में समझ आता है। अतः सबसे पहले लग्न को समझना जरूरी है क्योंकि आकार व्यवहार चोल चाल रंक रूप, कमज़ोर अथवा सेहतमन्द व्यक्ति मीठा बोलने वाला है या कड़वा, हंसमुख है या रूखा? सुसंस्कृत या गंवार क्रूर है या दयालु यह सभी बातें लग्न से ही ज्ञात होती है। बाकी बातें लग्न व अन्य भावों में पड़े ग्रहों से लगती है।

सूर्य ग्रह- A ग्रहों का राजा है। शक्ति का प्रतीक हैं आत्मा का कारक है। तेजस्वी, संसार में देदीप्यमान राजसरकार का प्रतिनिधि यश का प्रतीक अग्नि ग्रह क्रोध एवं शक्ति से पूर्ण यह पुरुष प्रधान ग्रह है क्षत्रिय गुणों से पूर्ण। स्पष्टवादी, ब्राह्य प्रदर्शन वाला संचालक और यह सिंह राशि का स्वामी है। इसे सत्तो गुणी माना गया है। इसका रंग सुनहरा लाल रंग युक्त और चमकदार है। इसे पिता की संज्ञा दी गई है। सूर्य स्वभाव क्रूर है पर कल्याणकारी है। शत्रुहन्ता ग्रह है सूर्य के प्रभाव से व्यक्ति में पित्त, त्वचा रोग, जठराग्नि, शरीर में गर्मी, फोड़े फुंसी, पसीने की बहुतायत हो सकती है नैत्र विकार की शिकायत रहती हैं सूर्य प्रधान लोग देश-विदेश के राजदूत और राज सरकार के किसी भी पद के उच्चाधिकारी हो सकते हैं।

चन्द्र :- सूर्य अगर राजा है तो चन्द्र उसका मन्त्री है दोनों एक दूसरे के पूरक हैं। चन्द्र का स्वभाव वैसे तो शान्त और शीतल है पर उसमें भी उथल पुथल करने की शक्ति है। चन्द्र जलीय प्रधान है। प्रकृति के सौन्दर्य, बादल की गरजना, मोर का नाचना समुद्र का उछलना झरनों का गिरना नदियों का लहराना इन सब कार्यों के पीछे कही न कहीं चन्द्रमा की कहानी छिपी है। चन्द्र भावना प्रधान है काव्य कला, श्रृंगार-रस, भंवरे की गुंजन, कल कल करती नदियां सभी कलाएं चन्द्र की ही देन है। चन्द्र मां, किसी क्रूर प्रभाव में न हो राहु, केतु, शनि, मंगल के प्रभाव में न हो तो अच्छे फल देता है। कृष्ण पक्ष की चौदश और अमावस का चन्द्र फलदायक नहीं होता है। क्षीण चन्द्र से टी, बी, अस्थमा,

जलोदर, पागलपन, मिरगी, मानसिक तनाव और कैंसर तक हो सकता है। चौथे, आठवें, 12 वें चन्द्रमा शुभ नहीं माना जाता हां कर्क राशि और उच्च का चन्द्र किसी दुष्प्रभाव में न हो तो ज्यादा नुकसान नहीं होता।

चन्द्र की मूल त्रिकोण राशि वृष है। कर्क राशि का स्वामी कर्क है जो कि चर राशि के अन्तर्गत आता है। यह सत्तोगुणी और रस प्रधान गुरु है। इसके अन्दर आर्द्रता और नमी है। यह चंचल और चलायमान ग्रह है। इसकी वर्ण जाति वैश्य है। रंग सफेद है वृष में उच्च और वृश्चिक में नीच का होता है। यह मन का कारक है। यह सौम्य ग्रह है मां से इसका सीधा सम्बन्ध है। इसका मोती और चाँदी पर आधिपत्य है, सफेद वस्तुओं पर भी इसका प्रभाव है।

**मंगलकारी मंगल विनाशकारी मंगल,:-** अत्याचारी मंगल जैसा कि यह कहा जाता है कि विज्ञान ने दुनियां की काया पलट दी है। उसका वर्णन करना शक्ति से परे है पर अगर किसी गलत दिमाग के हाथों पड़ जाये तो सर्वनाश भी कर देता है। मंगल की जाति क्षत्रिय है स्वभाव तमो गुणी है। मंगल में अग्नि तत्व है साथ ही इसे शक्ति का प्रतीक भी माना गया है। इसका आधिपत्य खून, पित्र अस्त्र-शस्त्र, क्रोध और विनाश एवं प्रलयकारी तत्वों पर है। मंगल अगर किसी पर मेहरबान हैं तो संकट मोचन बन कर रक्षा करते हैं और अगर यह दुष्ट ग्रहों के प्रभाव में रहे, तो तबाह भी कर देता है। किसी की जन्म कुण्डली में मंगल की स्थिति ठीक न हो तो एक्सीडेन्ट-चोर ऑपरेशन ब्लड कैंसर, सूखा रोग, वैवाहिक जीवन, 'अपसेट' और भी कई प्राब्लम आ सकती है। मंगल से डा. सैन्य विभाग, पुलिस विभाग व अन्य शक्तिशाली कार्य किये जा सकते हैं। उच्च का मंगल कुल का दीपक और नीच का मंगल अगर गलत स्थिति में हो शनि राहु के साथ हो या केतु के प्रभाव में तो व्यक्ति हत्याएं तक कर सकता है। चोरी डकैती भी कंर सकता है। सूर्य, मंगल, केतु की युति से अग्नि काण्ड हो सकता है। शनि मंगल की युति से 'थायॅराइड' और गठियां रोग हो सकता है। अगर मंगल शनि की युति का सम्बन्ध कर्म स्थान या कर्मेश के साथ हो तो व्यक्ति नकली वस्तुओं का निर्माण करता है।

चौथे आठवें बारहवें मंगल अच्छा नहीं माना गया है। वृश्चिक और मेष राशि का मंगल चतुर्थ भाव में ठीक रहेगा। उसे जमीन जायदाद बहुत मिलेगी पर वैंवाहिक जीवन ठीक नहीं रहेगा। दसवें भाव में चाहे किसी भी राशि का (कर्क को छोड़कर) हो लाभकारी होता है! इसके कार्य:- सिक्यूरिटी अग्नि, Electronic, Electrical इंन्जिनियर, भूमि, जमीन दोज़ वस्तुओं का व्यापार और अस्त्र शस्त्र का कारोबार हो सकता है। मंगल भाई का कारक भी है।

**व्यापारी बुध- काम करें सिद्ध:-** यदि किसी-की जन्म कुण्डली में बुध की स्थिति अच्छी है तो व्यक्ति कुशल वक्ता, लेखक लेक्चर अच्छा व्यापारी और खोज़ एवं शोध कर्ता हो सकता है। बुध की स्थिति ठीक न हो और बाकी

ग्रह भी अच्छे न हो तो- छोटी उम्र में मृत्यु भी हो सकती है बुध नपुंसक ग्रह है और बाल्यावस्था का ग्रह हैं। बुध प्रधान व्यक्ति के अच्छे काम भी जल्दी जल्दी होते हैं और बुरे काम भी जल्दी होते हैं। बुध की स्थिति खराब हो तो गला, नाक अन्तड़ियों की बीमारी, गुर्दे खराब सांस की तकलीफ, त्वचा रोग, और बहरेपन की शिकायत हो सकती है। बुध के जुड़े कार्य हरी वस्तुएं फल बाग, खेती-बाड़ी। लिखना-पढ़ना और पढ़ाना, भाषण देना प्रचार करना तर्क करना किसी बात की तह तक पहुंचना, ये सभी गुण बुध की बदौलत होते हैं। नीच का बुध दमा और फेफड़ों को खराब कर सकता है। बुध, तीसरे, छटे, पांचवें और लग्न में ठीक माना जाता है पर मीन लग्न में बुध ज्यादा फलदायी नहीं माना गया। मिथुन और कन्या लग्न में बुध शुभ होता है। इन्हीं राशियों का स्वामी भी है उसकी मूल त्रिकोण राशि कन्या है, इसके तत्व रजोगुणी हैं। यह द्विस्वभाव राशि है इसका वर्ण वैश्य है। इसकी उच्च राशि कन्या और नीच राशि मीन है, तत्व पृथ्वी है। यह वाणी का कारक है इसका धातु कास्य है। बुध प्रध ान लोगों के लिए उत्तर दिशा अनुकूल होती है। इनकी वाणी लोगों को सदैव आकृष्ट करती रहती है। बुध खोज़ी स्वभाव का है इसलिए बुध प्रधान लोग कभी-कभी शक्की मिज़ाज़ के भी हो सकते हैं। बुध बहन कारक भी है।

**बुद्धिजीवी गुरुः-** गुरु देवताओं का गुरु है इसे देवताओं का राजा भी कहा गया है। जन्म कुंडली में इसका आधिपत्य धन और मीन राशि पर है। यह सत्तो गुणी ग्रह है। कभी-कभी तुच्छ ग्रहों के साथ मिल कर तुच्छ भी बन जाता है। शनि के साथ बैठ विद्रोही और मिथ्याभिमानी हो जाता है और राहु के साथ मिल कर चण्डाल चौथे घर में गुरु कैसी भी स्थिति में हो शुभ माना जाता है। दसवें घर और सातवें घर का गुरु अच्छा नहीं होता। क्योंकि सातवी राशि का स्वामी और सप्तम भाव का कारक शुक्र, गुंरु का अति शत्रु है अतः जिसके सातवें घर में गुरु हो उसकी शादी एक बार जरूर टूटती है। दूसरा जिसके सातवें घर में गुरु हो उसे मन्दिर का निर्माण नहीं करना चाहिए और न ही कमरे में छोटा मोटा मन्दिर रखना चाहिए। हां दीवार पर देवों की फोटो जरूर टांग सकते हैं। अगर संगमरमर की मूर्ति रखने का शौक हो तो पांच छः इंच तक की मूर्ति रख सकते हैं।

गुरु का रंग पीला है। वर्ण, ब्राह्मण, तत्त्व आकाश। गुरु का कारक ज्ञान और विद्या होती है। यह कर्क राशि में उच्च का और मकर राशि में नीच का होता है। तभी दसवें भाव का गुरु शुभ नहीं माना जाता। यह पिता, पति और पुत्र सन्तान कारक ग्रह है। इसका आधिपत्य सोने पीले रंग, केसर, मन्दिर और गुरुकुल पर है। काल पुरुष में इसका स्थान चर्बी, किडनी, पीलिया घुटने के ऊपर का भाग मूत्र और जिगर, 'पाचन शक्ति' पर होता है इसकी दिशा ईशान है। गुरु को बड़ा माना गया है अतः गुरु से सम्बन्धित लग्न अथवा राशि के लोग जल्दी बड़े लग्ने लगते हैं। या बूढ़े हो ही जाते हैं। अगर बूढ़े न भी हो तो बाल जरूर सफेद हो

जाते हैं। गुरु प्रधान लोगों के कार्य धार्मिक अनुष्ठान, ग्रन्थ कर्त्ता भागवत पुराण या रामायण आदि की रचना व कथा वाचना, कीर्तन, मन्दिर को पुज़ारी और कर्मकांडी हो सकते हैं। गुरु से प्रभावित व्यक्ति ज्योतिषी, वैद्य आयुर्वेद्धिक कार्य और योगा से जुड़े होते हैं। उम्र चाहे छोटी हो पर दिखने में प्रकाण्ड पंडित और महागुरु लगते हैं। बुध के घर में गुरु की स्थिति नीच मानी गई है अगर छटे घर में गुरु हो तो उसे मामा-नाना पक्ष का सुख नहीं होता और व्यक्ति यदाकदा बीमार रहता है गुर्दे, अण्डकोष और लीवर सम्बन्धी बीमारी का शिकार हो सकता है। पुखराज, टोपाज़ गुरु के लिए शुभ नग हैं।

## भोगकारी शुक्र

शुक्र भोग कारक है। दैत्यों का राजा है, कहते हैं इसकी एक आंख नष्ट है। कहा गया है कि समुद्र मंथन के दौरान देवताओं ने और दैत्यों ने वासुकी नाग को मधानी बना कर समुद्र मंथन किया था। उसमें निकलने अमृत को देवताओं ने रख लिया। तभी से शुक्र देव की देवों के साथ ईर्ष्या का भाव पनपता रहा। एक बार जब विष्णु भगवान ने साधु का वेष धारण कर राजा बलि (जो दान के लिए प्रसिद्ध थे) से तीन पग पृथ्वी मांग ली। राजा बलि पृथ्वी देने को तैयार हो गए। जब वे टूटी वाले लौटे से पानी निकाल कर संकल्प करने को तैयार हुए तब शुक्र महाराज़ कीड़े का रूप धारण कर लोटे के छेद में जा बैठे। भगवान जी इस कार्य को भांप गए उन्होंने एक तिनका उठाया और लोटे के छेद में घुमा दिया जो कीड़े बने शुक्र की आंख में चुभ गया और वे काने हो गये। भगवान जी को जब अपनी गलती का अहसास हुआ तो उन्होंने शुक्र को शुक्राचार्य का वरदान दिया और कहा कि तुम विद्वान् बनो और सब विद्याओं का ज्ञाता बनो। सो शुक्र से शुक्राचार्य बने शुक्र को मृगु भी कहते हैं। इन्हीं मृगु ऋषि ने मृगु संहिता का निर्माण किया।

शुक्र डाक्टर, वैद्य, काम कला में निपुण, सौन्दर्य प्रिये शुभ विद्याओं का ज्ञाता, संगीत, गीत नव रस प्रधान, श्रृंगार प्रधान, कवि, चित्रकार, मूर्तिकार दुनिया की हर खूबसूरत पर शुक्र की छाया है चाहे अकेले मिल कर या फिर किसी ग्रह से मिलाकर। शुक्र भोगी ग्रह है इसलिए एक कहावत है Eat drink and be marry यानि खाओ पीयो मौज उड़ायो। यह प्रजनन शक्ति का कारक भी है। शुक्र की अच्छी स्थिति से सन्तान अच्छी पैदा होगी। बुरी स्थिति से सन्तान कमज़ोर, बीमारी और बुद्धिहीन, कर्महीन और बलहीन होगी।

शुक्र का वीर्य, शुक्राणु पर भी आधिपत्य है। जिस व्यक्ति के अन्दर शुक्राणु कमज़ोर होगे उसमें बच्चा पैदा करने की क्षमता नहीं होगी। इसी तरह शुक्र की

स्थिति खराब होने पर स्त्री में भी प्रजनन शक्ति ठीक नहीं होगी। शुक्र के कमज़ोर होने से व्यक्ति में उत्साह में कभी, चेहरे पर रौनक की कमी, और काम करने की क्षमता भी कम होती है। शुक्र मकर लग्न और मिथुन लग्न का कारक है। 12 वां भाव खर्च का होता है, मोक्ष का होता है, और निवृत्ति का भी है अतः जिनके 12 वें भाव में शुक्र हो वह अपनी ऐशो आराम पर खर्च करेगा। धन हो या न हो वह ऐश्वर्य युक्त जीवन बिताएगा उसकी सोच ऊंची होगी उसके ख्वाब ऊंचे होंगे और उसके कर्म भी ऊंचे होंगे। जिसके बारहवें घर में शुक्र हो इसमें अय्याशी के तत्व भी होते हैं वह पर स्त्री से परहेज़ नहीं करता अन्य कई कार्यों में भी लिप्त हो सकता है। 12 वें भाव में नीच का शुक्र हो या राहु, शनि आदि से युक्त हो, या फिर लग्नेश के साथ पड़ा हो तो व्यक्ति उल्टे सीधे धन्धों में प्रेरित होता है। जुए के अड्डे चलाना, पब चलाना, लड़कियों को गलत तरीके से पेश करना और भी बहुत से उल्टे सीधे कार्य करता है।

नोट– नीम हकीम खतरा जान अर्थात किसी भी विषय को अच्छी तरह जाने बगैर प्रिडिक्शन न करें। जिसे योगा योग का पूरा ज्ञान हो अन्य ग्रहों की स्थिति, युति और दृष्टि की पूरी जानकारी हो वही जन्मपत्री का वाचन करे।

जरूरी नहीं कि शुक्र प्रधान व्यक्ति गलत विचारों का हो उसका आकर्षण कृष्ण लीला राधा में, कृष्ण की गोपियों और उनकी रास लीलायें भी हो सकता हैं।

रोग–सेक्स सम्बन्धी बींमारी, नपुंसकता, बचे दानी सम्बन्धी रोग–कीटाणुओं की कभी, ताकत की कमी, मूत्रेन्द्रिय रोग और सिफलिस जैसे रोग हो सकते हैं। कई बार ऐसा भी देखा गया है कि व्यक्ति के कीटाणु तो सशक्त होते हैं, पर उसमें कण्ट्रोल की कमी होती है जब वह परमानन्द की कल्पना करते हैं तब वे अपने को रोक नहीं पाते और जल्दी निवृत हो जाते हैं। वैसे तो मेरे पास ऐसी कई जन्म पत्रिकाएं आई हैं एक जन्म पत्री ऐसे व्यक्ति की पेश कर रही हूं जो इसी समस्या को लेकर आया था। हालांकि उसके तीन लड़के एक लड़की है पर आज तक वह इस समस्या से निज़ात नहीं पा सकी। गज़ केसरी योग, और लाभ स्थान पर मंगल बैठने से सन्तानें तो हो गई पर शुक्र की स्थिति कमज़ोर होने से उपरोक्त समस्या बनी हुई है शुक्र सप्तमेश होकर आठवें भाव में नंपुसक ग्रह बुध के सम्पर्क में चला गया फिर सातवें भाव पर शनि की (जो कि नंपुसक ग्रह है) पूर्ण दृष्टि है। कुण्डली नम्बर (18) देखें। शुक्र से और भी

(18)

बहुत कुछ ज्ञात होता है विवाह वैवाहिक जीवन, सगाई, तलाक, प्रेमी-प्रेमिका और दीवानगी।

## विनाशकारी शनि

शनि को नंपुसक ग्रह माना जाता है। शायद मन्द गति से चलने के कारण? शनि आकाश मण्डल में सबसे धीमी गति से चलने वाला ग्रह है। वैसे वो अन्य ग्रह भी धीमी गति से चलते हैं जैसे नेप्च्यून और हर्षल 56 पर इन्हें नवग्रह के पूर्ण स्थान प्राप्त नहीं। शनिश्चर यानि शनैः शनैः इसका अर्थ है धीरे-धीरे। यह अच्छे फल भी धीरे-धीरे देता है और बुरे फल भी धीरे-धीरे देता है। अगर किसी पर इसकी कुदृष्टि पड़ जाए तो उसका आसानी से पीछा नहीं छूटता। फिर तो उसका दिवाला निकाल कर अथवा जेल की सलाखों के पीछे डाल कर ही दम लेता है।

शनि से आयु, मृत्यु हानि लाभ, सट्टा जुआ हेरा-फेरी, धोखा-धड़ी, चोरी डकैती, समलैंगिक, आतंक फैलाने की प्रक्रिया, तस्करी जासूसी और Investigation आदि। शनि तुला में उच्च का और मेष में नीच का माना गया है। इसकी मूल त्रिकोण राशि कुम्भ है। इसकी स्वराशि मकर और कुम्भ है। मित्र ग्रह शुक्र, राहु और बुध है। शत्रु ग्रह सूर्य और मंगल हैं। गुरु सम ग्रह है ये तमो गुणी स्थिर ग्रह है। इसकी जाति शूद्र और तत्व वायु है। रंग नीला और काला। शनि तबाही का कारक है। इसका स्वभाव अति क्रूर है यह किसी पर दया नहीं कर सकता। इसका धातु लोहा है। जैसे युद्ध में बचने के लिए लोहे की ढाल आगे रखते है वैसे ही शनि के प्रकोप से बचने के लिए लोहे का प्रयोग करना जरूरी है। इसके इलावा कटैला-नीलमणि और नीलम भी पहन सकते हैं पर जानकार की सलाह के बिना अपने आप कोई उपाय न करें। पुराणों के अनुसार शनि सूर्य का पुत्र है पर बिगड़ैल पुत्र होने के कारण हमेशा सूर्य के उल्टा चलता है। तभी तो कहा गया है कि यदि सूर्य और शनि जन्मपत्री में एक-दूसरे के आगे चल रहे हों तो या पिता UP रहेगा या पुत्र यानि या तो पुत्र अमीर और सुखी होगा या पिता जब पिता बूढ़ा हो जाता है तब शनि प्रधान व्यक्ति ऊंचा होता है और सुखी होता है।

पुराणों के अनुसार यह भी कहा गया है कि शनि लक्ष्मी जी का पुत्र है। तभी इसका धन पर आधिपत्य है। यह चाहे तो रंक को राजा बना दे और अगर चाहे तो राजा को रंक बना दे। शनि को लक्ष्मी ने गोद लिया था। जिसकी मां लक्ष्मी अर्थात् धन की देवी हो, उसे फिर डर किस बात का। धन और सुख की बागडोर शनि के ही पास है वह जो चाहे कर सकता है। भले ही शनि को लोग बुरा मानते हो और उससे बच कर रहने की तरकीबे सोचते हो, कई जगह शनि परोपकारी भी होता है मालामाल करने वाला भी हां उसकी स्थिति ठीक लग्न और ठीक

भाव में होनी चाहिए। शनि तुला लग्न और वृष लग्न का कारक ग्रह है और मिथुन लग्न में मलू त्रिकोण राशि का स्वामी है। तुला लग्न में केन्द्र और त्रिकोण का स्वामी है, तुला लग्न अपने आप में उच्च राशि का प्रतीक है अगर शनि नीच

**(19)**

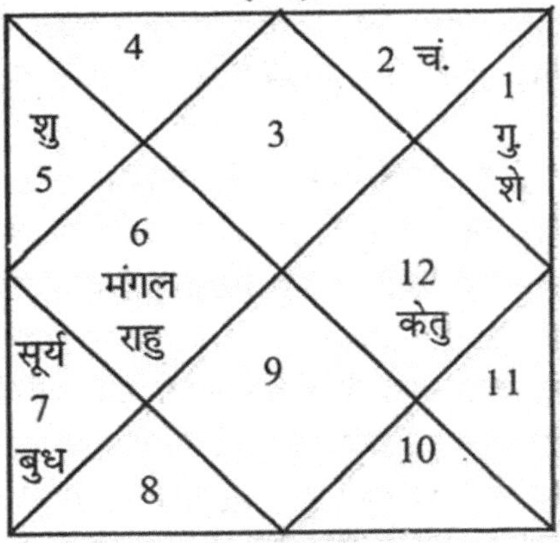


**(20)**

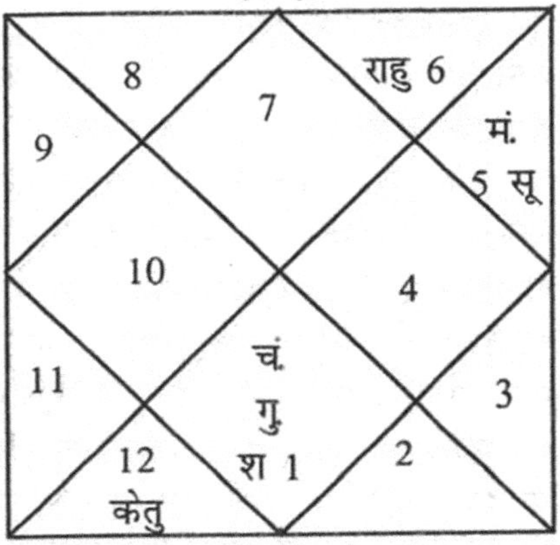


का भी होगा तो अच्छे पल ही देगा। आईये देखें कैसे? कुण्डली नं. 19 और 20 मिथुन लग्न की कुण्डली में यद्यपि शनि नीचे का है पर इसी शनि ने महिला को सब कुछ दे दिया। कोठी कारें सोना, बच्चों की खुशहाली जहां तक पोतों का पूर्ण विकास, पढ़ाई लिखाई और अच्छी नौकरी सब कुछ शनि की दशा में ही प्राप्त हुआ है। आज कल शनि की दशा में गुरु का अन्तर चल रहा है बच्चों के धन धान्य के अतिरिक्त पोतों को भी नौकरी मिल चुकी है। क्योंकि नीच का था, अष्टमेश भी और गुरु मारकेश था अतः शनि की दशा शनि के अन्तर में बहुत भारी गठिया हो गया और शनि की दशा, बुध के अन्तर में पति की मृत्यु। कैसे:-

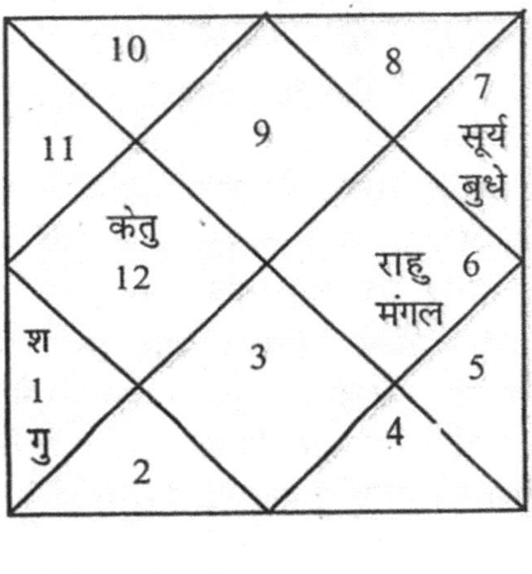


(1) पति देव का वर्ष फल खराब था।

(2) मिथुन लग्न की कुण्डली (19 नं. कुण्डली) अगर पति की कुण्डली बनाएं तो, धन लग्न बनता है और बुध मारकेश बन जाता है, और शनि भी मारकेश। मिथुन लग्न से, धन लग्न की पति की कुण्डली:-

(1) शनि मारकेश।

(2) बुध मारकेश होकर सूर्य के साथ।

(3) चौथे भाव में मीना-राशि केतु से पीड़ित है।

(4) गुरु मारकेश शनि से पीड़ित हैं। अतः पति की मृत्यु शनि की दशा बुध के अन्तर में हुई। शनि ने धन तथा अन्य ऐश्वर्य युक्त सामान तो दे दिया। पर पति सुख ले लिया।

तुला लग्न में (शनि जैसा भी हो, ठीक फल देता है क्योंकि तुला लग्न में शनि कारक ग्रह माना गया है) इसी प्रकार तुला लग्न की कुण्डली में शनि का अध्ययन करें:- (20 नं. कुण्डली)

(1) शनि नीच का है। चौथे और पाचवें भाव का स्वामी होने के कारण महिला को बहुत कुछ मिला। हालांकि राहु-केतु ने शुरू का जीवन विशेष फल दायक नहीं दिया। एक तो काल सर्प योग दूसरा उसी से सम्बन्धित राहु की दशा थी इसलिए लड़की का जीवन शुरू में भटकन का था। पति से अलग रहना पड़ा। क्योंकि पति मिलिट्री में थे। गुरु की दशा आते है जीवन बदल गया बच्चों की शादियां (तीन बेटे) सबके घर बेटे। अच्छे स्टेट्स की नौकरियां, कीमती मकान, मकान से अच्छी इनकम। यह सब गुरु की दशा में हुआ यद्यपि गुरु नीच के शनि के साथ हैं गुरु की दशा शनि के अन्तर में माता जी स्वर्गसिधारी और उसका मकान मिल गया। मां के घर का स्वामी शनि नीच का है। सन्तान भाव का (मूल त्रिकोण) का स्वामी भी शनि नीच का है तो भी मां से मकान मिला तीन लड़के भी प्राप्त हुए और आगे उन सभी के भी लड़के ही हुए। अतः नीच का शनि जब शुभ ग्रह के साथ रहता है। तो वह अपना गुण, त्याग कर, गुरु के गुणों से ग्रहित हो जाता है। कहां भी गया है जैसी संगत बैठिए तैसो ही फल होय।

(21)

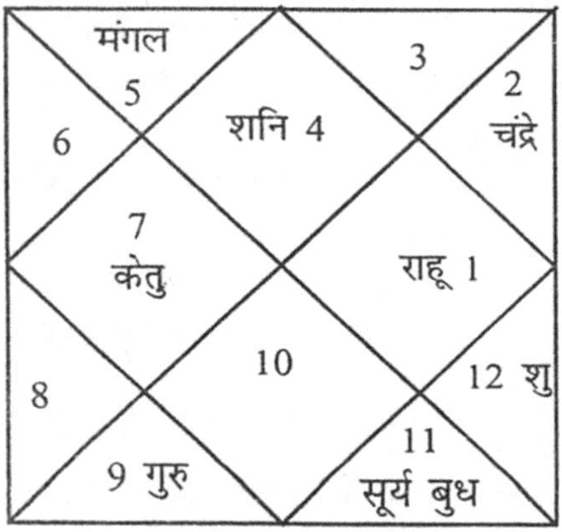


सो यह बात स्पष्ट हो गई की जरूरी नहीं कि शनि हमेशा बुरे फल देता है, कभी कभी अच्छे फल भी देता है। कभी-कभी शनि मारकेश हो कर भी अच्छे फल देता है। जब वह अपने भाव को देख रहा हो। देखे:- कर्क लग्न 21

लग्न में शनि बैठकर सातवें भाव को पूर्ण दृष्टि से देख रहा है। अतः पत्नी अच्छी है। शनि की दृष्टि के अलावा पत्नी कारक ग्रह शुक्र भी उच्च अतः इस व्यक्ति की पत्नी और पुत्र अच्छे हैं। बहुएं और दामाद भी बहुत अच्छा है। शुक्र उच्च का है गुरु स्वराशि का हो कर लाभ स्थान को देख रहा है जो जवाई और बहुओं का भी होता है। इसी प्रकार सन्तानेश मंगल जो कि दूसरे भाव में है। इसे भी गुरु नवम् भाग्येश की दृष्टि से देख रहा है। आईये जन्म

(22)

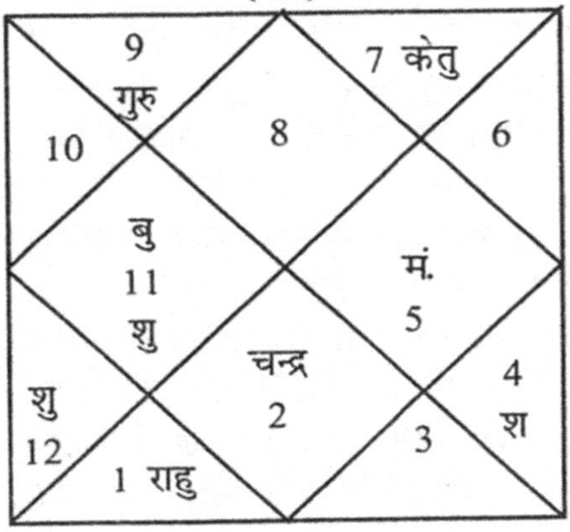


कुण्डली से शिक्षा एवं सन्तान की कुण्डली बना कर देखें:- (कुण्डली नं. 22)

लग्न का स्वामी दसवें भाव में अतिशुभ पंचम में शुक्र पहला बच्चा लड़की बहुत बुद्धिमति और दार्शनिक पत्नी भाव में चन्द्र उच्च का भावोश होकर बैठा है। चतुर्थेश शनिभाग्य स्थान में बैठ कर अपने भाव पराक्रम स्थान को देख रहा है। अतः कर्क लग्न की कुण्डली के बच्चों ने भी खुद मेहनत करके अपना जीवन संवारा है।

फिलहाल हमने शनि के अन्तर्गत इस कुण्डली की व्याख्या की है। कुण्डली कैसे पड़े इसका विस्तृत वर्णन हम आगे करेंगे।

## धुंधकारी राहु

वैसे तो राहु को ज्योतिष शास्त्र में छाया ग्रह की संज्ञा दी है फिर भी राहु ने अच्छे ख़ासे नतीज़े दिये हैं। राहु को कूटनीतिज्ञ और चाल बाज़ भी कह सकते हैं। राहु से प्रभावित व्यक्ति हमेशा दो कदम आगे सोचता है और दो कदम आगे ही चलता है। इसकी स्वग्रह राशि कन्या है। मूल त्रिकोण राशि कर्क है। यह चर राशि का ग्रह है। इसका स्वभाव तमोगुणी और इसका अन्दाज़ छुपा रुस्तम की तरह है। इसका रंग धुम्र एवं कत्थई है। राहु वृष राशि में उच्च का और वृश्चक राशि में नीच का माना गया है। आज के कुछ विद्वान् इसे मिथुन में उच्च का मानते है। ऐसा सही भी है क्योंकि जब कन्या राशि में स्वग्रही माना गया है तो मिथुन राशि में अच्छे फल ही देगा। यह पुरुष प्रधान ग्रह है, और तत्व छाया जैसे ही हैं। यह क्रूरता और दुःख का कारक है, प्रकृति वायु है। यह दक्षिण दिशा का स्वामी है। इसका धातु लोहा है, अष्टधातु भी हो सकता है।

राहु की मित्र राशियां मिथुन, कन्या, वृषा, तुला मकर और कुम्भ हैं शत्रु राशियां सिंह और वृश्चयक। राहु के काम है साहस, शक्ति, परिश्रम, दुःख देना, पाप कर्म, शत्रु-मित्र बनाना उथल पुथल करना आंधी तूफान लाना और रूकावटें पैदा करना। मेरे अनुभव के अनुसार राहु का काम है केवल रूकावटें पैदा करना है। राहु काम सभी करता है पर बार-बार चक्कर काटने के बाद बार-बार कोशिश करने के बाद। मैं अपना अनुभव जरूर शेयर करूंगी। राहु दशा लगते ही 18 वें साल में शादी। लड़का, लड़की प्राप्त हुए। पांचवी से लेकर, एम-ए

**कुण्डली नं. 23**

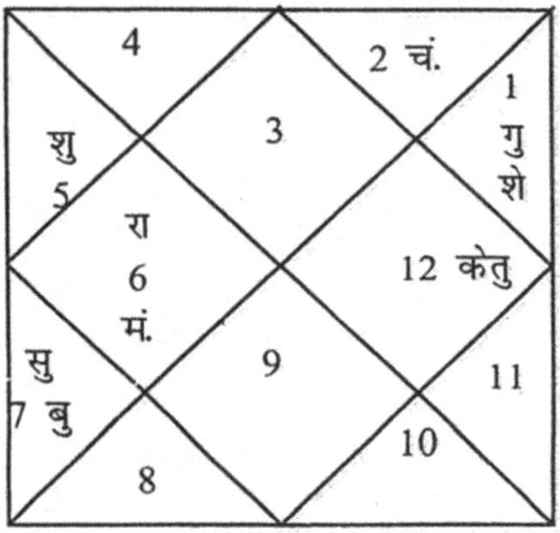


फर्स्ट पार्ट की पढ़ाई करी लाईब्रेरिन बनी। पांच साल सर्विस आदि सभी कुछ राहु की दशा में हुआ। राहु क्योंकि मंगल के साथ था अत: पति के साथ कभी-कभी मन मुटाव भी रहा और पति के साथ खूब भ्रमण भी किया। राहु दशा में भ्रमण भी खूब किया, अकेले भी और परिवार के साथ भी। आर्थिक स्थिति भी दिन प्रतिदिन सुधरी। पति की तगड़ी प्रोमोशन भी इसी राहु की दशा में ही हुई।

जैसा कि मैंने कहा, कि राहु रूकावटों से कार्य सम्पन्न करता है। मैंने पूरी क्लासें नहीं पढ़ी, सीधा पाचवीं से दसवीं में छलांग लगाई थी। उसमें बाकी सारे विषय तो कवर कर लिए थे पर इंगलिश की बेस न होने के कारण बीए. में अटक गई तीन बार कम्पार्टमेन्ट आई तीसरी बार यूनिवर्सिटी वालों ने पूरा फेल कर दिया। चौथी बार बी. ए. में पूरे विषयों में दोबारा परीक्षा दे कर पास हुई। खाली इंगलिश की वजह से बार-बार रूकावटें आई यह सब राहु की दशा में ही हुआ। राहु का काम है अंड़गे डालना। जैसे साधु लोग यज्ञ कर रहे हों, यज्ञ शाला में पानी डाल देना। विवाह हो रहा हो, यज्ञ शाला में पानी डाल देना। विवाह हो रहा हो, विवाद पैदा करके फेरे रूकवा देना। ''अप्वांइटमेंट लैटर'' को कुछ देर के लिए गायब कर देना आदि काम तो सम्पन्न होंगे पर रूकावटों से कुण्डली नं. 23 देखें।

राहु की दशा में राज नीति में पदार्पण भी होता है। यदि राहु का सम्बन्ध लग्न, लग्नेश दशम या दशमेश अथवा सिंह की राशि के साथ हो और दशा भी राहु की हो तो व्यक्तिं राजनीति में जाता है। राजीव गांधी जी को राहु लगते ही, माता की मृत्यु हुई और वह एकाएक प्रधानमन्त्री बन गए।

राहु धुंधकारी ग्रह है। एकदम आधी तूफान लाता है। बम ब्लास्ट, भगदड़ करना, हल चल मचाना एक्सीडेन्ट कराना, हमले करना, चोरी, डकैती डालना सभी राहु के काम हैं। राहु की दशा में ही राजीव गांधी की मृत्यु बम ब्लास्ट में हो गई थी।

राहु से चोट, फोड़े फुंसी, हार्ट अटैक, सांप का डसना तथा अन्य कीड़े मकोड़े का काटना, राहु कुत्ते का कारक है। राहु के उपाय में हम लोग अकसर कुत्ते को रोटी खिलाते हैं। जिसके आठवें घर में राहु हो उसे कभी न कभी कुत्ता जरूर काटता है। लग्न अथवा लग्नेश के साथ राहु हो तो उस व्यक्ति.को कीट पतंगे काटते हैं ततैया भी काटता है, कभी-कभी अंग भी कट जाता है। राहु से मृगी भी हो सकती है। कुण्डली नम्बर 24 A इस बालक की एक साल में

24 A

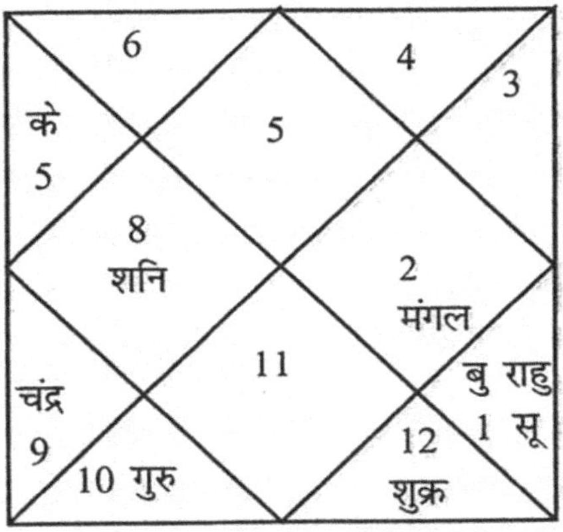


गुली कट गई। सारी जिन्दगी फोड़े फुंसी- कीड़ो का काटना मच्छर का काटना लगा रहा। कई बार ततैया काट चुका है। कुत्ता भी काट चुका है।

राहु अचानक कार्य करने वाला ग्रह है। यह चलता फिरता छाया ग्रह है इसलिए राहु से सम्बन्धित कार्य भी चलते-फिरते होते हैं। जैसे एजेन्ट, बीमा एजेन्ट, प्रापर्टी डीलर, सट्टेबाज़, 'पब' चलाना, जुआरी, लाटरी चलाना तथा किसी भी वस्तु के लिए ड्रा निकालना एवं शेयर आदि। इन सब बातों के लिए लग्न, भाग्य, भाग्येश धनेश एवं सुख भाव को देखना भी जरूरी है। किसी भाव का स्वामी राहु का मित्र अथवा शत्रु है कौन से लग्न में राहु कारक का काम करता है। वृष, मिथुन, कुम्भ और कन्या लग्न में राहु कारकत्व का रोल अदा करता है। राहु की शुभता अशुभता का असर दशा अर्न्तदश के अनुसार ही करना है। मेरे पास एक ऐसे व्यक्ति की जन्म कुण्डली है जो बचपन में अनपढ़ और बावला सा दिखता था। उसके पिता- कापी, पेन्सिल रबड़ आदि बेचा करते थे इसने भी मैट्रिक पास कर पिता की दुकान पर बैठना शुरू कर दिया। कुछ साल तो उसने इसी सामान की दुकान चलाई शादी भी हो गई बच्चे भी हो गए। बीच में मैंने जब ज्योतिष की दुकान खोली तो इसे भी ज्योतिष का शौक शुरू हुआ और यह मेरे पास आने लगा। कुछ समय बाद मैं राजौरी गार्डन आ गई। एक बार जब मैं पुराने निवास पर गई तो वह व्यक्ति बहुत बड़ा प्रापर्टी डीलर और बिल्डर बन चुका था। पूरी कालोनी तथा आस पास की सभी

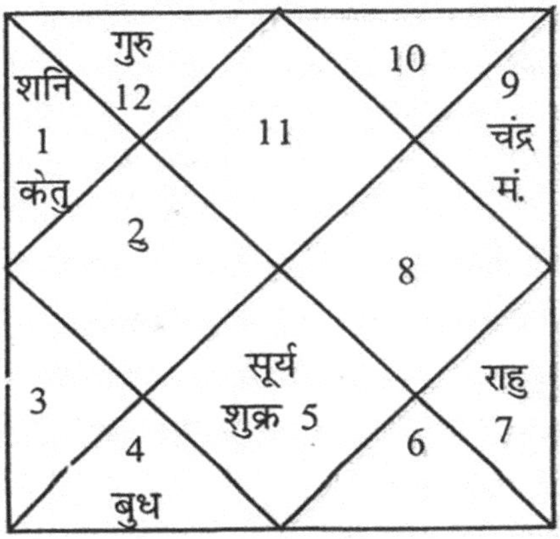


कालोनियों में उसकी तूती बोल रही थी सभी सड़कों सभी दीवारों पर, मीलों तक तक बस एक ही नाम था "K. Lal" मैं दंग रह गई। आखिर मुझे उसकी कुण्डली में कारण ढूंढने पड़े।

बिल्डिंगे उसी की, मल्टी स्टोरी उसकी अपार्टमेन्ट उसके, फार्म हाऊस उसके, रेस्टोरेण्ट और डिपार्टमेन्टल स्टोर उसके। कुण्डली नं. 24 B

जैसे ही उसे राहु की दशा लगी वैसे ही उसने छोटा सा बोर्ड लगा कर

प्रापर्टी डीलर का काम शुरू किया। प्रहले किराये पर मकान दिलवाये फिर छोटी-मोटी दुकानें वे मकानों का सौदा करवाया और धीरे-धीरे बड़े-बड़े मकानों दुकानों तथा अन्य भूमि सम्बन्धी खरीद फरोख की। देखते-देखते अरबपति बन गया। अचानक सुनने में आया कि वह शुगर रोग से बहुत पीड़ित है। मुझे तो उससे बात किये 37 वर्ष हो गए हैं पर अक्सर लोगों से उसकी जानकारी मिलती रहती है। आज की नई जानकारी से पता चला कि एक पूरी सड़क व चौक का नाम लाल चौक रख दिया गया है। कारण जानते हैं?

(1) लग्नेश पराक्रम स्थान में केतु के साथ है। केतु गुप्त मंत्रणा दे रहा है। नीच शनि उच्च दृष्टि से भाग्य स्थान को देख रहा है। राहु भाग्य स्थान में मित्र राशि में है। भूमि पति मंगल लाभ स्थान में बैठ कर भूमि सम्बन्धी लाभ दे रहा है। इस व्यक्ति मंगल दशा में काम शुरू किया और राहु दशा में उसका काम परवान चढ़ गया। मंगल के साथ चन्द्र भी है जिसने भूमि के क्षेत्र में नाम उज्जवल किया।

मंगल लाभ स्थान में है। मंगल की वजह से सन्तान भाव प्रभावित हुआ। उसका लड़का हुआ उसके दिल में छेद था और वह मर गया। मंगल पंचम भाव को भी देख रहा है पंचमेश बुध को अष्टम दृष्टि से देख रहा है। ये दोनों बातें सन्तान सुख से वंचित करा रही हैं। लाभेश और धनेश गुरु स्वराशि का है अत: धन के भण्डार भरे रहेंगे। उपरोक्त कुण्डली की चर्चा, नीच शनि और भाग्य स्थान के राहु की करामात को लेकर की गई है।

## केतु- ध्वज़ धारी

केतु के विषय में अनेकों धारणाएं हैं। इसका चिन्ह पताका की तरह है। इसलिए इसे ध्वज धारी कहा है। यदि कोई व्यक्ति/मकान की छत पर लाल रंग की ध्वज़ लहराये तो उसके जीवन में कभी हार का मुंह नहीं देखना पड़ता। ऐसा मेरा कथन नहीं प्रकाण्ड पडितों का है। राहु शनि के समान और केतु मंगल के समान फल देता है। केतु भी राहु की तरह छाया ग्रह है। कहते हैं जब समुद्र मंथन हुआ था तो उसमें अन्य वस्तुओं के अतिरिक्त अमृत कलश भी प्राप्त हुआ। उस समय विष्णु भगवान ने मोहिनी रूप धारण करके दैत्यों को तो आसक्त कर दिया और अमृत देवताओं को बांटने लगे जब सूर्य और चन्द्र शेष रह गए तो राहु नामक राक्षस भी देव रूप धारण कर चन्द्र सूर्य के साथ जा बैठा। जैसे ही भगवान ने राहु को अमृत दिया तो चन्द्र सूर्य ने चुगली लगा दी कि यह (राहु) देवता नहीं है तब विष्णु भगवान ने अपना सुदर्शन चक्र चला कर राहु की गर्दन काट दी। क्योंकि अमृत उसके शरीर में पहुंच चुका था, इसलिए कटे हुए शरीर के दो हिस्सों को राहु केतु का नाम दिया गया और उनको नवग्रहों में पूरा स्थान मिल गया। राहु को धड़ और केतु को निचला भाग माना गय। अत: केतु को पूछ की ही संज्ञा दी गई। केतु सम्बन्धी कुछ जानकारियां:- केतु की स्वग्रंही राशि मीन

है। यह तमो गुणी ग्रह है। धनु इसकी मूल त्रिकोण राशि है। जाति शूद्र है। यह वृश्चिक राशि में उच्च का और वृष राशि में नीच का होता है। यह चर और पुरुष प्रधान ग्रह है। यह गुप्त एवं कष्ट कारक ग्रह है। इसका सम्बन्ध प्रेत बाधा और अज्ञात शक्तियों से है। इसकी प्रकृति वायु और स्वभाव क्रूर है। केतु का धातु और तांबा है नग बिल्ली की आँख कहते हैं कि हर एक जीव चाहे बुरा हो या अच्छा कुछ न कुछ विशेषताएं छुपी होती है।

सेना में केतु का अहम रोल है। जासूसी, गुरिल्ला, छुप कर वार करना गहराई में जाना खोज़ बीन करना। केतु से प्रभावित व्यक्ति गुप्त विद्याओं का ज्ञाता। "रिसर्च स्कालर" वैज्ञानिक और शोधकर्ता हो सकता है। अगर किसी की जन्म कुण्डली में केतु की स्थिति ठीक न हो और वह मंगल या सूर्य से प्रभावित हो तो व्यक्ति का एक्सीडेन्ट हो सकता है। किसी वस्तु के काटने अथवा चुनने की सम्भावना भी हो सकती है। शरीर में चीरा फाड़ी, इन्जेक्शन लग्ना, और खून में विकार होना, शरीर का नीला पड़ जाना जैसी घटनाएं हो सकती हैं।

केतु से व्यक्ति का नाजायज (अवैद्य) बच्चा हो सकता है। उधार के शुक्राणु भी लिए जा सकते हैं। केतु से प्रभावित व्यक्ति चोर एवं तस्कर, धोखे बाज हेरा-फेरी भी हो सकता है। जहरीले अस्त्र शस्त्र नुकीले तीर बनाने सम्बन्धी कार्य भी हो सकते हैं। केतु से रोग-फोड़े फुंसी, कैंसर, अल्सर, गर्भपात और ऐसी गुरत चोट भी लग सकती है जो दिखाई न दे। नम्बर दो का कारोबार अवैध कार्य के साथ-साथ धोखा धड़ी, नकली नोटो का व्यापार, नकली वस्तुओं का निर्माण, रिश्वत खोरी तथा अन्य कई तरह के अवैद्य धन्धे केतु से प्रभावित हो सकते हैं। समुद्र में गोताखोर पनडुब्बी द्वारा कार्य करना भी केतु की ख़ास विशेषता है। केतु प्रेत बाधा; तन्त्र से प्रभावित और अज्ञात रहस्य व अज्ञात शक्तियों का भी द्योतक होता है। व्यक्ति हमेशा बीमार रहता है, देर रात तक शराब पीकर भटकता है। आलसी होता है। सुबह भी देर तक सोया रहता है। कभी-कभी पुरानी बीमारी का शिकार भी होता है। रात को डरावने सपने आते हैं, गलत विचार आते हैं। शरीर पीला सा हो जाता है। ऐसे लोगों पर किसी न किसी ने कुछ कर दिया होता है। वैसे तो यह बात अनपढ़ और मूर्खतापूर्ण ही लगती है, पर यह वाकिया सचमुच मेरे सामने गुजरा है। इसलिए मुझे इस बात पर विश्वास करना पड़ा। एक औरत मेरे पास आई कहने लगी मुझे दो तीन तावीज़ बनवानी है। मैंने कहा "न तो में इन बातों पर विश्वास करती हूं और न ही मैं यह काम करती हूं" वह औरत अपनी बात पर अड़ी रही उसने कहा "मैंने तो कई बार कारोबार अथवा अन्य किसी समस्या से निदान पाने के लिए तन्त्र का सहारा लिया है" कुछ समय के अन्तराल में वह मेरी दोस्त बन गई। एक दिन वह मुझे एक बंगाली बाबा के पास ले गई। उसने तीन तावीज़े बनवााई। एक बेटे को बस में करने के लिए एक जंवाई को बस में करने के लिए और एक बहु को भगाने के लिए।

उसने तीनों तावीज़े अपने घर के बाहर दबा दी। मैं भी उस बात को भूल गई क्योंकि उन दिनों मेरे पास ढेरों कस्टमर आते थे। किस किस को याद करूं एक दिन वह औरत मुझे मार्किट में मिल गई। उससे मालूम हुआ कि उसका बेटा और बहू कार एक्सीडेन्ट में मारे गए और जवाई कैंसर रोग से पीड़ित है। वंश आगे बढ़ाने के नाम पर एक पोती बची है। धन का इतना अम्बार है कि तीन पीढ़ियों तक खत्म न हो।- 25 देखें

**( 25 )**

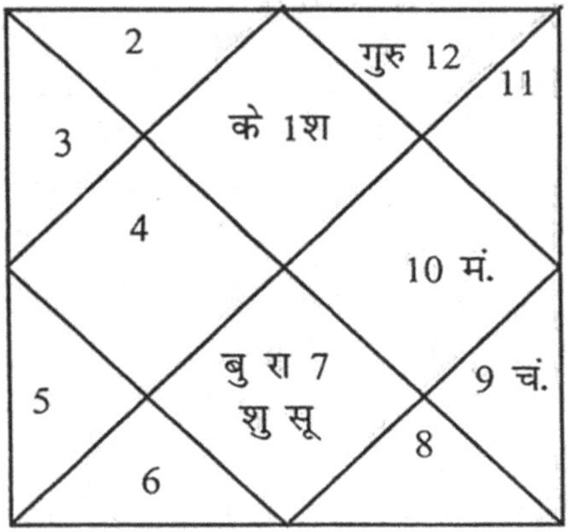


राहु की दशा शनि के अन्तर में यह घटना घटी थी। लग्न में नीच का शनि और केतु है जो तन्त्र से प्रभावित होने का संकेत कर रहे हैं। सन्तान भाव का स्वामी सूर्य नीच का है और वह शत्रु ग्रह राहु और शुक्र के साथ है और नीच शनि द्वारा दृष्टि भी हैं। अगर सन्तान की कुण्डली को इस कुण्डली से बनाए तो क्या फल होंगे:- 26 देखें

**( 26 )**

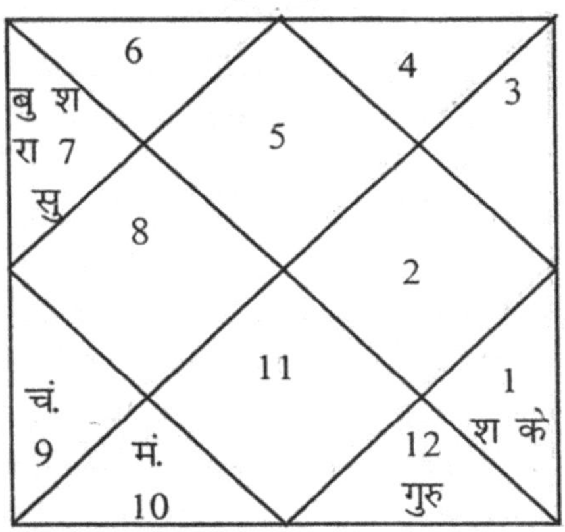


केन्द्र खाली/लग्नेश सूर्य को राहु, मारकेश बुध और मारकेश शनि प्रभावित कर रहा है। मंगल भी आठवीं दृष्टि लग्न को देख रहा है। अत: शनिमारकेश बन्द बनकर लगभग पूरे परिवार को चपेट में ले लिया। क्योंकि शनि केतु के तन्त्र जाल में फंस गया था। किसने टोटका किया है। यह भी पता लगाया जा सकता है। अगर केतु चन्द्र के साथ हो तो मां, सूर्य के साथ हो पैतृक पक्ष, मंगल हो तो भातृ पक्ष, बुध हो तो बहन, गुरु हो तो कोई ब्राह्मण या तान्त्रिक शुक्र हो तो प्रेमिका और शनि हो तो कोई नौकर अथवा तुच्छ ज्ञात द्वारा टोटका किया होता है। केतु के साथ पड़ा हुआ ग्रह कौन से भाव से आया है। वह भाव भी व्यक्ति को प्रभावित कर रहा है जैसे कोई ग्रह पतित भाव से चल कर केतु के साथ जुड़ गया है। तो हो सकता है पत्नी ने टोटका किया हो।

इन बातों के अतिरिक्त अन्य शुभ ग्रह और अच्छे योगायोग और शुभ दृष्टियों को भी देखना होता है। अत: भविष्य वाणी करते समय ज्योतिष के साथ द्योतक होना और अनुभव का होना बहुत जरूरी है।

# भविष्यवाणी कैसे करें?

ऊपर ग्रहों का वर्णन करने का तात्पर्य केवल यही है कि कुण्डली का अध्ययन करते समय ग्रहों के साथ अन्य बातों का ध्यान रखना बहुत जरूरी होता है। कोई व्यक्ति अपनी जन्म कुण्डली लाता है और प्रश्न भी खुद करता है पर जानकारी किसी और व्यक्ति के लिए चाहता है। इसी बात को समझना बहुत जरूरी है ज्यादातर भविष्यवाणियां इसलिए गलत हो जाती हैं क्योंकि उनको विषय के अनुसार "प्रिडिक्शन" करनी नहीं आती।

मसलन एक दादी ने अपने पोते के लिए प्रश्न किया कि उसकी नौकरी मिलटरी (फौज) में नौकरी लगेगी? और लगेगी तो कब लगेगी? प्रश्न तारीख 9-8-09 नौकरी अवश्य लगेगी। पहला चांस तो होगा अक्टूबर-नवम्बर में और दूसरा चांस होगा दिसम्बर-जनवरी में यानि तुला के सूर्य में या धन के सूर्य में 27 कुण्डली देखें

(27)

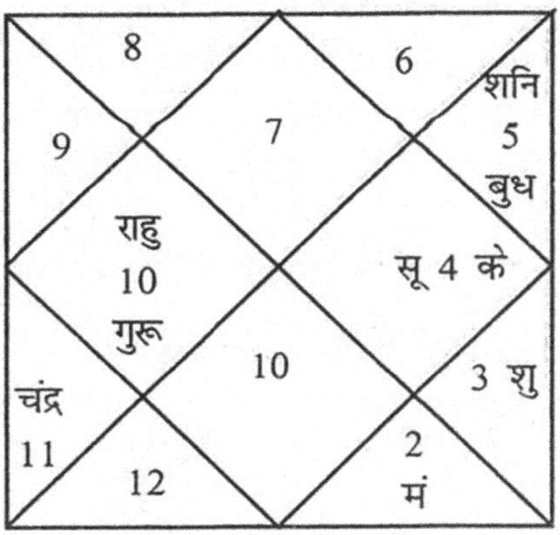


लग्न कुण्डली से पोते की कुण्डली तो बन सकती है पर प्रश्न कुण्डली में, लग्न की शुभता चन्द्र की शुभता और पंचम भाव की शुभता देखनी होती है।

(1) तुला लग्न, लग्नेश भाग्य स्थान में

(2) चन्द्र कर्मेश है और वह पंचम भाव में है।

(3) गुरु किसी भी स्थिति में हो चौथे घर में शुभ माना गया है।

(4) गुरु चौथे बैठ कर, दशम भाव को उच्च दृष्टि से देख रहा है।

(5) पंचमेश शनि लाभ स्थान में बैठ कर अपने भाव को देखकर उसकी वृद्धि कर रहा है क्योंकि शनि को नौकरी का कारक माना गया है।

(6) भाग्येश बुद्य त्रिकोणधिपति है, शनि पंचमेश भी त्रिकोणधिपति होकर लाभ स्थान में है अत: दोनों ग्रह लाभ में बैठ कर शुभ स्थिति पैदा कर रहे हैं।

(7) मंगल आठवें माल में बैठ कर धन स्थान को देख रहा है और पराक्रम भाव भी।

(8) दसवें केतु खाली चिन्ता पैदा कर रहा है और कोई ख़ास समस्या नहीं है।

(9) वैसे भी चर लग्न अपना काम शुरू कर ही देता है।

अत: उपरोक्त प्रश्न कुण्डली अच्छी बनी है अत: थोड़ी बहुत रूकावटों के बाद फौज़ में नौकरी अवश्य लगेगी।

लग्न सिंह, लग्नेश भाग्य स्थान में, मंगल दसवें भी यही बताता है कि फौज़ में नौकरी लगेगी।

यह ऐसे व्यक्ति की कुण्डली है जिसे जीवन में कुछ भी प्राप्त नहीं हो सका देखें (कुण्डली नं. 27) चौथे भाव ने शनि ने ऐसा घेरा कि न तो घर मिला और न ही घर को बनाने वाली घरवाली। एक मंगलिक, दूसरी शनि गुरु का देख रहा है। मंगल, शनि को देख रहा है इसकी सन्तान भी नहीं हुई और न ही उस का घर बसा। जायदादें कई हैं घर भी हैं फिर भी रहने के लिए मकान नहीं किराये के मकान में रहता है। न मां है न बाप है न बहन है एक मात्र भाई है जिसने विचार नहीं मिलते। चन्द्र माता का कारक है वह राहु से पीड़ित है। शुक्र स्त्री कारक है वह केतु से पीड़ित घर में कोई स्त्री नहीं रह पाती। एक नज़र में कुण्डली बुरी नहीं लग्नेश बुध और सूर्य धन स्थान में है। अगर मांगलिक कहे तो शनि मंगल योग को काट रहा है। दसवें गुरु स्वराशि का है फिर भी टिक कर कोई काम नहीं किया। अत: कुण्डली का अध्ययन करने के लिए ग्रहों की डिगरी देखना बहुत जरूरी है इसका लग्नेश बुध $29^{1}/_{2}$ डिगरी का है इसलिए इसे कोई फल नहीं मिला।

जन्मपत्री के किसी खास रिश्ते को या कार्य को देखना हो तो उस भाव

**पंचमेश लग्न (28)**

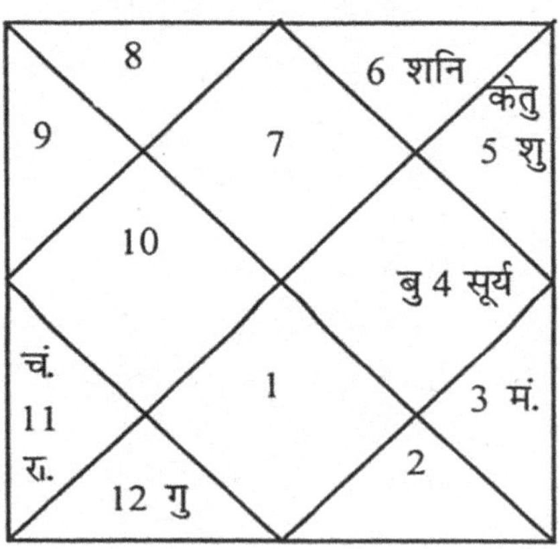


**सप्तमेश (29) लग्न**

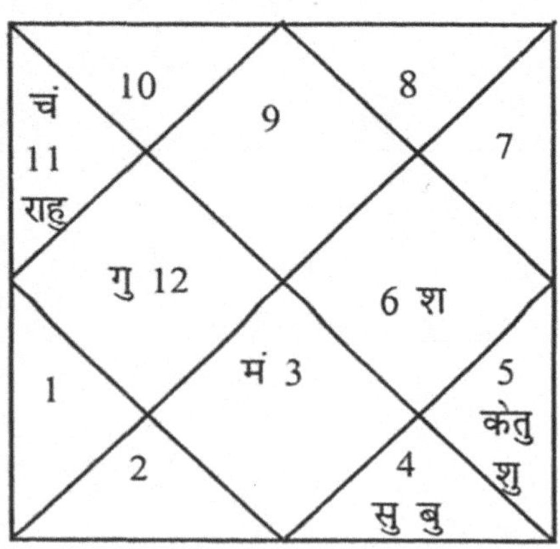

को ही लग्न बना कर देखें। जैसे ऊपर दी गई कुण्डली के पंचम भाव को देखना चाहे तो उसे लग्न बना लो। मातृभाव का फल जानना चाहे तो चतुर्थ भाव का लग्न कुण्डली मान लो स्त्री सुख के लिए पाचवां भाव और पत्नी सुख के लिए सातवें भाव को लग्न बनाएं:-

(1) पंचम से पंचम चन्द्र और राहु है और पंचम का स्वामी शनि 12 वें है।

(2) पंचमेश शुक्र सूर्य की राशि में केतु के साथ होने से न तो पढ़ाई हो सकी न कोई प्रेमिका बन पाई और न ही शुक्राणु पनप सके नहीं तो किसी स्त्री से गर्भ तो ठहर ही जाता।

(3) सन्तानेश शनि को मंगल मारकेश बन कर देख रहा है।

अत: जन्म लग्न से प्रेम एवं सन्तान लग्न की व्याख्या ठीक हो सकती है।

(4) जब भी किसी भाव से कोई ग्रह चौथे आठवें 12 वें हो तो भाव स्वतन्त्र रूप से कार्य नहीं कर पाता। यहां पंचम भाव के लग्न से भी शनि 12 वें है जिसने सन्तान सुख से वंचित रखा।

(5) पंचमेश शनि को मंगल के साथ राहु भी पंचम भाव का प्रभावित कर रहा है।

(1) लग्नेश चौथे भाव में है अत: कर स्त्री अपने मायके में ही रहना पसन्द करती थी।

(2) पूर्ण मंगली और सातवें भाव को शनि भी देख रहा है अत: पति से सम्बन्ध विच्छेद होते रहे।

(3) सन्तान भाव के स्वामी मंगल को शनि देख रहा है सन्तान कारक ग्रह गुरु को शनि देख रहा है।

(4) केतु के साथ शुक्र होने से सन्तान का भी अभाव रहा स्त्री का भी सुख नहीं रहा।

(5) सप्तमेश बुध सूर्य के साथ आठवें है। सप्तम भाव से आठवें सूर्य भी ठीक नहीं है।

(6) सप्तमेश बुध आठवें खराब हो गया है।

# कुण्डली कैसे पढ़े?

इसकी बेसिक बातें तो हम पहले भाग में कह आए हैं। फिर उसे दोहराते हुए कहेंगे कि जिस विषय के बारे में जानना चाहते हो उस भाव को देखो, लग्न और चन्द्र लग्न की शुभता देखो अगर नवांश कुण्डली उपलब्ध हो तो उसे देखो।

एक कुण्डली मेरे पास आई जिसका पूरा जीवन ग्रहों के अन्धकार में खो गया। देखें कुण्डली संख्या:-30

( 30 )

25 घड़ी के बाद बुध सिंह में है यानि बुध केतु से प्रभावित है। मंगल और शनि में रस्साकशी है। मंगल शनि का दबा रहा है और शनि मंगल को सप्तमेश गुरु शनि से प्रभावित है। वैसे भी दसवें गुरु अपनी प्रभुता खो देता है क्योंकि वह भाव गुरु के लिए नीचता का कारक है। चन्द्र राहु से ग्रसित है अत: मातृ पक्ष ठीक नहीं था। मां की जीवन कष्टमय रहा पत्नी कारक ग्रह शुक्र केतु के साथ शत्रु भाव में है। हम ऊपर कह आए हैं कि केतु जिस ग्रह के साथ होता है उसी ग्रह से सम्बन्धित सुख से वंचित कर देता है। अत: इस व्यक्ति का घर नहीं बस सका कहने को तीन शादियां की पर एकाध साल या महीनें तक ही चल पाई।

एक लड़की ने मुझे पूछा आंटी मेरे 'हारोस्कोप' ऐसा क्या बात है जो मेरा जीवन शुरू से ही संघर्षशील और अभावग्रस्त रहा है। यह लड़की डब्बल एम. लेखिका, कवियत्री और साज सज्जा जैसे गुणों से पूर्ण। माता-पिता से विरोध रहा उन्होंने इसकी योग्यता और इसकी फीलिंग और इसको भावनाओं को समझने की कोशिश नहीं की। खूबसूरत भी है और गुणी भी, पत्रकार, बड़े-बड़े संस्थानों से जुड़ी हुई खुबसूरत, व्याख्यानों से पूर्ण। घर तो मिला एक नहीं दो दो। अति

खूबसूरत और मार्डन साज सज्जा से सुसज्जित पर घर में रहने वाला कोई नहीं हो तरह-तरह के फोटो, मूर्तिया, खूबसूरत 'डेकोरेशन पीस'' ही उसके घर में रहने वाले जीव है। वह पेड़ पौधों, घर की दीवारों, देवी-देवताओं, संगीत की रचनाओं और मूक किताबों से बातें करती है उन्हें ही अपने घर का सदस्य मानती है। बड़ी उमर में उसने एक ऐसे व्यक्ति से शादी की जो यश, मान-सम्मान में बहुत बड़ा था ही उमर में भी बड़ा था लगभग 31 वर्ष बड़ा शक्ल सूरत में साधारण पर इन्टरनल परसेनलिटी में बहुत महान्। वह संसार प्रसिद्ध लेखक थे वे हिन्दी और अंग्रेजी के प्रकाण्ड पंडित थे। उपरोक्त वर्णित कुण्डली (31) में एक नज़र डालें तो वह बहुत ही विरोधाभास की कुण्डली है कोई भी व्यक्ति

( 31 )

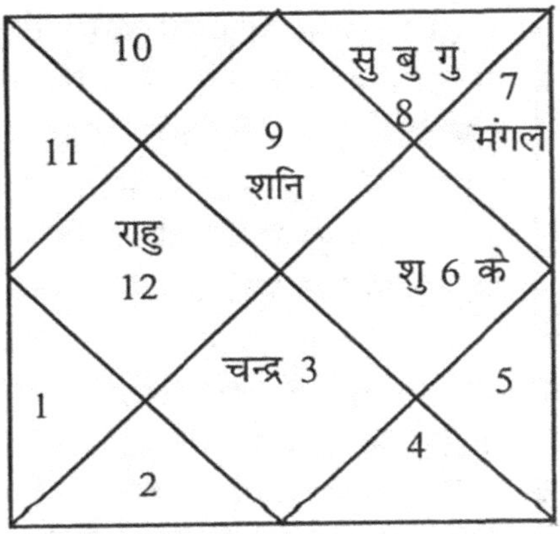


जब तक षठवर्ग की कुण्डली न देखे सही भविष्यवाणी नहीं कर सकता। धन लग्न और लग्न में शनि है जब दो बूढ़े ग्रहों का सम्बन्ध लग्न से हो तो व्यक्ति समय से पहले बूढ़ा लगता है। चेहरा रफ और झूर्री दार होता है हां अगर लग्न में कोई जवान ग्रह हो तो भी बात समझ में आती है। पर यहाँ तो कोई भी अच्छा ग्रह लग्न में नहीं। लड़की खूबसूरत, सुन्दर नेत्र कोमल शरीर और सुन्दर व्यक्तित्व की महिला है। जबकि 90 प्रतिशत जन्मपत्रियों में मैंने देखा है, धन लग्न के लोग अपेक्षाकृत बड़े लगते हैं और उनका जीवन जवान लगता है क्योंकि बुध सुकुमार और युवा ग्रह माना गया। यहा सातवें भाव में मिथुन राशि और उसमें सशक्त चन्द्र है। पर इस महिला का पति काफी बड़ा और दर्शनीय भी नहीं था।

भाग्य की दृष्टि से भी इस कुण्डली में खास कुछ दिखाई नहीं दिया। इतनी शिक्षा प्राप्त करने पर भी इसके जीवन की युवावस्था धन से वंचित रही। कोई ढंग की आय नहीं थी गुजारे लायक ही सब कुछ था। जब इसकी शादी हुई न तो कोई गहना ना कोई बड़िया कपड़े न कोई साजो समान। 40-50 साल पुराने फर्नीचर को खुद ठीक-ठाक करके बैठने लायक बनाया। न कोई सवारी न कोई टी-वी फिज्र। शादी के कुछ सालों बाद उसके पति को कुछ पुरस्कार मिले तो इसकी हालात में धीरे-धीरे सुधार आया। एक छोटा सा सुसज्जित घर बनाया। जब पति की मृत्यु हुई तो एक बहुत बड़ा घर और खरीद लिया। यहां इस बात स्पष्ट करना जरूरी है धन लग्न का स्वामी बूढ़ा ग्रह है और लग्न में शनि है अत: सुख सुविधाएं शनै शनै और देर से प्राप्त हुई।

लग्नेश गुरु और सप्तमेश बुध भाग्येश और राज सरकार का कारक सूर्य, सभी ग्रह 12 वें "लव प्लस कोर्ट मैरिज" हुई। मंगल लाभ स्थान में बैठकर सन्तान भाव को देख रहा है फिर सन्तान क्यों नहीं हुई? जब सन्तान सम्बन्धी जानकारी लेनी है तो पंचम भाव, पंचम से पंचम भाव, सन्तान कारक ग्रह गुरु, पंचमेश की स्थिति को जानना होगा। नंवाश कुण्डली और सप्तमाश कुण्डली भी देखना होगा। कई बार कुछ लोगों के पास विस्तार कुण्डली नहीं होती ऐसी स्थिति में जन्म कुण्डली से ही बाकी कुण्डलियां बनाए- देखें-सातवें भाव की कुण्डली (32)

( 32 )

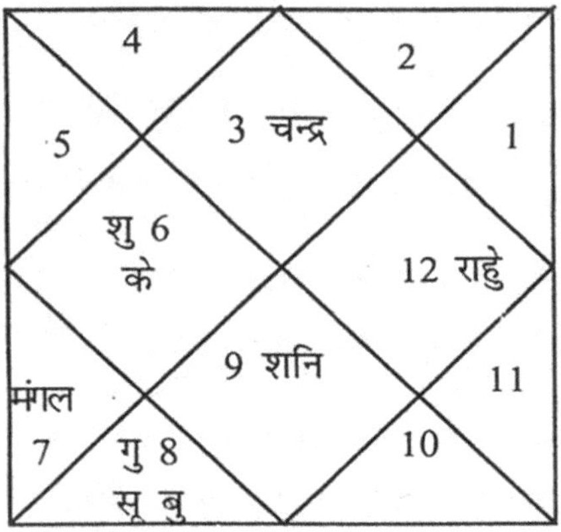


(1) शुक्र नीच का होकर केतु के साथ है और उस पर शनि की दृष्टि है। शुक्र की राशि मंगल से पीड़ित है। अत: सन्तान सम्भावित नहीं हो सकी। गर्भपात की तो स्थिति रही पर सन्तान नहीं हुई।

(2) वैवाहिक जीवन ठीक नहीं क्योंकि सातवें भाव में शनि है, और सप्तमेश गुरु, सूर्य के साथ छटे भाव में है अत: जो भी व्यक्ति पति बनने की कोशिश करे वह छुटे भाव में चला जाएगा चाहे बीमारी के कारण, या कमज़ोरी के कारण अथवा झगड़े के कारण। अत: ऐसी महिला को किसी भी व्यक्ति को दूर से ही नमस्कार करना चाहिए।

(3) भाग्येश शनि सातवें भाव में है जो पति को पूर्ण सुख धन सम्बन्धी देगा न कि शरीर सम्बन्धी क्योंकि शनि बूढ़ा ग्रह है। अत: पत्नी को सुख बुढ़ापे में ही मिलेगा।

(4) लग्न में चन्द्र कलाकार एवं कल्पनाशील बना रहा है। साथ ही अकेला चन्द्र पागलपन भी दे रहा है। जब भी पति पत्नी आपस में झगड़ते हैं तो एक-दूसरे को घर की चीज़ प्लेटें कुर्सियां उठा कर मारते हैं। सिर को दीवारों से पटक-पटक कर मारते हैं। क्योंकि चन्द्र अकेला हो और उसे शुभ ग्रह न देख कर, अशुभ ग्रह देख रहा हो तो व्यक्ति को ओवर एक्साईटमेन्ट होती है।

महिला की लग्न कुण्डली से अगर माता-पिता सुख को देखें तो कैसे?

(1) चतुर्थ भाव और चतुर्थेश

(2) चन्द्र की स्थिति

(3) चतुर्थ भाव पर ग्रहों का प्रभाव

(4) चतुर्थेश पर ग्रहों क प्रभाव

जन्म लग्न से-मातृ लग्न (33)

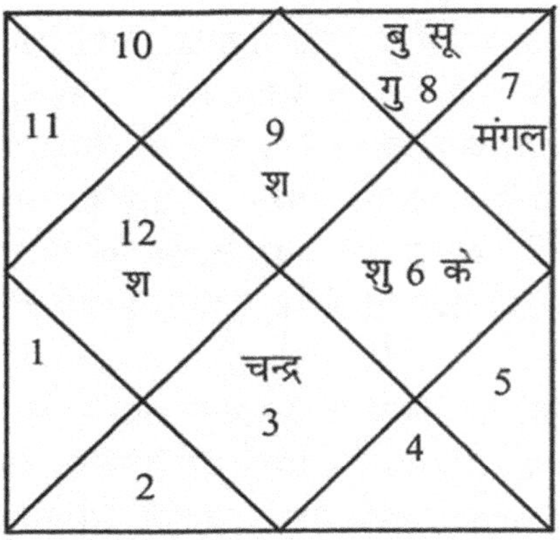


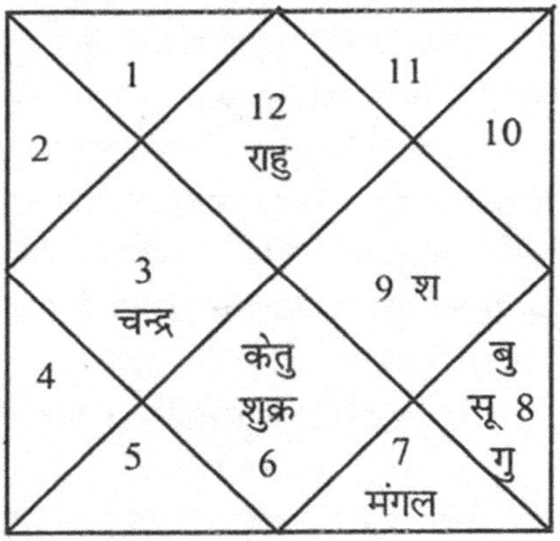


माता अपने लिए:- कुण्डली संख्या-33

(1) उच्चाभिलाषी, बुलन्दियों को छूने वाली

(2) मीन में राहु कूटनीतिज्ञ एवं भरपूर संचालन शक्ति

(3) लग्नेश गुरु भाग्य स्थान में सूर्य और बुध के साथ बैठा है। अत: महिला की माता ने ढेरों धार्मिक ग्रन्थ लिखे पी. एच. डी., कविताएं लिखी गीत संगीत में रुचि और कालेज़ की प्रिंसिपल तथा अन्य धार्मिक संस्थाओं के लिए कई काम कर रही है। कई सम्मान प्राप्त कर चुकी है। कई इनाम ले चुकी है देश विदेश में भ्रमण और पुरस्कार पा चुकी है। ऐसी मां का पारवारिक जीवन कैसा?

जिस व्यक्ति के स्कूल में टीचर थी उसी से विवाह किया शादी के बाद उच्च शिक्षा प्राप्त की और पुत्र की चाहत में चार बेटियां भी पैदा की क्योंकि इतनी बड़ी जमीनदारी के अकेले उसके पति ही वारिस थे। सास और पति को लड़का चाहिए था सो चार लड़कियों के बाद लड़का भी हुआ। जिस बेटी की जन्मपत्री से मां की कुण्डली बनाई गई है, उस मां-बेटी का आपसी रिश्ता मधुर नहीं था। मां ने बेटी का करियर बनाने में तो कोई कसर नहीं छोड़ी पर अपनापन और मां का दुलार नहीं दे पाई। बेटी भी मां के प्रति एहसानमन्द नहीं थी और हमेशा विद्रोही बनी रही। मां बच्चों के प्रति स्पष्ट नहीं थी।

(1) मां का लग्न मीन और लग्न में राहु, जो सन्तान भाव को देख रहा है।

(2) मां का कारक चन्द्र, पंचमेश भी चन्द्र है और वह शनि से दृष्ट है। अत: महिला को मां का आत्मिक सुख नहीं मिल पाया।

(3) मां को पति का सुख भी नहीं मिला या, यह भी कह सकते हैं, पुरुष सम्बन्धी आत्मिक सुख नहीं मिला। यह था धन लग्न से मां और पति की व्याख्या।

सो किसी के पास अगर अन्य लोगों की पत्रिकाएं नहीं तो थोड़ी बहुत बेसिक जानकारी मिल सकती है।

कभी-कभी पितृऋण मातृऋण तथा अन्य अपराधों के अन्तर्गत लोग परेशान रहते हैं। पर लोगों को कारण समझ नहीं आ रहा होता। कई बार अपराध मां-बाप करते हैं फल सन्तान को भुगतना पड़ता है। कई बार व्यक्ति खुद भी सुगता है। नीचे एक ऐसी जन्म कुण्डली पेश कर रही हूं जिसने जीवन में लोगों के साथ बहुत अनीतियां की न किसी रिश्ते की परवाह की और न ही किसी भी भावनाओं का ध्यान रखा ईश्वर इस को ऐसा फल दिया कि वह जन्म-जमान्तरों तक याद रखेगा।

**विरोधात्मक कुण्डली :-** इस कुण्डली के स्वामी ने अपने समय में बहुत अनीतियां की। देखें कैसे? मीन लग्न व्यक्ति को महान् बनाता है। बहुत लोगों की नजरों में वह महान् था। सभी लोग उस पर अटूट विश्वास करते थे। लोग अपनी बहु बेटियाँ बिना हिचकिचाहट के इसके साथ भेज देते, पर इसने कभी ईमानदारी नहीं की और न ही किसी पवित्र रिश्ते की कद्र की। उसकी मृत्यु कैंसर से हुई वह भी तड़प कर पूरा साल अस्पतालों के धक्के खाता रहा। नींद के लिए तरसता रहा घर-बार बिक गया। गहने, घर की कीमती वस्तुएं बिक गई पूरे मिंत्र और रिश्तों का खून चढ़ाया गया। मृत्यु से एक घण्टा पूर्व भाई ने एक बोतल खून दे डाला पर वह बच न सका 48 वर्ष में शुक्र की दशा शुक्र के अन्तर में उसकी मौत हो गई।

(34)

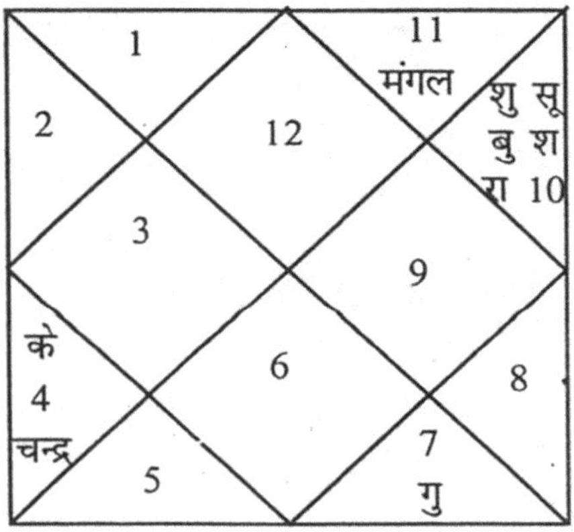


(1) शुक्र, मीन लग्न की कुण्डली का अकारक ग्रह है। लग्नेश आठवें भाव शत्रु राशि शुक्र के भाव में है।

(2) केतु के साथ चन्द्र है, जो मातृऋण के साथ-साथ सन्तान एवं प्रेम ऋण को भी दर्शाता है। इसने अपनी मां को बहुत दु:ख दिये। उसे गलियां भी देता था कभी-कभी मार भी देता था। वह किसी औरत को प्यार करता था उसकी बेटी 15-16 साल में चल रही थी। एक दिन औरत ने अपनी बेटी को किसी जरूरी काम के लिए उस आदमी के साथ भेज दिया वह उसे सही जगह न पहुंचा कर ऐसी जगह ले गया जहां तीन चार लोग बैठे थे। सभी ने उसके साथ कुकर्म किया। जो लड़की को ले गया था उसी ने उसके हाथ पकड़े और बाकी ने कुकर्म किया लड़की चिल्लाती चिल्लाती बेहोश हो गई। व्यक्ति ने

ठीक-ठाक करके उसे घर पहुंचा दिया। लड़की ने मां के रिश्ते का ख्याल रखते हुए चुप हो गई। दूसरे दिन फिर वह बहला फुसला कर उसे ले गया। उस दिन खुद उसने लड़की की असमत लूट ली, पर कुदरत का ऐसा कहर पड़ा कि आदमी के अन्दर से खून का फव्वारा फूट पड़ा। उस दिन वह चिंता में मेरे पास आया और सारी दास्तान सुना गया। कुछ दिनों बाद पता चला कि उसे कैंसर है और दोनों गुर्दे फेल हो चुके हैं। बाद की कहानी पहले बयान कर चुकी हूं।

शुक्र इस कुण्डली का अकारक ग्रह तो है ही और दो रिक्त स्थान का स्वामी भी, तीसरे भाव और आठवें भाव का स्वामी है। उसी में लग्नेश गुरु आ पड़े एक तो शुक्र शत्रु है दूसरा अष्टमेश मृत्यु कारक। उसे सन्तान का सुख भी नहीं मिला क्योंकि सन्तान भाव पर मातृऋण का प्रकोप था। केन्द्र खाली थे। हमेशा ऋणी रहा एक दिन भी ऋण मुक्त नहीं हुआ। सभी ग्रह छटे से छटे यानि ऋण स्थान पर थे सूर्य, ऋण भाव से 11 वें ऋण से ऋण भाव में चला गया जो कि शत्रु शनि का घर था। अतः वह कैंसर से पीड़ित हो गया क्योंकि आठवां भाव गुप्तेन्द्रिय रोग का था। वहां लग्नेश गुरु जा कर बैठ गया अतः शुक्र की दशा शुक्र के अन्तर में उसकी मृत्यु हो गई। इस कुण्डली में केवल केतु और चन्द्र का ही सबसे गन्दा प्रभाव पड़ा। एक घटना और भी सुनने में आई तान्त्रिक के प्रभाव में था। उस व्यक्ति की सन्तान नहीं थी उसकी पत्नी आये दिन साधु, तान्त्रिक और पंडितों के चक्कर में रहती थी। एक तान्त्रिक ने तो उसका मकान ही हड़प लिया। अपने बाहरी रसूक के चलते उसने तान्त्रिक से अपना मकान खाली करा लिया। तो तान्त्रिक ने अपना लंगोट उसके सिर पर फेंक दिया और कहा "तेरा सर्वनाश हो" सचमुच उसकी टैक्सी बिक गई, घर बिक गया गहने बिक गए और अन्त में खुद भी कुदरत के हाथों बिक गया। देखें कुण्डली संख्या 35।

( 35 )

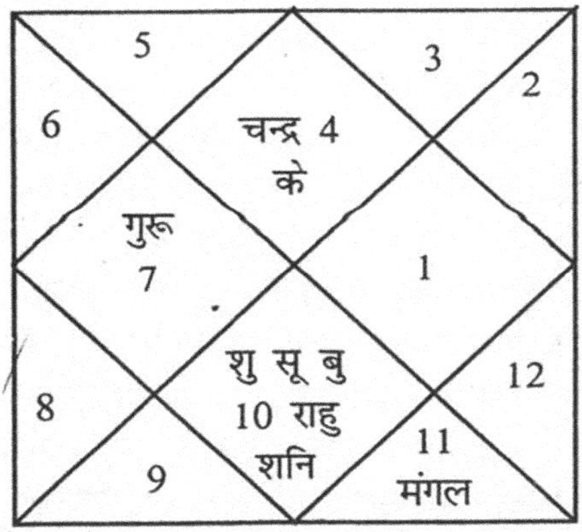


हालांकि मैं खुद तन्त्र के चक्कर में नहीं पड़ी। पर मुझे विश्वास जरूर हो गया कि तन्त्र में कुछ न कुछ तो है। इसका जिक्र मैं पहले भी कर आई हूं।

सन्तान न होने का कारण पंचम भाव में केतु और चन्द्र कुण्डली से पंचम भाव का स्वामी मंगल आठवें चला गया है और जन्म लग्न में लग्नेश गुरु पर शनि की भी दृष्टि थी।

# काल सर्प योग

अक्सर लोग काल सर्प योग का नाम सुनते ही घबरा जाते हैं। दरअसल काल सर्प योग का असली कारण लोगों को समझ नहीं आता या तो फिर कोई व्यक्ति ठीक ढंग से समझा नहीं पाता। जैसा की राहु को चाण्डाल और केतु को करामाती और हेरा-फेरी माना गया है। यह ग्रह जड़ से बरबाद नहीं कर सकते न ही तबाह कर सकते हैं। काल सर्प योग का मतलब सिर्फ इतना होता हैं कि कुण्डली के दोनों ओर से ग्रहों को रोक लेते हैं। उन्हें स्वतन्त्र रूप से काम नहीं करने देते। जिस समय में काल सर्प योग का असर होता है उस समय व्यक्ति में भटकन मानसिक तनाव, आशंका से भरा होना, अज्ञात शक्तियों का भय और अन्तर्द्वन्द बना रहता है। इससे कोई भारी नुकसान नहीं होता काल सर्प योग का जो भाग खाली होता है उस भाग में व्यक्ति खाली सा जीवन बिताता है जो हिस्सा भरा होता है उसमें व्यक्ति खुशहाल, आनन्द मय जीवन बिताता है धनधान्य भरा पूरा घर इज्जत मान सब कुछ होता है। काल सर्पयोग में अकसर विद्वान् गुमराह करते हैं। हमारे देश के प्रथम प्रधान मन्त्री श्री जवाहर लाल नेहरू के विषय अक्सर यह कहा जाता रहा है कि उनका बचपन और युवावस्था किसी राजकुमार से कम नहीं थी। उनके कपड़े पेरिस से धुल कर आते थे। उनके पिता बहुत अमीर थे। फिर उनको कष्ट क्यों झेलने पड़े। जेलों में बार-बार जाना पड़ा अंग्रेजों की प्रताड़नाएं सहनी पड़ी। आइए उनकी कुण्डली का अध्ययन करें। यहां पर योगा योग और दशाओं का कारनामा था अगर नेहरू का काल सर्प योग था तो वो इतनी ऊंचाइयों पर क्यों पहुंचे। उनके योगा-योग और ग्रहों की स्थिति इतनी मज़बूत थी की काल सर्प योग कमज़ोर पड़ गया। उसका असर इतना कमज़ोर हुआ कि उन्हें कुछ समय जेलों में जाना पड़ा। देखें कुण्डली संख्या 36।

(36)

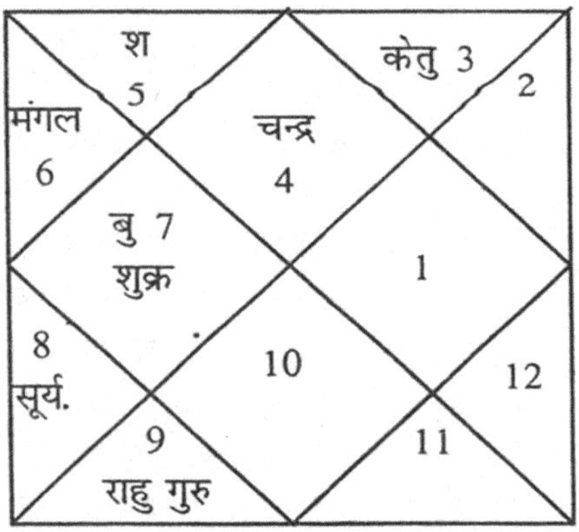


(1) लग्न और चन्द्र लग्न स्वराशि के और पुण्य नक्षत्र से जुड़े हैं जो युग युगान्तरों तक अमर रखते है।

(2) अपने भाव को देखने से वृद्धि होती है, जो मंगल इस कुण्डली का कारक है और पराक्रम भाव में बैठ कर दशम भाव को देख रहा है। दशम भाव पिता का और राज सरकार का है अत: दोनों पक्षों का पूर्ण सुख मिला।

(3) काल सर्प योग के कारण उन्हें स्थायी घर और न घरवाली का सुख मिला जहां तक एक मात्र बेटी से भी दूर रहना पड़ा। पाचवें सूर्य विवेक और कल्पना को बढ़ावा देता है और नाम को रोशन करता है।

गुरु ओर राहु जहां नेहरु की आत्मशक्ति को स्ट्रांग करते हैं वहां उन्हें हठधर्मी भी बनाते हैं। वह कभी-कभी महत्वपूर्ण राय को नकार देते थे।

चतुर्थ भाव जमीन जायदाद और जनता का होता है। उन्होंने जमीन जायदाद का सुख भले न भोगा हो पर जनता के प्यार का पूरा सुख भोगा। उनके काल सर्प योग में बस यही रहा कि उन्हें घर, परिवार और रिश्तों का सुख नहीं मिल पाया और न ही स्थायी ठिकाना। चन्द्र और मंगल ने उन्हें देश का सफल प्रधानमन्त्री बनाया उसमें उनका शान्ति का संदेश भी शामिल था।

( 37 )

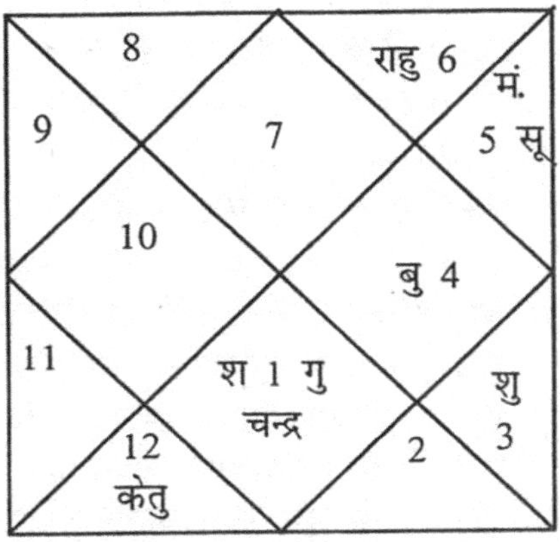


कुण्डली संख्या 37। यह एक ऐसी महिला की जन्म कुण्डली है जिसको विवाह के बाद पति से अलग रहना पड़ा कारोबार में कुछ अड़चनें आ गई पति को फौज़ में जाना पड़ गया और दो दो साल तक पति से दूर रहना पड़ा एक वो पति का दुःख दूसरा मायके में रहने के कारण मुहल्ले वालों काना फूसी सुनने का मिली। बहन ने जो जुल्म ढाये वह अलग। फिर जेठ जेठानी के घर रहना पड़ा वहां भी जिठानी का हुकूमत और तानाशाही स्वीकार करनी पड़ी सो लगभग 10 साल बाद इस महिला को स्थायी जीवन मिला। पति के साथ रहना मिला। पति का रैंक भी बड़ गया (फौज़ से सी आर पी एफ में आ गया। 'असिस्टैण्ट कमाण्डैण्ट'' की पोस्ट मिल गई। तीन बेटे तीनों ही अच्छे ढंग से खा पी रहे हैं खूब कमा रहे हैं मां की ओर से कीमती मकान मिल गया था उसकी भी अच्छी कमाई आ रही है। सो काल सर्प में भटकन तो मिली पर धनाभाव और रोटी के लाले नहीं पड़े।

अत: विद्वानों को चाहिए भविष्यवाणी करते समय कि शुभ ग्रह और योगा योग देखना बहुत जरूरी है। उपरोक्त कुण्डली में राज केसरी योग है। मूल त्रिकोण का स्वामी केन्द्र में गुरु के साथ है लग्नेश शुक्र भाग्य स्थान में है। वैसे तो कहा जाता है फला आदमी सरकारी जंवाई है पर मैं कहती हूं यह औरत पैदायशी राज सरकार की बहु है। इसके पिता की सरकारी नौकरी थी उन्होंने 93 साल तक पेंशन का सुख भोगा। फिर पति को दो-दो पेन्शनों का सुख भी भोग रही है, फौज़ से भी पेंशन मिलती है और सी आर पी एफ से भी पेंशन मिलती

है। अब बेटा भी सी आर पी एफ में कमान्डेंट बनने वाला है।

(1) सप्तमेश मंगल लाभ स्थान में है।

(2) राज सरकार का कारक सूर्य अपनी ही राशि में लाभ स्थान में बैठा है।

(3) दसवें घर का स्वामी चन्द्र पति भाव में बैठ कर गुरु के साथ गज केसरी बना रहा है।

जब इतने शुभ योगा होंगे तो काल सर्प योग की क्या बिसात है।

इस प्रकार बहुत से विद्वानों की एक राय है कि 12 वें भाव में शुक्र हो तो व्यक्ति सुखी जीवन बिताता है उसके पास सभी सुख साधन प्राप्त होते है। मेरी राय में मीन लग्न और धन लग्न वालों को शुक्र ऋणी बना देता है। इस विषय में मैंने कई जन्म कुण्डलियों का अध्ययन किया है बस एक बात कॉमन है कि धन लग्न और मीन लग्न वाले भले ही अमीर न हों कर्जे से दबे हों पर ऐश और ऐश्वर्य उन्हें हमेशा मिलता रहता है चाहे साधन कोई भी हो।

लग्न की शुभता में भी योगा योग का कोई महत्व नहीं कहा गया है ''जान है तो जहान है''। अच्छे स्वास्थ्य का व्यक्ति कभी मात नहीं खा सकता। कई बार जन्म कुण्डलियों की शुभ, अशुभ दृष्टियां कोई महत्व नहीं रखती ऐसे ही अगर ग्रह अपने से बारहवें हो तो वह भी पूर्ण फल नहीं देते। देखें कुण्डली संख्या 38।

( 38 )

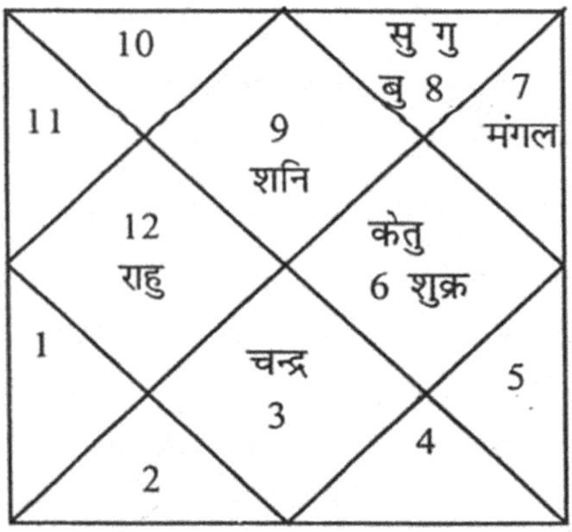


(1) लग्नेश गुरु अपने से 12 वें होने के कारण भ्रमण की स्थिति बनी रहती है, पर अगर दिल और दिमाग़ भी भ्रमण करे तो आदमी को न सही दिशा मिलती है और न सही राह वह भटकता ही रहता है। मंगल अपने से 12 वें होने से व्यक्ति की प्रवृत्ति और सोच कभी-कभी खूंखार हो जाती है। शुक्र अपने से 12 वें हो तो व्यक्ति की विचारधारा गलत कार्यों की ओर चलती है। चाहे व्यक्ति सात्विक हो अच्छे खानदान का हो बुद्धिमान् हो, तो भी व्यक्ति भटक जाता है। चन्द्र भी अपने से 12 वें हैं। पत्नि या पति को जो ''लव एण्ड इमोशन'' अपने जीवन साथी से प्राप्त होने चाहिए वह नहीं मिल पाते। क्योंकि हमेशा उस प्यास को शान्त करने के लिए इधर उधर हाथ मारता है। इसी चाहत के लिए वह संघर्ष करता है पूरा जीवन गुज़ार देता है पर हासिल कुछ नहीं कर पाता। अपने से 12 वें का मतलब ''माईनस'' है प्लस नहीं। अतः जिसके ग्रह अपने से 12 वें हों और वह जिस

भाव को प्रभावित कर रहे हो, उस भाव में वृद्धि नहीं नुकसान ही होता है। खासकर भाव और कारक ग्रहों को।

जो लोग ज्योतिष का ज्ञान रखते हैं उनके लिए कारकत्व को समझना आसान बात है पर जो लोग ज्योतिष के मामले में अनभिज्ञ हैं उनके लिए कारक शब्द को समझाना जरूरी है। कारक जैसे ''एन्टीबायरिक'' दवा है। अगर जन्म कुण्डली खराब है लग्न भी खराब है, ग्रह भी बहुत बढ़िया नहीं तो भी, कारक ग्रह जन्म कुण्डली में अगर ठीक स्थिति में पड़ा हो तो भी कुण्डली की शक्ति बढ़ जाती है।

जैसे कारक ग्रहों का लग्नों से तालमेल

मेष लग्न के कारक ग्रह हैं मंगल, सूर्य और गुरु

वृष लग्न के कारक ग्रह हैं शुक्र, शनि और बुध

मिथुन लग्न का कारक ग्रह शुक्र और बुध

कर्क लग्न का कारक ग्रह है चन्द्र मंगल

सिंह लग्न का कारक सूर्य और मंगल

कन्या लग्न का बुध और शुक्र

तुला लग्न का कारक ग्रह है शुक्र शनि और बुध वृश्चक लग्न का कारक मंगल, चन्द्र धनु लग्न का कारक ग्रह है गुरु और सूर्य

मकर लग्न का शनि, बुध और शुक्र

कुम्भ लग्न का शनि शुक्र और गुरु कारक हैं।

मीन लग्न का कारक ग्रह हैं गुरु मंगल और सूर्य।

इन ग्रहों को कारक क्यों कहा गया है शाब्दिक भाषा में तो इन्हें अच्छी तरह कार्य करने वाला कहा है। जो भाव ज्यादा फल देने वाले होते है। या जिन भावों की जरूरत और महत्ता ज्यादा होती है उन्हीं भावों में उपयुक्त और फायदेमन्द ग्रहों की जरूरत होती है।

चौथे आठवें बारहवें भाव का निकृष्ट पाना गया है इसलिए उन भावों को महत्त्व देना बेकार है। तीसरे भाव को पराक्रम के लिए तो उचित मानते है पर अन्य कोई खास लाभ नहीं मिलता। छटा भाव ऋण, रोग, विवाद का कारक है, छटे से छटा यानि 11 वां भाग भी लाभ देता है पर अपनी ओर से नहीं दसवें भाव से उधार लेकर। शेष बचे तीन:-

त्रिकोण- लग्न, पंचम एवं नवम भाव।

केन्द्र- लग्न, चतुर्थ, सक्षम और दशम भाव

दूसरा- धन, परिवार, खाना खज़ाना यह बातें हर एक इन्सान के लिए जरूरी है। अतः इस भाव की हर लग्न की जरूरत है, यह भाव सब का सांझा है। 12 वां भाव भी बहुत खराब नहीं क्योंकि इस भाव में शुक्र कारक ग्रह है और फलदायक है। यह भाव गुरु का है यानि मोक्ष प्राप्ति, दान, परोपकार, खर्च एवं

विसर्जन का है। यह भाव भी सब का सांझा हैं। अत: इन भावों के अलावा सब भावों के साथ अलग-अलग ग्रहों जुड़े हुए हैं। जिन्हें हम कारक या फलदायक ग्रह कह सकते हैं। जैसे फिल्म निर्माता और डायरेक्टर कहानी के अनुसार पात्रों का चयन करते हैं; उनकी आंख के खांचे में जो फिर होता है उसे ले लेते हैं। यही स्थिति कारक ग्रहों की होती है। कारक का अर्थ यह भी होता है कि अच्छे और महत्वपूर्ण भावों से सम्बन्ध रखने वाला।

जैसे मेष लग्न का कारक ग्रह मंगल और गुरु हैं। गुरु भाग्येश है और 12 वें घर का स्वामी भी है जो कि मोक्ष और कल्याणकारी भाव हैं। व्यक्ति चाहे अच्छा हो या बुरा वह अपने घर की सुरक्षा जरूर करता है अत: हर लग्न का स्वामी लग्न का कारक होगा। वृष लग्न का कारक ग्रह बुध, शुक्र और शनि है। शुक्र लग्न का स्वामी है बुध धनेश और पंचम भाव (जो पूरे भावों को बुद्धिफल से संचालित करता हैं) का कारक है शनि त्रिकोण और महत्वपूर्ण केन्द्र के दशम भाव का कारक है वैसे भी दशम भाव उसका अपना भाव है।

मिथुन लग्न का कारक ग्रह है बुध और शुक्र। शुक्र पंचम भाव, जो उसकी मूल त्रिकोण राशि है उसका भी कारक है और 12 वें भाव का कारक भी है क्योंकि 12 वां भाव उसका उच्च का घर है। बुध लग्नेश है और सुखेश भी है। शुक्र हमेशा इस लग्न के फायदेमंद रहेंगे। कर्क लग्न का कारक ग्रह मंगल है। यह इस लग्न के किसी भी भाव में बैठा होगा अच्छा ही फल देगा केवल लग्न और सातवें भाव में बैठा सप्तम भाव के लिए अनिष्टकारी होगा। क्योंकि लग्न में नीच का होने के कारण शारीरिक कष्ट दे सकता है सातवें उच्च का होने के कारण वैवाहिक जीवन में ज्यादा कहर ढा सकता है।

कुण्डली संख्या 39 देखें। इस तरह कुण्डली मेरे पास उस समय आई जब सब कुछ खत्म हो चुका था किसी अनाड़ी पंडित ने जन्मपत्रियों का मिलान किया और विवाह हो गया। लड़की ऊंचे और अमीर खानदान से आई थी। पिता

(39)

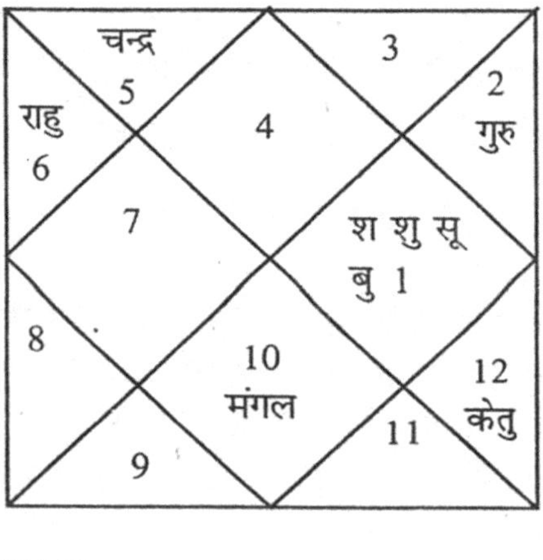


और तीन भाईयों की लाडली, जब तक रही जलालत का जीवन बिताया और बहुत जल्दी मर गई पति भी मर गया हां तीन बेटे जरूर हुए। जैसे कि मैंने कहा कि उसे भाईयों का और पिता का पूरा सुख था। यद्यपि शुक्र बुध और शनि बहुत कम डिग्री के रह गए थे फिर भी इसे पिता का सुख तो मिला पर विवाह के एक साल बाद उनकी एक्सीडेण्ट से मृत्यु हो गई। लाभ स्थान में गुरु तो है पर शत्रु राशि

का इसके दो भाई थे एक भाई 25-30 साल के बीच में मर गया क्योंकि लाभ स्थान में शत्रु राशि का गुरु और 11 वें भाव का स्वामी अपने 12 वें यानि दशम भाव में आकर सूर्य से अस्त हो गया। अत: भाई की मृत्यु हो गई। यह जरूरी नहीं कि कारक ग्रह हमेशा अच्छा फल देते हैं। एक बात यह भी हो सकती है कि कारक ग्रह लग्न का शत्रु। जैसे कर्क लग्न में मंगल नीच का माना जाता है

( 40 )

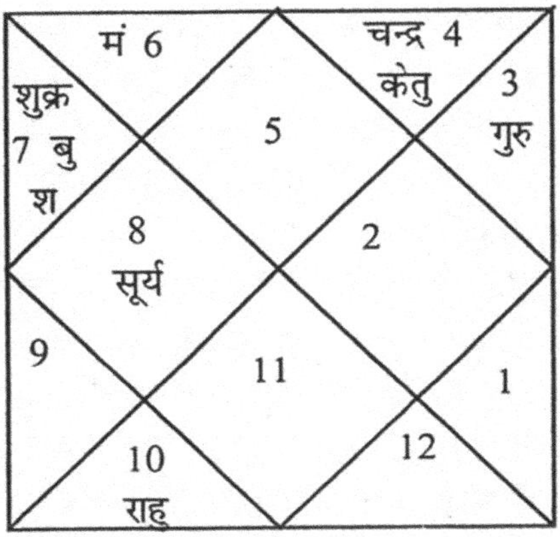


और चन्द्र मंगल का शत्रु है। यही मंगल सिंह लग्न का भी कारक ग्रह है। क्योंकि सूर्य मंगल का मित्र है अत: उसे हानि नहीं पहुँचाएगा (देखें कुण्डली संख्या 40) सिंह लग्न में मंगल सुख भाव (चौथे भाव) का स्वामी है और भाग्य स्थान का स्वामी है। सिंह लग्न की एक कुण्डली की व्याख्या करते हैं। इस व्यक्ति ने बी. एस. सी. की परीक्षा तो पास की पर उसका लाभ नहीं उठा पाया। 54 साल की उमर तक कोई खास काम नहीं किया। कभी कोई काम और कभी पिता का काम 'टेलर एण्ड ड्रापर' मैं हमेशा उसकी पत्नी को कहती थी कि मंगल की दशा में ही तेरे पति के वारे न्यारे होंगे। और सचमुच मंगल की दशा में ही उसके वारे न्यारे हो गए। प्रापर्टी के काम से ही धन कमाना शुरू किया। इसके लिए मातृपक्ष कमज़ोर है। पत्नी और बच्चे ठीक है। हालांकि पत्नी शनि प्रधान है लेकिन शनि बुध और शुक्र के साथ है, और उस पर गुरु की दृष्टि है। चन्द्र दशा के दस वर्ष अच्छे नहीं रहे क्योंकि चन्द्र माता का कारक है और मातृ पक्ष का भी उसमें एक तो केतु है। दूसरा चन्द्र 12 वें भाव में है। अत: हो सकता है उस पर मातृ पक्ष ने तन्त्र किया हो।

माता आर्थिक दृष्टि से ठीक है पर वैसे परेशान रहती है क्योंकि उसका स्थायी ठिकाना नहीं। अगर बेटे की कुण्डली को देखें तो वहां मातृभाव में सूर्य पड़ा है जो उसे कहीं भी स्थायी नहीं होने देगा।

कन्या लग्न में कारक ग्रह है बुध और शुक्र, शुक्र भाग्येश है और धनेश भी है। इसी प्रकार बुध लग्नेश है और कर्मेश (दसम भाव) भी अत: कन्या लग्न की कुण्डली में शुक्र-बुध दशा अर्न्तदशा और गोचर में अच्छा फल देंगे। शुक्र की स्थिति छठे और आठवें भाव में अच्छी नहीं मानी गई है। कन्या लग्न वालों का स्वभाव और विचार अस्थिर होते हैं वे अपने सोच एक जैसी नहीं रखते। उनकी सोच समयानुसार बदल भी जाती है।

तुला लग्न के कारक ग्रह शनि हैं। शनि चौथे भाव (केन्द्र) का स्वामी और

पाचवें भाव (मूल त्रिकोण) का स्वामी है। तुला में शनि उच्च का माना जाता है। अतः तुला लग्न में शनि कैसा भी हो अच्छा फल देगा। हां लग्न में बैठा शनि सातवें भाव को जरूरत प्रभावित करेगा क्योंकि सातवें भाव पर नीच की दृष्टि पड़ेगी तुला लग्न में एक ऐसा प्रसंग है जिसका पाठकों को बताना जरूरी है। तुला लग्न में कोई मंगलीक नहीं होता उसकी किसी नॉन मंगलीक के साथ शादी हो सकती है? तुला लग्न और वृष लग्न में मांगलिक नहीं माना जाएगा मंगल कहीं भी, चौथे, आठवें, बारहवें हो उसे हम मांगलिक नहीं मानेंगे क्योंकि मांगलिक का अर्थ होता है सातवें भाव पर कुप्रभाव होना। तुला लग्न का सातवां घर मेष राशि का है जो मंगल का अपना घर है कोई भी ग्रह अपने घर पर बुरी नज़र नहीं डाल सकता ऐसे ही वृष राशि में सातवें मंगल की वृश्चिक राशि आती है अतः उस पर भी बुरी नज़र नहीं मानी जाएगी।

वृश्चिक लग्न का कारक गुरु है हालांकि गुरु दूसरे भाव में मारक बन जाता है फिर भी वह मंगल का मित्र ग्रह है। अतः गुरु कभी भी नुकसान नहीं करेगा हां अगर गुरु की दशा चल रही हो तो वह अन्य रिश्तों को नुकसान पहुंचा सकता है! जैसे पत्नी, माया, बुआ बड़े बहन भाई आदि। दूसरा कारक ग्रह मंगल है लग्नेश मंगल, छटे भाव का भी स्वामी है छटा भाव ऋण रोग और विवाद का है अतः मंगल की राशि छटे भाव पर भी भारी पड़ेगी। चन्द्र वृश्चिक लग्न के लिए अति शुभ है। क्योंकि चन्द्र और सूर्य का एक छत्र राज्य है इनके ऊपर और कोई हावी नहीं हो सकता अतः मुख्य कारक ग्रह चन्द्र और मंगल हैं।

धन लग्न का एक मात्र कारक है सूर्य दूसरे भाव यानि धन स्थान को छोड़कर और आठवें भाव को छोड़ कर बाकी हर जगह सूर्य अच्छे फल देता है। गुरु छटे भाव को छोड़कर बाकी सब जगह अच्छे फल देगा। इस लग्न में कोई विरोधाभास नहीं है।

मकर लग्न का कारक ग्रह बुध, शनि और शुक्र है। बुध और शनि से भी ज्यादा शुक्र फल देता है। क्योंकि इस कुण्डली में बुद्धिजीवी लोगों का ताल्लुक या पाचवें से होता है या दसवें से इसलिए मकर लग्न का सबसे अच्छा ग्रह शुक्र माना गया है। पचमेश शुक्र आठवें भाव में है और मंगल पंचम भाव में दिखने में तो लगता है कि या तो इसकी सन्तान होनी ही नहीं चाहिए अगर हो तो बिल्कुल बेकार जबकि हुआ एकदम विपरीत। इस महिला की तीन सन्तानें हैं तीनों योग्य और उच्च

(41)

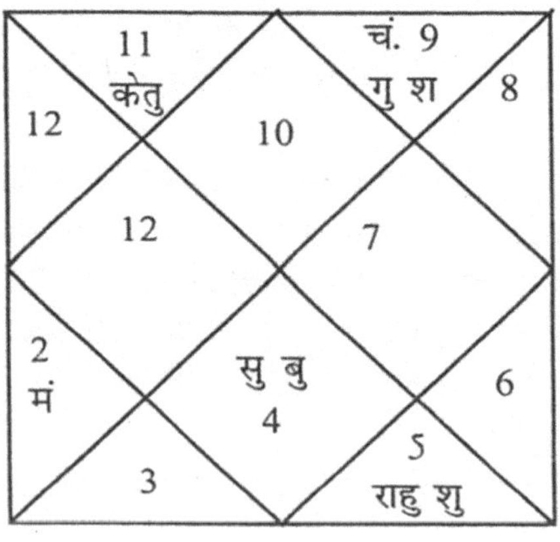

शिक्षा प्राप्त स्वास्थ्य, और दर्शनीय हैं। हां पहली सन्तान की मृत्यु जरूर हुई थी फिर भी शुक्र ने अच्छा रोल अपनाया है। हां गुरु इस कुण्डली का एक दम अकारक ग्रह है। क्योंकि तीसरा भाव और 12 वां भाव दोनों ही इस कुण्डली के लिए लाभदायक नहीं। अगर रिसर्च के तौर पर देखा जाए न इसे मासी का और ना ही मामा का सुख है और न ही भाई से कोई लाभ है। हालांकि गुरु 12 वें भाव में लग्न के साथ है तो भी फल नहीं मिला। (देखें कुण्डली संख्या 41) कुम्भ लग्न का कारक ग्रह है शनि और शुक्र क्योंकि शनि लग्नेश है और शुक्र सुखेश (चतुर्थथाव) है और भाग्येश (नवम भाव) है। अतः जब-जब लग्न के व्यक्ति के जीवन में शुक्र दशा या अन्तर्दशा आएगी उनको बहुत लाभ होगा।

कुण्डली संख्या 42 में मंगल और गुरु मीन लग्न का कारक ग्रह है। गुरु लग्नेश है और कर्मेश भी। मंगल यद्यपि मारकेश है पर भाग्यवेश होने के कारण यह ज्यादा हानिकारक नहीं हो सकता है। इस लग्न में मंगल उच्च का ठीक नहीं होगा। क्योंकि मंगल उच्च का हो कर सन्तान भाव को पूर्ण दृष्टि से देखता है इसलिए सन्तान का वैवाहिक जीवन भी ठीक नहीं होता और खुद का जीवन बहुत अच्छा नहीं होता। नीचे एक कुण्डली दी है। देखें उसमें क्या है। एक तो मीन लग्न, तड़प देने वाला दूसरा केन्द्र में अकेला चन्द्र जो कि केमुद्रम योग की स्थिति पैदा करता है। सूर्य दूसरे उच्च तो प्रदान करता है। पर षष्ठेश हो के कारण रोगी बनाता है और ऋणी भी इस महिला को देखते हुए कितने साल हो गए हैं। पर मैंने कभी नहीं सुना कि वह ऋण मुक्त हो गई है। सन्तान भाव में गुरु उच्च का है पर चलित में वह भी छठे में आ गया है। मंगल उच्च का होने के कारण भूमि सम्बन्धी तो ठीक है। पर सन्तान के लिए ठीक नहीं क्योंकि बड़ा लड़का न तो पढ़ पाया और न ही ठीक ढंग से कमा पाया। लड़की अपने ससुराल में बिल्कुल सुखी नहीं ''पिजरे की मैना'' बन कर रह गई है। तीसरा घर बहन का भाई का होता है। भाई तो नहीं दो छोटी बहनें है। इससे छोटी बहन का बच्चा ही नहीं हुआ। पति भाव का स्वामी बुध दूसरे भाव में है, पति ने जीवन का काफी हिस्सा विदेश में पत्नी से अलग रह कर बिताया है। बुध अपने से आठवें हो गया है इसलिए वह विदेश में रहा मंगल और शनि का आपस में परिवर्तन हो रहा है फ़िर भी इस महिला को कोई लाभ नहीं क्योंकि राहु शनि के साथ भाग्य स्थान में है। राहु के विषय में जैसा कि

(42)

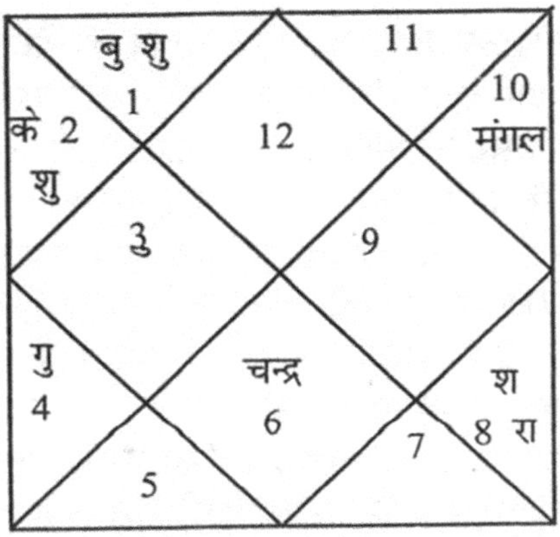

हम पहले कह आये हैं कि यह अड़ंगा डालता है किसी को स्वतन्त्र रूप से जीने नहीं देता। अतः इस महिला की जन्म कुण्डली भ्रमित है। तीन ग्रह उच्च के हैं, एक ग्रह स्वराशि का है फिर भी इसका जीवन सुखी नहीं कोई भी रिश्ता कारगर नहीं। या तो हम यह कह सकते हैं, "नाम बड़े पर दर्शन छोटे" या फिर यह भी कह सकते हैं" देखों दो-दो नैन बरसते मैं प्यासी की प्यासी। हां यह जरूर है इतना सब कुछ होने पर भी स्वभाव और दिमाग से स्वस्थ्य है।

## परिवर्तन राज योग

आखिर ग्रहों के एक-दूसरे के घर जाने से क्या लाभ हो सकता है। परिवर्तन योग है क्या?

जब एक ग्रह अपने घर अपनी राशि को छोड़ कर दूसरे के घर जा बैठता है, और उस घर का स्वामी उस घर में आ जाता है जिसने अपना घर छोड़ दिया था। यानि दो भावों के ग्रह जब एक-दूसरे के भाव में चले जाते हैं तो उसे परिवर्तन राज योग कहते हैं। इस योग से फायदा क्या होता है। एक कहावत तो आपने सुनी होगी "एक से भले दो" एक, एक होता है एक और एक ग्यारह हो जाते हैं। जब एक ग्रह दूसरे घर में जाता है उसकी अपनी गुणवता तो होती ही है, वह उसकी भी गुणवता ग्रहण करता है जिसके घर वह ग्रह गया होता है। यह अलग बात होती है, कि ग्रहों के गुण अच्छे हैं या नहीं? अच्छा ग्रह बुरे के घर गया है या बुरा ग्रह अच्छे के घर? हां इतना जरूर होता है "जैसी संगत वैसा फल। जैसे मीन लग्न की कुण्डली जिसका जिक्र इससे पहले कर आए हैं कुण्डली नं. 42 में उसमें शनि और मंगल का परिवर्तन योग बन रहा है भाग्य स्थान का मंगल लाभ स्थान के स्वामी शनि के घर है और लाभ-लाभ स्थान का शनि मंगल में घर है। इस परिवर्तन योग के फल तो अच्छे हैं पर एक बात और भी शामिल हैं कि इन दोनों ग्रहों की दशा ही नहीं आई। पूर्ण फल तो तभी मिलते हैं जब मुख्य दशाएं आएं। वैसे भी थोड़े बहुत फल सूक्ष्म फल अन्तर प्रत्यन्तर दशा में मिलते ही रहते हैं।

जन्म कुण्डली में फलादेश जानने के बहुत सारे तरीके होते हैं:-

(1) मुख्य डायग्राम में पड़े ग्रह।

(2) वर्ष फल में पड़े ग्रह।

(3) वर्ष फल में "मुन्था" का रोल।

(4) गोचर ग्रह?

(5) जिस ग्रह की दशा चल रही है वह ग्रह कहां बैठा है।

(6) जिस ग्रह की दशा चल रही है वह कहां से आया है।

'43 )

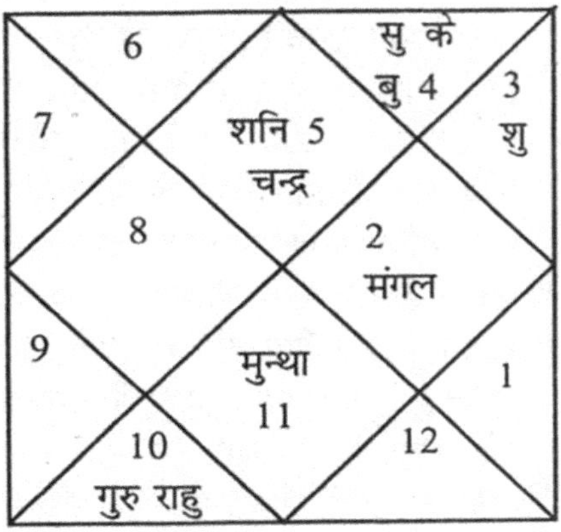


(7) परिवर्तन राज योग के ग्रह किस-किस भाग को फल देने वाले हैं। कहां से आए हैं और कहां गए हैं?

वर्ष फल और ग्रहों की स्थिति।

इस जातक को दो प्रकार की भविष्यवाणी की।

(1) धन अच्छा, पति को लाभ

(2) सन्तान भाव अच्छा

(3) खुद के लिए ठीक नहीं सूर्य, चन्द्र के घर है। और चन्द्र, सूर्य के घर में है शनि के साथ। सूर्य केतु के साथ है। जो उसकी सेहत को जन्म दिन से ही खराब कर रहा है। यह परिवर्तन लग्न और बारहवें भाव का हो रहा है लग्न में शत्रु राशि का शनि भी है सूर्य केतु के साथ है। महिला को बुखार पैरों में और कमर में दर्द और मानसिक तनाव तथा विवाद भी चल रहा है। देखें कुण्डली संख्या 43।

( 44 )

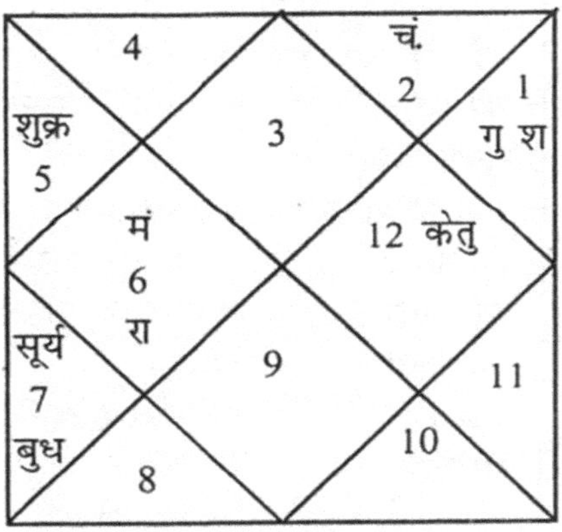


मीन लग्न की उपरोक्त महिला कुण्डली नं. 42 में शनि की दशा सितम्बर में लगेगी अभी गुरु में राहु का अन्तर चल रहा है। उसके बाद शनि दशा शुरू होगी तब उपरोक्त योगा योग का असर होगा। एक कुण्डली परिवर्तन योग की और देखिए मिथुन लग्न की कुण्डली में सूर्य पराक्रमेश है और शुक्र इस लग्न का कारक ग्रह है। यह शुक्र और सूर्य भले ही आपस में शत्रु हों पर इस लग्न के दोनों ही मित्र है। शुक्र क्योंकि इस कुण्डली का कारक ग्रह है इसलिए इस की उपस्थिति कैसी भी हो शुभ ही मानी जाएगी। इस महिला ने बिना किसी के सहयोग से पढ़ाई की, घर में बैठकर ही मैट्रिक से बी. ए. तक की शिक्षा प्राप्त करके लाइब्रेरिन बनी और अब ज्योतिष की लेखिका हैं। वह अपने बलबूते पर बनी इसलिए पराक्रमेश और पंचमेश का परिवर्तन योग बना। यह एक दम स्पष्ट हो गई कि जिन भावों का परिवर्तन योग होता है उन्हीं भावों का परिवर्तन योग होता है उन्हीं भावों का फल मिलता है। कुण्डली संख्या 44 में देखें लग्नेश पांचवें है और पराक्रमेश भी पांचवें है अत: उपरोक्त कथन

( 45 )

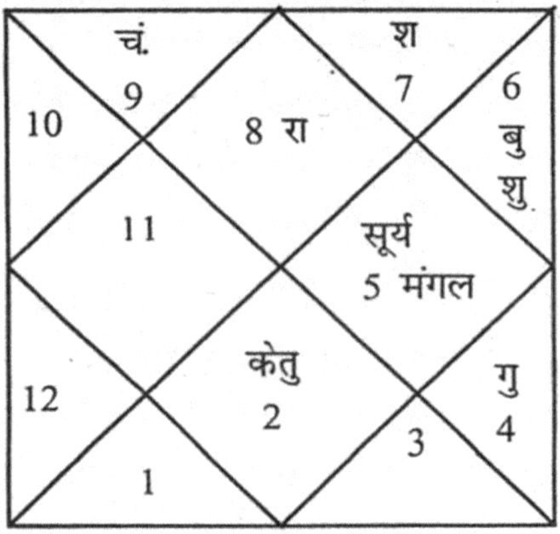


( 46 )

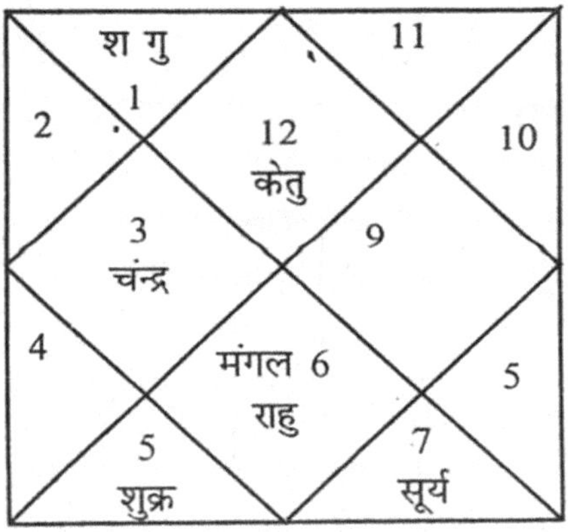


( 47 )

एक दम ठीक है।

मान लो पंचम और सातवें भाव में ग्रहों का परिवर्तन होगा तो निश्चय ही प्रेम विवाह होगा या प्रेम+ विधिवत् विवाह होगा। अगर दूसरे और चौथे भाव का परिवर्तन होगा तो भूमि द्वारा धन प्राप्ति होगी या माता द्वारा धन प्राप्ति होगी। अगर लाभ स्थान और सातवें भाव में परिवर्तन होगा तो पति से लाभ होगा। यह एक ऐसी महिला की कुण्डली है जिसने 53 साल तक अति कष्टमय जीवन बिताया परिवार के किसी भी सदस्य का सहयोग नहीं मिला जब उसके बेटे बड़े हुए तो सुखों की झड़ी लग गई। बेटे आज्ञाकारी हैं वेतन मां के हाथ में देते हैं। मां जो कहे तथास्तु घर में नौ निधि सिद्धि हो गई है। यह पंचमेश+द्वितीयेश और भाग्येश का परिवर्तन योग है। कुण्डली संख्या 45 देखें।

परिवर्तन योग आठवें और छटे घर का हो तो बहुत ही अनर्थकारी होता है। मेरे लगभग साथ जन्मी एक महिला की जन्म कुण्डली देखिए–

(1) विवाह–पति पांच साल बाद मर गया।

(2) सन्तान– बच्चा गोद लिया मर गया।

(3) खुद– शुरू से लेकर आज तक बीमार।

(4) सूर्य और शुक्र के परिवर्तन योग शुक्र के कारण बच्चेदानी निकालनी पड़ी। शुरू से ही बच्चे दानी में खराबी आ गई थी इसलिए ऑपरेशन करके उसे निकालना पड़ा।

(देखें कुण्डली संख्या 46) परिवर्तन योग का सबसे अच्छा उदाहरण माधुरी दीक्षित की कुण्डली का है। (कुण्डली 47) (फिल्म स्टार)हालांकि वृश्चक लग्न की कुण्डली में बुध बहुत अच्छा नहीं माना जाता फिर भी सूर्य, कर्मेश के मेल से बुध में कर्म स्थान के गुण आ गये। माधुरी कैसे चमकी? लग्नेश लाभ स्थान पर है। भाग्य स्थान में पंचमेश और धनेशगुरु उच्च का होकर स्वराशि के चन्द्रमा के साथ बैठ कर गज़ केसरी योग बना रहा है। यही गुरु नवम दृष्टि से अपने भाव को देख रहा है, लग्न को देख रहा है। पराक्रम भाव को और पराक्रमेश शनि का देख रहा है। अत: शनि की दशा बचपन में ही खत्म हो चुकी थी। सो सन्तान, विवाह करियर पर शनि का कोई असर नहीं पड़ा। छटे राहु ने शत्रु हनता बनाया कोई भी इसे हरा नहीं सका। 12 वें केतु शुक्र राशि में है अत: केतु की दशा ने भी अच्छे फल दिये। अब हम बात करते हैं 'बुध और शुक्र के परिवर्तन योग की सो बुध के परिवर्तन ने कला के जरिये माधुरी को ऊंचाईयों पर पहुंचा दिया। उसका सारा काम बुध दशा में हुआ क्योंकि शुक्र बुध का मित्र था इसलिए यह परिवर्तन अति शुभ सिद्ध हुआ इसी में ही उसे ढेरों पुरस्कार मिले। सातवां भाव शुक्र का है और 12 वां भाव भी शुक्र का। इन दोनों भावों का स्वामी शुक्र है जिसका सम्बन्ध विदेश से है। अत: माधुरी की शादी विदेशी डा. से हुई और विदेश में ही जाकर बस गई उच्च के गुरु दृष्टि ने दो बेटे भी दिये। 47 नं. कुण्डली अन्त में परिवर्तन योग में भावों को दखना जरूरी होता है कि किन किन भावों में है।

(48)

## विपरीत राजयोग–

मैंने बहुत से विद्वान्, राजनेता प्रसिद्ध और जग प्रसिद्ध हस्तियों की कुण्डलियां देखी हैं। इतनी साधारण इतनी खराब कि कोई भी साधारण पंडित कुछ भी बोल सकता है। किसी भी व्यक्ति अज्ञात कुण्डली को पड़ कर अन्दाज़ा नहीं लगा सकता है कि अमुक कुण्डली किसी व्यक्ति विशेष की है।

कुछ जग प्रसिद्ध हस्तियां जो राज योग तक तो पहुंचे। संसार प्रसि़द्ध हुए, जिस जनता ने उन्हें बुलन्दियों तक पहुंचाया उन्हीं ने उन्हें स्वर्ग लोग पहुंचा दिया। श्रीमती इन्दिरा गांधी-(48) विपरीत राजयोग इसमें मंगल और सूर्य को छोड़ कर कोई भी ग्रह फलदायक दिखाई नहीं देता। जैसा कि हम पीछे कह आये हैं कुण्डली से जिस भाव को

जानना हो उसे लग्न बनाए। लग्न में शनि मारकेश है और सप्तम भाव की जन्म कुण्डली में चन्द्र मारकेश बना सो। पहले पति देव की मृत्यु फिर इन्दिरा जी, मृत्यु अटैक द्वारा हुई। इस विषय में मैंने 1982 जनवरी में ''अनिष्ट ग्रह कारण और निवारण में पूरी भविष्यवाणी की थी कि इन्दिरा जी पर अपने ही नजदीकी लोग आक्रमण करेंगे। चतुर्थ भाव जनता का होता है और शनि नौकरों का कारक अत: जनता के नौकरों ने इन्दिरा जी पर अटैक किया। शनि लग्न में भी यही संकेत दे रहा है। इन्दिरा जी का विपरीत राजयोग था। गुरु और शुक्र आपस में शत्रु हैं और वह एक-दूसरे के घर में हैं शनि, चन्द्र शत्रु होकर एक-दूसरे के घर में है वह भी यही स्थिति पैदा कर रहे हैं। यद्यपि सूर्य और मंगल आपस में मित्र हैं पर वृश्चक राशि अपनी आदत के अनुसार अटैक जरूर करती हैं। सो इन्दिरा जी की कुण्डली परिवर्तन योग और विपरीत राजयोग के कारण देश की सफल प्रधानमन्त्री तो बनी पर संघर्ष बहुत- करना पड़ा।

**स्वभाव :-** राशि अथवा लग्नों के स्वामी के अनुसार ही व्यक्ति का स्वभाव होता है। वैसे तो 12 लग्नों में ही दुनिया के लोग समाये होते हैं राजा रंक, मज़दूर, मालिक, कलाकार, चोर, डकैत आतंकवादी वैज्ञानिक राज नेता, सैनिक आफिसर आदि यह बात तो ठीक है कि एक राशि के सभी लोग एक जैसे नहीं हो सकते हैं। हम बात कर रहे हैं मूल तत्व की, मूल स्वभाव की और मूल गुणों की। जैसे चन्द्र ठंडक- और शान्त ग्रह है ख्याति कारक ग्रह है। यह कर्क लग्न का स्वामी है। अत: ये ज्यादातर शान्त रहते हैं जब पानी सिर से उतर जाता है तक कोई न कोई कारवाई करनी पड़ती है। परिवर्तन योग में एक बात का ध्यान रखना बहुत जरूरी है कि परिवर्तन कौन से भाव का हो रहा है। इन्दिरा जी का शुक्र जनता भाव और लाभ स्थान का था और वह छटे भाव में चला गया और षष्ठेश गुरु शुक्र के घर चला गया जो छठे से छठा भाव था अत: जनता ही शत्रु बनी।

# लग्न और राशि

किसी भी राशि अथवा लग्न का स्वामी छुपा होता है फिर राशि की व्याख्या अलग रूप में होती है लग्न की व्याख्या अलग तरीके से जो ग्रह लग्न के स्वामी होते हैं वहीं ग्रह राशि के स्वामी भी होते हैं। फिर लग्न और राशि में फर्क क्यों?

लग्न सूर्योदय से सम्बन्ध रखता है और और वह दिनारम्भ होते समय सदैव उसी समय उसी महीने और उसी नक्षत्र में होता है। लीप का साल होने के कारण थोड़ा बहुत तिथियों में फर्क हो जाता है। हिन्दु धर्म के अनुसार नया साल सवंत से शुरू होता है और नया एवं पहला म्हीना 13 अप्रैल से शुरू होता है जिस दिन और तारीख में संक्रान्ति होती है उसी दिन से मेष राशि सूर्य आरम्भ होता है, और चार मिनट के करीब हर रोज़ सूर्य बढ़ता रहता है और इसी क्रम में नये महीने की पहली तारीख यानि संक्रान्ति को सूर्य अगली राशि में चला जाता है जिसकी शुरूआत कों वृष लग्न बोलते हैं ज्येष्ठ मास की पहली तारीख का वृष लग्न शुरू होता है उसी में ही सूर्य होता है। यही क्रम पूरे साल चलता है। लग्न लगभग 2 घण्टे का होता है कभी थोड़ा कम कभी थोड़ा ज्यादा। दिन रात के 24 घण्टे में 12 लग्न पूरे हो जाते हैं। यह बातें तो सभी विद्वान लोग जानते हैं मैं तो उनके लिए लिख रही हूं जो जानना चाहते हैं।

चन्द्र लग्न या चन्द्र राशि उसे कहते हैं जिसमें चन्द्र संचार कर रहा होता है सूर्य तो एक महीना एक राशि में रहता है जिसमें लग्न की शुरूआत होती है जबकि चन्द्र सवा दो दिन एक राशि में रहता है इसका सम्बन्ध नक्षत्रों से होता है। पूरा दिन एक नक्षत्र चलता है, नक्षत्रों का समय दिन में कभी भी शुरू हो सकता है, लेकिन एक नक्षत्र का कार्य काल लगभग 60 घड़ी या 24 घण्टे ही होता है। चन्द्र जब एक नक्षत्र में होता है तो उसे चार चरणों को पार करके दूसरे नक्षत्र में जाना है। हर नक्षत्र को चार हिस्सों में अलग-अलग अक्षरों में विभाजित किया जाता है। मान लो किसी बच्चे का जन्म रोहिणी नक्षत्र में हुआ है और चरण है पहला तो बच्चे का नाम ओ से होगा और राशि होगी वृष। कृत्तिका के तीन चरणं रोहिणी के चार और मृग शिंरा के दो चरण को मिला कर वृष राशि या वृषचन्द्र लग्न कहलायेगा। जैसे एक बच्चे का जन्म 10-4-1988 को हुआ। समय था 8-43 PM (दिल्ली) उसका लग्न था तुला और चन्द्र था मकर में

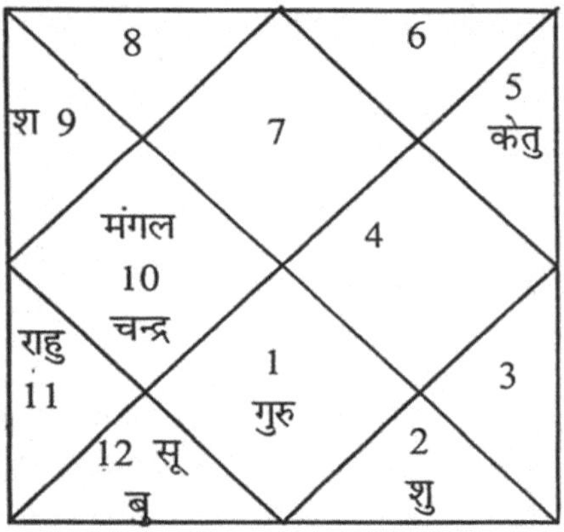


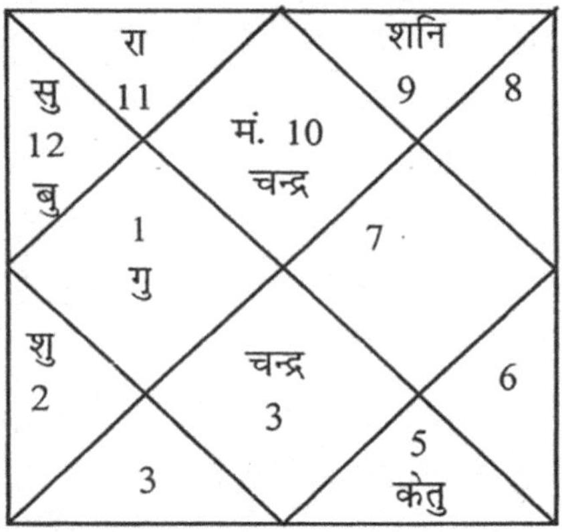


क्योंकि उतराषाढ़ा नक्षत्र का चतुर्थ चरण था जिसमें मकर राशि तीसरे चरण में पड़ रही थी और उतराषाढ़ा का चतुर्थ चरण था। हर साल निकलने वालों-पंचागों में राशि, नक्षत्र और लग्नों का ब्यौरा मिल जाता है। फिर राशि और लग्न में क्या अन्तर है? लग्न आयु पर्यन्त की घटनाएं स्वभाव, रिश्ते, धन अमीरी गरीबी, ऊँच नीच, आयु, सन्तान, मां-बाप, सुन्दर कुरूप रोग-भाग्य-सरकार तथा अन्य महत्त्व पूर्ण विषयों को बताता है जबकि राशि से व्यक्ति के स्वभाव रंग रूप और समय समय पर अच्छे बुरे ग्रह गोचर का प्रभाव पड़ता रहता है राशि पर असर समय समय पर बदलता रहता है पर लग्न के प्रभाव स्थायी होते हैं। यहां हम लग्नों के गुण, स्वभाव, रंग रूप, कारोबार आदि का संक्षिप्त ब्यौरा ही बता पायेंगे।

**मेष लग्न एवं राशिः-** अश्वनी जिसका स्वामी केतु से प्रभावित है मरणी जिस पर शुक्र का आधिपत्य है और कृत्तिका राक्षसी प्रवृत्ति और सूर्य का आक्रोश मौजूद है। ऐसे नक्षत्रों के गुण मेष लग्न में विद्यमान हैं। इमनें गुप्त प्रवृत्ति, गुप्त क्रियाकलापों में चतुर, काम कला में "एस्पर्ट" चित्रकारी, डिज़ाइन बनाने में चतुर युद्ध विद्या एवं परिस्थितियों का सामना करने में तत्पर यद्यपि इस राशि का स्वामी मंगल है और उसका मालिक हनुमान है पर यह राशि उस कन्धे पर विद्यमान है। जब हनुमान जी अपनी शक्ति से अनजान होते हैं उन्हें कोई अन्य व्यक्ति जगाता है अहसास कराता है। तब यह राशि जागृत होती है। फिर इसमें उत्साह भी आता है, शक्ति भी और हिंसक प्रवृत्ति या अगर व्यक्ति का जन्म अश्वनी या कृत्तिका के प्रथम चरण का हो तो उसमें हिंसक प्रवृत्ति क्रोध, क्षत्रिय शक्ति क्रूर प्रवृत्ति, अग्नि तत्व की मात्रा अधिक, रजोंगुणी, लाल और काला रंग से युक्त वर्ण शक्ति और उत्साह से पूर्ण होता है। अगर मरणी नक्षत्र में हो तो उसमें शरीर की अपेक्षा मानसिक गुणों की शक्ति अधिक होता है। उसमें कला, संगीत, चित्रकारी, डेकोरेशन साज श्रृंगार फैशन जैसी गुण होते हैं। इस नक्षत्र के लोगों में स्वार्थ का पुट ज्यादा होता है। ये लोगों के लिए भी सोचते हैं पर ज्यादा

महत्त्व अपने को देते हैं। अन्त में ये स्वतन्त्र रूप से नहीं चल सकते इन्हें उत्साह और सहयोग की हर दम जरूरत होती है।

**वृष लग्न और वृष राशिः-** इसका चिन्ह और अर्थ बैल है। इसका रंग सफेद है, स्वामी शुक्र है यह सौम्य राशि है अपने कार्य एवं गन्तव्य की ओर हमेशा बढ़ती रहती है। यह दिन रात कार्य करती है और थकती नहीं। वृष राशि के लोभ बुद्धिमान, शक्तिमान्, कार्यशील, परिश्रमी और योजनाबद्ध होते हैं। इनका हर काम पहले से निश्चित होता है। इनकी इच्छा शक्ति प्रबल होती है। ये निडर, स्पष्टवादी होते हैं। ये हमेशा अपने कार्य में रत रहते हैं, पर अगर कोई इन्हें छेड़ दे या इनके काम में रूकावट डालने की कोशिश करे तो फिर वृष राशि के लोग विफर जाते हैं उनके क्रोध के आगे बचना या जान बचाना दूभर हो जाता है। अतः इनकी राह में आना खतरे से खाली नहीं। वृष राशि में कृत्तिका नक्षत्र के लोग क्रोधी होते हैं। Self motive ही इनका उद्देश्य होता है। जबकि रोहिणी नक्षत्र और मृगशिरा नक्षत्र के लोग के लोग दयालु उदार हृदय, विद्वान रसिक, योगी, भोगी दूरदर्शी, कर्मशील ज्ञानी कलाप्रिय और भविष्य वक्ता और हर घटना का पहले से अनुमान लगाने वाले होते हैं। इनकी वाणी में सत्यता होती है। झूठ से इन्हें सख्त नफरत होती है यह किसी से भी धोखा नहीं करते। हां इनके अन्दर सर्प की तरह 'ज़न' (वैर) पालने की प्रवृत्ति होती है। अगर किसी ने बिना कसूर के इनके साथ अन्याय या दुर्व्यवहार कर दिया तो ये लोग उन्हें कभी माफ नहीं करते ऊपर से मज़बूरी में बातचीत कर लेंगे, पर अन्दर में ''वैर'' मौज़ूद रहता है। इनमें तमों गुण और सतो गुण विद्यमान् रहते हैं। यह सोलह कला सम्पूर्ण होते हैं।

**मिथुन लग्न एवं राशिः-** जैसा कि इसके आकार से ही दिखाई पड़ता है कि यह द्विस्वाम राशि है कुछ लोगों का कहना है कि यह मेष एवं वृष के मिलन का प्रतिरूप है। अगर इस बात में कोई सच्चाई है तो फिर यह भी सच्चाई है कि इस राशि में पुरुष और स्त्री दोनों को गुण विद्यमान। इनके शरीर की संरचना कद-काठी और बातचीत पुरुषों जैसी होती है, शरीर के अंग सुन्दर और कोमल होते हैं। इस राशि का स्वामी बुध होता है। यह राशि मृगाशिरा आर्द्रा और पुर्नवसु आदि से बनी है अतः इसमें देव गुण विद्यमान है चाहे यह कितने क्रोधित हों और किसी के प्रति ग्लानि का भाव आ जाये फिर भी ये किसी का अहित नहीं कर सकते। मिथुन राशि वाले विद्वान् ज्योतिषी कुशल वक्ता गणितज्ञ, कलाकार लेखक, गायक, शोध और सन्यासी आदि कुछ भी हो सकते हैं इनमें लोगों का आकृष्ट करने की क्षमता होती है, इनके शरीर की संरचना, आंखें हाव-भाव लोगों को एक दम प्रभावित करती है। इनकी वाणी में, शरीर में और बातचीत में सेक्स का पुष्ट होता है। इस राशि का वर्ण भले ही शूद्र माना गया हो पर उनकी आत्मा में क्षत्रियपन समाया हुआ है। इनके निर्णय किंसी भी विषय में स्थायी नहीं हो सकते क्योंकि इंनमें बदले की भावना, किसी के प्रति द्वेष बहुत देर तक नहीं

रह सकती इसलिए समय आने पर ये अपनी राय बदल देते हैं। हम यह भी कह सकते हैं कि इनमें 'रिजिडनेस'' नहीं होती और समयानुसार अपने आप को बदल देते हैं।

**कर्कलग्न और राशिः-** कर्क राशि का स्वामी का स्वामी चन्द्र है। चन्द्र, सफेद, उज्जवल, शीतल, सौम्य, साफ और संसार में छटा बिखेरने वाला ग्रह है। चन्द्र को देखते ही सागर उमड़ पड़ता है। यानि जड़, चेतन, इन्सान, जानवर सभी को चन्द्र अपनी ओर खींचता है। उसकी रोशनी से कई जड़ी बूटियां विकसित होती हैं। रात की रानी प्रफुलित होती है चन्द्र प्रधान लोगों का जीवन सदैव एक जैसा नहीं होता, क्योंकि चन्द्र की कलाएं घटती बढ़ती रहती है। कर्क लग्न वालों का जीवन भी संघर्षपूर्ण संवेदना होता है। ये शीलन भावुक, कल्पनाशील, कवि, बावरे, पागलपन जैसी क्रियाएं करने वाले होते हैं। अच्छे चन्द्रमां की स्थिति में व्यक्ति संसार प्रसिद्ध, मान-सम्मान प्राप्त करने वाला होता है। ये विचारशील कल्पनाशील नारी जाति के प्रिये, मधुर रस, मधुर राग अलाप ने वाले और सुध-बुध खो जाने वाले हो सकते हैं। जितने भी युग युगों तक कीर्ति प्राप्त लोग हैं उन सब का लग्न कर ही था और कर्क ही है। महात्मा बुध, नेहरु, इन्दिरागांधी, सोनिया गाँधी राहुल गाँधी, श्री रामचन्द्र आदि अनेक ऐसे लोग हैं जिनका लग्न कर्क है। राहुल गाँधी भी अवश्य प्रधानमन्त्री बनेंगे और युगों तक इनकी सफलताका गान किया जाएगा। गलत ग्रह, नीच का चन्द्र, दुष्ट ग्रह से प्रभावित चन्द्र होने से भी व्यक्ति प्रसिद्ध होता है। जैसे पंजाब का डाकू जग्गा सिंह फूलन देवी डाकू मानसिंह। इनकी जन्म कुण्डलियां तो मेरे पास नहीं हैं हां यह जरूर समझं आता है कि उनके चन्द्र की स्थिति अच्छी रही होगी- कुछ दिग्गज़ों के लग्न

डा. अब्दुल कलाम पूर्व राष्ट्रपति-A

(1) लग्न कर्क

(2) भाग्येश गुरु उच्च का होकर पंचम और भाग्य स्थान को देख रहा है।

A

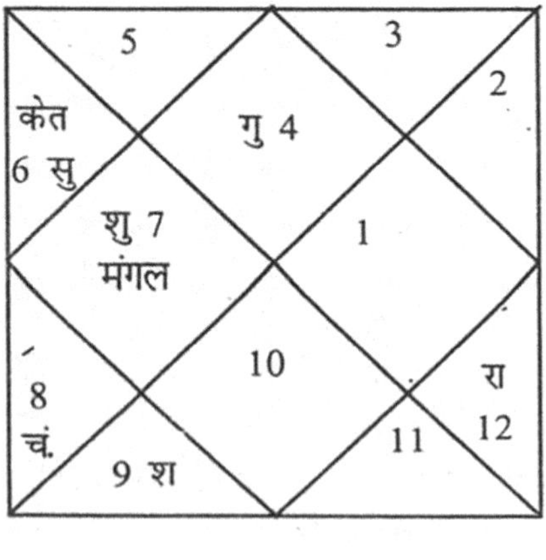


(3) योग कारक मंगलपूर्ण दृष्टि से राजभाव को देख रहा है।

(4) लग्नेश चन्द्र का नीच भग हो रहा है। गुरु उसकी राशि में बैठ कर चन्द्र को देख रहा है।

उपराष्ट्रपति श्री भैरो सिंह शेखावत-B

(1) लग्नेश भाग्येश के साथ भाग्य स्थान में गज़ केसरी योग।

(2) सूर्य चौथे भाव में बैठ कर उच्च दृष्टि से दसवें भाव को देख रहा है।

B

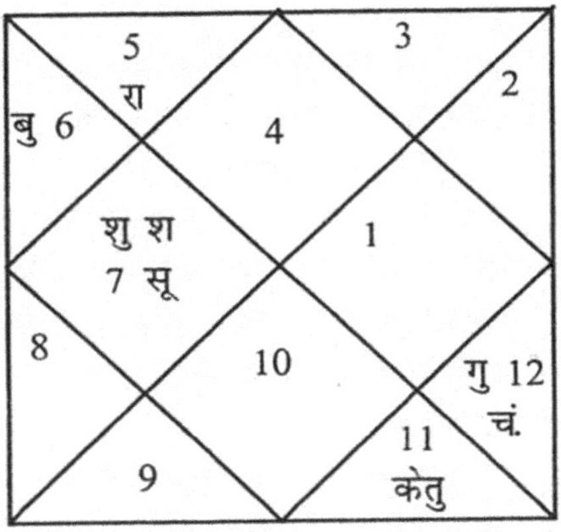


C

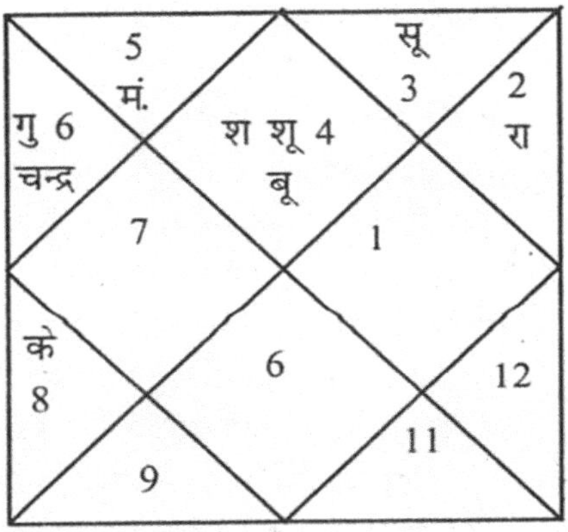


(3) बुध उच्च का होकर तीसरे भाव का सशक कर रहा है।

(4) राहु दूसरे परिवार की वृद्धि को रोक रहा है।

नोट- श्री नेहरु और श्रीमति इन्दिरा-गान्धी की जन्मपत्रियां पहले भाग में दी गई है।

राष्ट्रपति बुश:-C

(1) लग्न में शनि हठधर्मी बनाता है इन्दिरा जी का भी शनि था।

(2) लग्नेश चन्द्र भाग्येश गुरु के साथ बैठ कर भाग्य की वृद्धि कर रहा है।

अत: कर्क लग्न का स्वामी जब गुरु से किसी न किसी रूप में जुड़ता है तो उच्चपदासीन होकर संसार प्रसिद्ध होता है। अगर यह लग्न राहु-शनि जैसे कुप्रभाव सिंह में हो तो तानाशाही जैसे कामों के लिए प्रसिद्ध होता है।

**सिंह लग्न और सिंह राशि:-** सिंह नाम से ही समझ आता है कि सिंह लग्न वाले शेर की भांति शान्त और सिंह की भांति दहाड़ने वाले होते हैं। चौड़ा और रफ चेहरा आखों में चमक होती है। शक्ल सूरत जैसी भी हो पर उनका व्यक्तित्व ऐसा होता है कि उनके आगे कोई ठहर नहीं पाता कभी-कभी तो उनकी चुप्पी ही अगले को विचलित कर देती है।

(1) इन्हें गुस्सा बहुत कम आता है, अगर आ जाए तो रूकने का नाम नहीं लेता। इनके विचार स्वतन्त्र, रिश्ते स्वतन्त्र और कार्य भी स्वतन्त्र होते हैं। ये वफादार, काम के प्रति समर्पित, और पूरी ईमानदारी से काम करते हैं। ये न्याय संगत होते हैं उनकी नजरों में रिश्ता दोस्ती और लाभ की परिभाषा कोई मायने नहीं रखती। सिंह लग्न वाले प्रयत्नशील आशावादी और कभी-कभी अवसरवादी भी होते हैं। ये लोगों की दया और पैसों पर जीना नहीं चाहते ये अपना जीवन और अपना भाग्य खुद बनाना चाहते हैं। हां करियर बनाने की शुरूआत, तो भले ही किसी मदद से करें पर बाद में किसी की मदद में विश्वास नहीं करते। ये

D

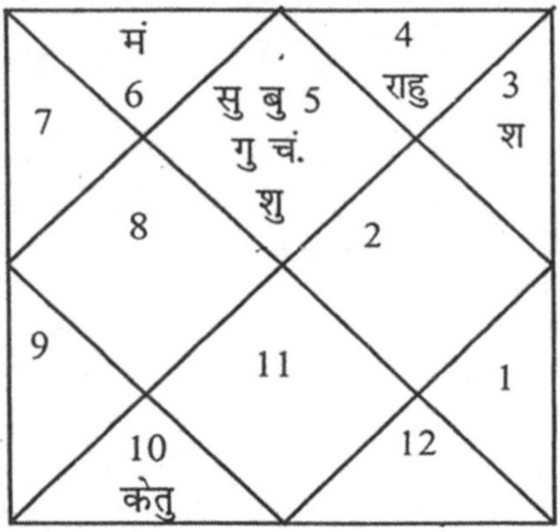


E

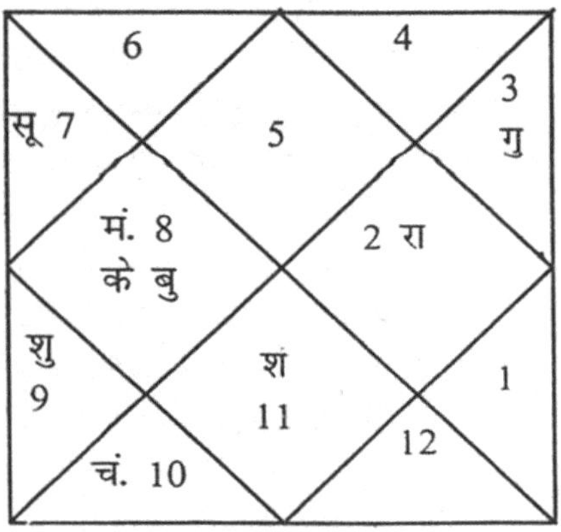


गलत तरीके की गलती को कभी माफ नहीं करते। ये न्याय प्रिये होते हैं, उसमें उनके अपने प्रिये जन को झूठा या नुकसान हो रहा हो, उसकी भी परवाह नहीं करते। ये कलाकार संगीत प्रेमी भ्रमणशील, कुशल खिलाड़ी, गायक, चित्रकार और साधक हो सकते हैं पर इनका निशाना अपने मुख्य कार्य पर ही होता है ये

'जैक ऑफ आल ट्रेड बट मास्टर आफ नन'' नहीं होते। यह छोटे घराने में पैदा हो या बड़े घराने में इनके असूल पक्के और योजनाबद्ध होते हैं। ये शक्तिशाली और तेजस्वी होने के साथ-साथ कभी-कभी क्रूर भी हो जाते हैं। जैसा कि हर लग्न के साथ होता है। गलत सोसायटी और गलत प्रभाव के कारण हर अच्छी चीज़ भी खराब हो जाती है फिर भी सिंह लग्न सूर्य की भांति देदीप्यामन् होता है।

श्री राजीव गांधी पूर्व प्रधानमंत्री D

इनके बारे में ज्यादा व्याख्या करने की जरूरत नहीं इन्होंने अपने कार्यकाल में जनता का पूरा ख्याल किया हर काम पूरी ईमानदारी से किया। निडरता का प्रमाण तो सभी के सामने हैं, उन्हें अच्छी तरह आकास था कि उन पर हमला होगा तो भी उन्होंने अपने सभी कार्यक्रम अच्छे ढंग से पूरे किये और दुश्मनों से डरे बगैर उन्हीं के राज्य में कार्यक्रम में भाग लेने चले गए। और दूसरी बार किसी ऐसे ही कार्यक्रम में विस्फोट का शिकार हो गए।

शाहरूफ खान-हीरो

लग्नेश पराक्रम स्थान में है जो अपने बलबूते पर मेहनत करके भाग्य को बनाता है।

भाग्य स्थान को उच्च दृष्टि से देख रहा है। चौथे केतु और शनि की दृष्टि से माता-पिता का सुख कम प्राप्त है। लाभ स्थान का गुरु पाचवें भाव को पूर्ण दृष्टि से देख रहा है। साथ ही कर्मेश शुक्र को भी पूर्ण दृष्टि से देख रहा है।

F

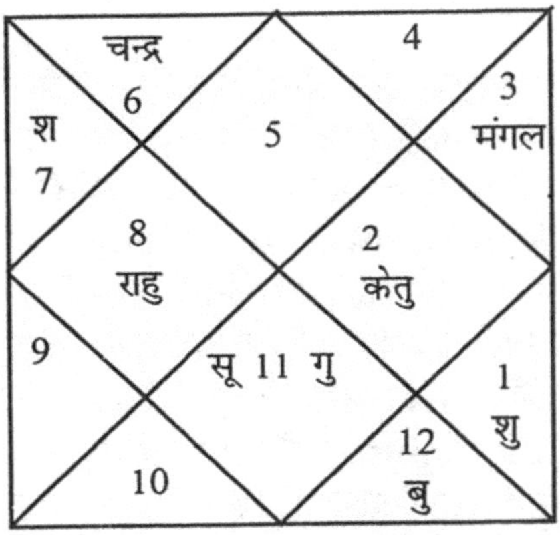


यह योग ही शाहरूख खां को उंचाईयों तक ले गया आजकल चन्द्र से शनि आठवें भाव में चल रहा है। अतः कुछ प्राब्लम आ सकती है। सिंह लग्न का सबसे बड़ा उदाहरण है छत्रपति शिवाजी जिन्होंने यवनों का सफाया करके एक छत्र राज्य स्थापित किया। F

इस कुण्डली में चन्द्राधियोग बहुत कम लोगों में होता है चन्द्र से छठे गुरु, सातवें बुध आठवें शुक्र हो तो व्यक्ति का एक छत्र राज होता है। सूर्य अपने भाव कों देख कर उसकी वृद्धि कर रहा है।

## कन्या लग्न और राशि

कन्या लग्न का व्यक्तित्व सामान्य होता है बचपन में कमज़ोर सेहत खराब और स्वभाव से थोड़ा चिड़चिड़ा और उतावला होता है। यह भावना प्रधान और संजीदा होते हैं। मध्यम कद तीखें नैन नक्श, और घने बालों वाले होते है। ये Working mind के होते हैं। खाते-पीते, चलते फिरते, सोते जागते ये कुछ न कुछ सोचते ही रहते हैं।

ये Systematic योजनाबद्ध, रेगुलर, पंगच्युअल Pantual होते हैं। कन्या लग्न के लोग मेहनती होते हैं अपने जीवन को बनाने के लिए कुछ भी कर सकते हैं। ये स्वार्थी भी होते हैं पर इनका स्वार्थ लोगों का कुछ छीन कर या किसी को कष्ट पहुंचा कर कार्य सिद्ध करने का नहीं होता, बल्कि लोगों को नज़रअन्दाज़ करके अपनी प्रगति की ओर अग्रसर होने का होता है। ये कूटनीतिज्ञ, Plitition और अवसरवादी भी होता है।

लोगों से काम निकलवाने की कला इनमें कूट कूट कर भरी होती है। बिना काम के ये लोगों को कभी मुंह नहीं लगाते इनका वास्ता उन लोगों से रहता है जिनसे उनका स्वार्थ या रिश्ता जुड़ा होता है। ये कभी-कभी 'हिपोक्रेट' भी हो जाते हैं ये प्रदर्शन कुछ करते हैं, पर इनके अन्दर कुछ और पनप रहा होता है। काल पुरुषं में इस राशि का स्थान छठा है। छठा भाव ऋण, रोग, मुकद्दमे विवाद और संघर्ष का भी होता है अतः इस राशि या लग्न के कार्य इन्हीं बातों से ही जुड़े होते हैं। लड़ना ही इनका पेशा होता है। ये अपने प्रोफेशन के प्रति पूरे ईमानदार होते हैं अगर ये वकील या जज होगे तो पैसे खा कर किसी को धोखा नहीं देंगे। जैसा कि कहा गया है कि इस राशि का कनेक्शन छठे भाव से है,

तो यह बात एक दम सही है कि ये शारीरिक या मानसिक तौर पर हमेशा बीमार रहते हैं।

कन्या लग्न के लोग कल्पनाशील, भावुक और प्रेमी हो सकते हैं पर ये "डिवोटी" नहीं होते जहाँ इनका स्वार्थ या करियर टकरायेगा वहां ये प्रेम से विमुख होने में देर नहीं लगायेंगे। यह भी कहा जा सकता है कि ये अन्दर के फैसले सुरक्षित रखते हैं। कन्या राशि का स्वामी बुध है अतः ये बौद्धिक काम ही कर सकते हैं शारीरिक या श्रम सम्बन्धी काम नहीं कर पायेंगे। ये मूडी क्रूर, मौका परस्त, अपना उल्लू सीधा करने वाले हो सकते हैं। ये तर्कशील, कुशल वक्ता रिसर्च करने वाले और, लड़ने वाले होते है। अगर ये व्यापारिक लाइन में जाए तो कुशल व्यापारी होंगे क्योंकि Calculabin में ये जबरदस्त माहिर होते हैं। इनको सदैव पेट में प्राब्लम, अटैक, किडनी प्राब्लम, सिर में दर्द खासकर माइग्रेन, गला हमेशा खराब रहता है कई लोगों को मैंने देखा है कि बोलते समय उनका गला बन्द या बैठा हुआ सा लगता है। किडनी सम्बन्धी ऑपरेशन भी हो सकता है। पाचवां और छटा भाव शनि से सम्बन्धित है अतः यह गहरी और खोज़ सम्बन्धी शिक्षा प्राप्त करते हैं। कन्या राशि का वर्ण मिश्रित है इसकी जाति वैश्य है। इसका स्वभाव सौम्य है यह किसी का अनिष्ट नहीं कर सकते। कह सकते हैं कि ये गरज़ते हैं बरसते नहीं। इसमें सतोगुणी तत्व हैं। ये पृथ्वी से जुड़े होते हैं सफलता की चरम सीमा पर पहुंच कर भी अपनी जमीन से जुड़े रहते हैं।

कन्या लग्न के लोग पैदायशी आर्टिस्ट होते हैं ये कुछ भी न सीखें संगीत, चित्रकारी, डांस, गाना धुन की पहचान इनके अंग-अंग में समाई होती हैं। ये शौकीन, भ्रमणशील, रसिक और मज़ाकिया हो सकते हैं पर हमेशा नहीं बल्कि फुर्सत के क्षणों में। ये पूर्ण रूप से स्पष्ट और सच्चे नहीं होते पन्ना- पहनना इनके लिए बहुत जरूरी है।

## तुला लग्न और राशि

काल पुरुष में तुला राशि सातवें स्थान पर आती है यह स्थान भोग, विलासिता और गुप्तेन्द्रिय का स्थान है इसका स्वामी शुक्र है। तुला लग्न वाले योग-कारक, ऐश परस्त, सुन्दर आंखों वाला, सेक्सी या सेक्स अपील वाले होते हैं। तुला लग्न वालों के साथ "खाओ पीयो मौज उड़ाओ" के अतिरिक्त अन्य कई महत्वपूर्ण गुण विद्यमान् होते हैं। ये सच्चे मित्र, मिलनसार स्पष्टवादी (ज्यादातर) मददगार, लोगों को जल्दी प्रभावित करने वाले होते हैं। ज्यादातर लोगों की सोच इनके बारे में अच्छी ही होती है। तुला लग्न वाले हमेशा ऊंचा और बढ़िया सोचते हैं। ये आकर्षक और आकर्षित करने वाले होते हैं। ये बातों से लोगों को मोह लेते हैं। इसलिए मिनटों में लोग इनसे प्रभावित हो जाते हैं और मित्र बन जाते हैं। लोग इनकी बातों पर जल्दी विश्वास भी कर लेते हैं।

ये सुन्दर, सुडौल, सुन्दर नैनों वाले, सुन्दर वस्त्रों वाले या यूं कहें कि इनके शरीर पर साधारण वेषभूषा भी सुन्दर लगती है। ये ऊंचा सोचते हैं, ऊंचा खाना पसन्द करते हैं ऊंचे रहन-सहन में रहते हैं। भले ही इनके पास रुपयों की कमी हो इनकी सोच में कमी नहीं होती। इनके सभी कार्य ऐश परस्ती एवं मौज-मस्ती वाले होते है। यह मित्र बनाने में चतुर मित्रता निभाने में भी चतुर होते हैं लोग पैसे और अपनी इज्जत से जुड़ी औरतों को इनकी निगरानी में सुरक्षित मानते हैं। ये ईमानदार भी होते हैं शान्तिप्रिय भी। ज्यादातर बातों को ये बिना विवादा के सुलझाने की कोशिश करते है। चाहे कितनी भी अनबन हो, तो भी ये अपनी ओर से किसी का कुछ नहीं बिगाड़ते और न ही किसी को शर्मिन्दा होने देते हैं। इनकी सोच जितनी ऊंची होती है इनकी पसंद भी उतनी ही होती है। कभी-कभी गलत कदम उठाने के कारण और गलत अनुमान के कारण ये बहुत हानि के शिकार हो जाते हैं।

ये कभी कभी गलत मित्र भी चुन लेते हैं जो इनके जीवन को नीचे की ओर धकेल देते हैं। जुए, सट्टे शराब, सुरा-सुन्दरी के चक्कर में ये हीरो से जीरो भी बन जाते हैं। दरअसल घरेलू जिम्मेदारी को ये बहुत ज्यादा महत्व नहीं देते जितना अपनी ऐश परस्ती या अय्याशी को देते हैं। तुला राशि, काल पुरुष में सातवें स्थान पर आती है जो गुप्तेन्द्रिय, अपोजिट सेक्स और शुक्र प्रधान रोगों तथा स्त्री सम्बन्धी रोगों की कारक होती है। तुला लग्न के लोग की हेल्थ कभी-कभी ओवर सेक्स, ओवर ड्रिंक के कारण खराब हो जाती है, ये कमज़ोर पड़ जाते हैं इन्द्रियां शिथिल पड़ जाती है। और कभी-कभी हीन-भावना के शिकार भी हो जाते हैं।

यह जन्म पत्री विश्व विख्यात संगीतकार ओ. पी. नैयर की है जिनकी धुनों का कोई भी व्यक्ति सानी नहीं भरता

(1) लगनधिपति शुक्र पंचम भाव में है

(2) गुरु दशम भाव को उच्च दृष्टि से देख रहा है

(3) गज केसरी योग

(4) पचमेश शनि शुक्र के गुणों को लेकर द्वितीयेश मंगल के साथ बैठ कर संगीत की विद्या को प्रसारित कर रहा है।

ज्यादातर तुला लग्न वालों की पत्नी या पति सुन्दर, लाल रंग व अच्छी परसनैलिटी के होते हैं, पर उनका जीवन-साथी तेज़ तर्रार, दबाव डालने वाला क्रोधी झगड़ालू प्रवृत्ति का होता है। वह उतना ईमानदार नहीं होता जितना तुला लग्न के लोग उनके प्रति ईमानदार होते हैं। उनकी पत्नियां झूठी, झगड़ालू पैसा कमाने वाली, शौकीन और पति को ज्यादा महत्व देने वाली नहीं होती।

इनको फोटोग्राफी, सजावट, फिल्म, अभिनय गाना संगीत, चित्रकारी और कपड़ों से सम्बन्धित कार्य पसंद होते हैं। तुला लग्न की स्त्रियां, घर को सजाने संवारने हर एक वस्तु को सम्भाल कर रखने में, पाक कला में, परिवार को, बच्चों को अच्छे ढंग से  रखने में माहिर होती है। चाहे वह धन से अभावग्रस्त क्यों न हों पर फिर भी इनका घर थोड़े में उजला होता है। तुला लग्न वालों में थोड़े "गट्स" और उत्साह की अपेक्षाकृत कमी होती है। वे किसी समस्या का सीधा मुकाबला नहीं कर पाते या करना नहीं चाहते दरअसल ये मस्त होते हैं और मौज मस्ती को पसन्द करते हैं व्यर्थ के विवाद समस्यायें, बेमतलब के भार उठाना पसन्द नहीं करते। शुक्र दैत्यों का राजा है वैसे भी धर्म कर्म से दूर माना गया है इसलिए इससे सम्बन्धित राशि और उसके कार्यों को उच्च स्थान नहीं मिला। इसे शूद्र और क्रूर माना गया है। इसमें रजो-गुणी तत्व होते हैं। चाहे यह कितने संस्कारी घराने से ताल्लुक रखते हैं। पर इनमें सत्तोगुणी विचार कभी नहीं आ सकते।

इनकी शुगर, नंपुसकता, अण्डकोष में कष्ट किडनी में प्राब्लम, 'सिफलिस', आदि (जो गलत लोगों से सम्बन्ध जोड़ने से) होने वाली बीमारियां हो सकती हैं। इनके नग है हीरा, जरकम, नलम नीली आदि।

कई बार राशि और लग्न परस्पर विरोधी होते हैं जैसा लग्न धन जिसका स्वामी गुरु है और राशि तुला जिसका स्वामी शुक्र है, शुक्र और गुरु आपस में शत्रु हैं फिर कैसे विचार किया जाएगा क्योंकि लग्न तो जन्म के अनुसार एक बार बन जाता है पर राशि पर तो चन्द्र के अनुसार प्रभाव पड़ता ही रहता जिसके ग्रह गोचर समय-समय पर राशि को प्रभावित करते हैं। उसका चन्द्र से सम्बन्ध होता है और चन्द्र तीव्रगामी ग्रह है।

**वृश्चिक लग्न और राशिः-** वृश्चिक लग्न का स्वामी मंगल हैं। वैसे तो मेष लग्न का स्वामी भी मंगल है पर दोनों लग्नों के आचार विचार, भाषा व्यवहार, कार्य, रहन-सहन कैरेक्टर और आदतों में फर्क होता है। मेष का चिन्ह मेढ़ा होता है वह सीधा वार करता है जो कुछ भी उसकी बात होती है वह सीधी स्पष्ट और सामने होती हैं उसके अन्दर कुछ नहीं होता जबकि वृश्चिक में बिच्छू जैसे गुण होते हैं चुपचाप फन मार कर बैठा होता है, किसी को भी उसके वार का अन्देश नहीं होता, न जाने कहा से आता है और डंक मार देता है। सो वृश्चिक लग्न के लोग ज्यादातर चुप रहते हैं। धार्मिक होते हैं, परिश्रमी

होते हैं, व्यवहार कुशल होते हैं, अपने बलबूते पर काम करते हैं। वृश्चिक लग्न के लोग उत्साही, मददगार, दृढ़संकल्प, कर्तव्य परायण, ईमानदार स्पष्टवादी और निजी पुरुषार्थ से अपना जीवन बनाते हैं। वृश्चिक लग्न वाले निरन्तर मेहनत और अपनी लग्न के चलते चकाचक बुलन्दियों को छू लेते हैं वे समाज में देश में परिवार में और संसार में प्रसिद्धी और 'आनर' प्राप्त कर लेते हैं।

स्वभाव से ये लोग शान्त, कम बोलने वाले और शालीनता-पूर्ण बात करने वाले होते हैं। ये ज़्यादातर शान्त गम्भीर और कम बोलते हैं। लोगों को ही सुनते हैं जब किसी चीज़ की अति हो जाती है तो ऐसी डंक मार भाषा बोलते हैं, कि सुनने वाला सालों तक उसे याद रखें। यानी इनकी भाषा व्यंग्यात्मक और ढंक मार होती है। मेरे सामने एक घटना ऐसी है जिसे मैं 50 वर्ष से याद करके बैठी हूं। मेरे पति के एक बहुत करीबी और घनिष्ठ मित्र थे जो सन् 1955 से लेकर 1968 तक रहे। बाद में वह विदेश चला गये। मेरे पति देव कुछ मजाकिया किस्म के थे वह हमेशा अपने दोस्त के नाक की चर्चा करते थे कि "आप खूबसूरत हो, अगर नाक थोड़ी सी चपटी कम होती तो आप बहुत खूबसूरत माने जाते" यह बात वह अक्सर कह देते। वह भी हंस कर टाल देते बस एक दिन उन्होंने नाक के प्रसंग में कहा शास्त्री जी आप टीचर कैसे हो गए? आप को तो चमार होना चाहिए था क्योंकि आप को चमड़ी का बहुत ज्ञान है।" मेरे पति देव हैरान रह गए। वह इतने समझदार थे उन्होंने अंतिम समय तक हम से कभी रिश्ता नहीं तोड़ा और न ही आना बन्द किया। वे अपने बलबूते पर पढ़े खुद ही नौकरियां ढूंढी खुद ही अमेरिका जाने के लिए पैसा इकट्ठा किया और जाने का प्रबन्ध भी किया किसी भी शख्स की मदद नहीं ली। वे वृश्चिक लग्न के व्यक्ति थे बहुत बुद्धिमान, दूरदर्शी, वह जल्दी ही बात की तह तक पहुँच जाते। किसी का हाथ हिलने या मुंह-हिलने भर से उसका पूरा इतिहास बता देते थे। जब गए उस समय शनि दशा गुजर चुकी थी, बुध दशा में गए इस समय उन्हें सूर्य की दशा लगी हुई है।

दोस्त

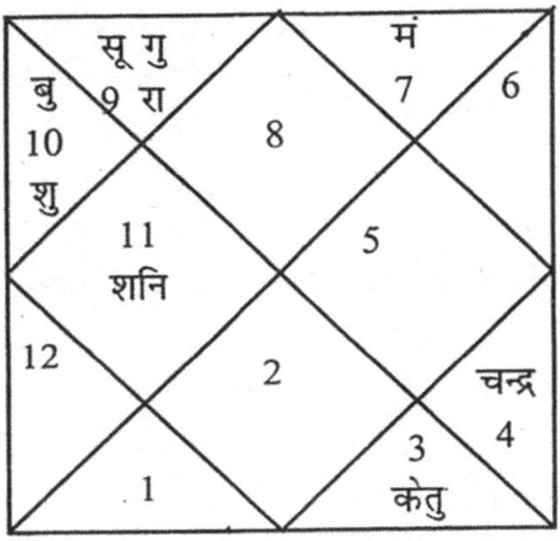


**माधुरी दीक्षितः-** इसके विषय में ज्यादा कहने की जरूरत नहीं उसकी लग्न क्षमता और प्रसिद्धि को पूरा संसार जान चुका है। इनका चेहरा लाल, विशाल मस्तक चमकती आंखें और शरीर में फुर्ती होती है। काम निकालने में चतुर होते हैं विरोधियों से भी काम निकाल लेते हैं। ये धार्मिक प्रवृत्ति के नहीं

**माधुरी दीक्षित**

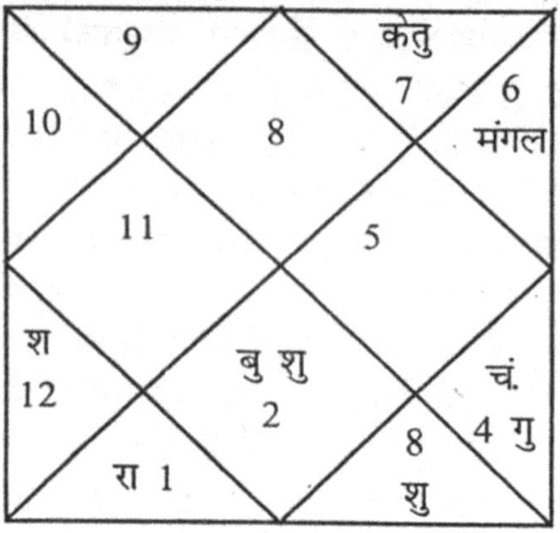


**अनिल कुम्बले**

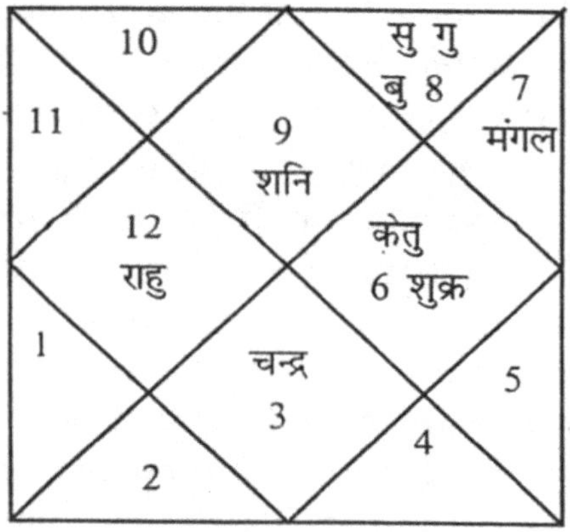


**कपिल देव**

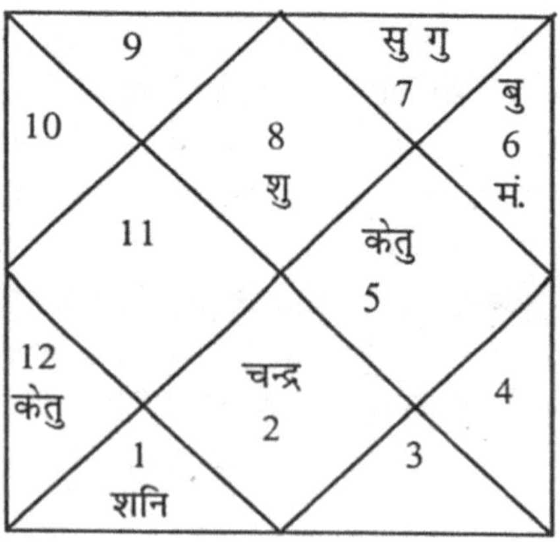


होने के बावजूद सामाजिक वातावरण के अनुसार मज़बूरी में धार्मिक होने का ढोंग रच लेते हैं। इनका काम होता है कर्म करना फर्ज़ निभाना। ये परिवार के प्रति भी 'डिवोटी' होते हैं काम के प्रति और प्रिये जनों- दोस्तों के प्रति भी वफादार होते हैं। इन्हें स्कीन प्राब्लम बवा सीर- मौसम का असर अण्डकोष और गर्भपात जैसी प्राब्लम आ सकती हैं। इनको इलेक्ट्रीसिटी के काम, टी-वी पंखे तथा अन्य ऐसा सामान जिनका ताल्लुक बिजली से हो वह ठीक रहता है क्योंकि मंगल दमदार ग्रह होता है।

यहां लग्नेश मंगल लाभ स्थान में बाजुओं का प्रदर्शन कर रहा है तीसरे भाव का स्वामी शनि भी मंगल की राशि में बैठ कर मंगल की ही शक्ति का प्रदर्शन कर रहा है।

**अनिल कुम्बले:**-अनिल कुम्बले के लिए ज्यादा कुछ नहीं कहा जा सकता क्योंकि वे विश्व प्रसिद्ध सफल क्रिकेटर हैं इनकी इच्छा शक्ति प्रबल है। दिल्ली में फिरोज शाह कोटला मैदान में 10 विकेट लेकर एक विस्मरणीय रिकार्ड कायम किया।

**कपिल देव-** चन्द्र कुण्डली- अपने ज़माने को सुपर स्टार बन कर चमके ये अक्सर टी-वी में खिलाड़ियों के बारे में बातचीत करते हैं पर वे प्रशंसा कम आलोचना ज्यादा करतें हैं कभी-कभी व्यंग्य भी करते है। उनका भी एक विस्मरणीय रिकार्ड है। 1983 में कपिल देव की कप्तानी में ही भारत ने "वर्ड कप" जीता था।

**धन लग्न और राशिः-**

**धन लग्न-** का चिन्ह ही बताता है कि यह हर समय तीर कमान चलाते हुए, लड़ने को तैयार रहते हैं, इनकी तुलना Ever ready Tarch से कर सकते हैं। ये सदैव, दोस्तों केकाम करने उनकी मदद करने के लिए तैयार और लड़ने को भी तैयार रहते हैं गुस्सा नाक पर ही रहता है। धन लग्न का स्वामी गुरु है। ये धार्मिक उच्च विचार, अच्छे स्वभाव, विद्वान्, पढ़ाई न करने पर भी अच्छी भाषा और अच्छे शब्दों का प्रयोग कर लेते हैं। ये ज्ञानी पंडित और हर क्षेत्र की जानकारी रखते हैं इन्हें किसी भी शिक्षा, संस्कृति, व्यवहार कुशलता और हिन्दी उर्दू, पंजाबी, अंग्रेजी, आदि भारतीय भाषा का ज्ञान कराने की जरूरत नहीं होती यह जन्मजात ही ज्ञानी और पठित होते हैं। ये दार्शनिक विचारों के होते हैं। ईश्वर में आस्था रखते हैं पर धर्म के नाम से चिढ़ते हैं। ये लोगों पर आंख मूंद कर विश्वास कर लेते हैं और हर बार धोखा भी खाते हैं। मां जो सबसे बड़ी शुभ चिन्तक होती है उसी की नहीं सुनते और उसके विरोधी बने रहते हैं। इनके दिमाग पर कुछ गलत लोगों की छाप बन चुकी होती है जो इनके जीवन में घातक सिद्ध होती है। धन लग्न वाले ज्ञानी होते हैं पर अनुभवी नहीं होते। वफादार होते हैं, पर उन लोगों के, जो दुष्ट स्वार्थी और एहसान फरमोश हों। इनमें ठीक व्यक्ति को समझने और परखने की शक्ति नहीं होती। या यूं कह सकते हैं कि ये जान बूझकर गलत लोगों के प्रति आंखें मूंद लेते हैं। धन लग्न वाले की पत्नी कोई ज्यादा वफादार और महान नहीं होती हां बहुत अच्छे ग्रह हो तो कुछ पति या पत्नियां अच्छी होती हैं। धन लग्न वाले प्रायः सभी से ताल मेल बिठा लेते हैं। उनके लिए एक धारणा ये भी होती हैं, ''न काहू से दोस्ती न काहू से वैर।'' ये गुरु-प्रधान होते हैं रंग पीला युक्त हल्का गेहुंआ होता है।

धन लग्न वाले मज़बूत फैसले लेने में कमज़ोर पड़ जाते हैं क्योंकि ये दयालु कोमल हृदय और छोटे दिल के होते हैं इसकी नुकीली नाक रफ-रफ चेहरा मध्यम कद होती है। इनका जीवन उतार चढ़ाव का होता है इनको बरबाद करने वाले इनके प्रिय मित्र होते हैं जो इन्हें सब्ज बाग दिखा कर बर्बाद करते हैं। वृष और कर्क लग्न इनके लिए ठीक नहीं। मेष और सिंह लग्न फायदेमन्द है। सिंह लग्न भाग्यवर्द्धक है। इनके लिए पठन पाठन, लिखना पढ़ना कथा वाचना, तर्क एवं वाणी द्वारा लोगों को प्रभावित करके धन कमाना, किसी परोपकारी संस्था अथवा धार्मिक संस्था से भी जुड़ना। इनको मानसिक तनाव, पागलपन की अवस्था, तरल पदार्थों और पानी से खतरा होगा। आत्मसात करने की सम्भावना भी रहती है। पानी से बचकर रहना चाहिए। क्योंकि आठवां भाव मौत का है गहराई का है और उसका स्वामी चन्द्र है जो पानी का कारक है अतः धन लग्न वाले मृगी या पागलपन में कुछ भी कर सकते हैं। इनको बड़े लेखकों और विद्वानों की पुस्तकें पढ़ने का शौक होता है। पुखराज टोपज पहनने से लाभ होता है।

# मकर लग्न मकर राशि

यह कर्म प्रधान राशि है पिता, पैतृक कार्य, अपना कार्य सरकारी काम-काज़ सरकार से जुड़े हुए कामों के लिए मकर राशि यानि दसवी राशि दसवां भाव का विशेष महत्व है। काल पुरुष में दसवां भाव कर्म का है और इसका स्वामी है शनि। नौकरी, मेहनत के काम, लोहे के काम जमीन सम्बन्धी, खनिज़ पदार्थ खदान और स्टील सम्बन्धी कार्यों का सम्बन्ध मकर राशि या दशम भाव के कारक शनि से जुड़ा होता है अचानक लाभ, लाटरी, सट्टा और शेयर आदि के काम भी इसी भाव से जुड़े हैं।

मकर शान्त और चुपचाप बैठा रहता है शिकार आते ही झपटा मार कर उसे हासिल कर लेता है मकर राशि वालों को भी सब कुछ अचानक और बहुत जल्दी मिल जाता है। मकर राशि उतराषाढ़ा, श्रवण और दो चरण घनिष्ठा से मिल कर बनती है अतः इस राशि का स्वामी भले ही शनि हो फिर भी मकर राशि के लोग ईमानदार उच्च विचारों के हो सकते हैं क्योंकि इस राशि की संगत में देव गण-नर गण विद्यमान होते हैं। इनका वर्ण वैश्य होता है। यह जलीय और चर लग्न की राशि मकर लग्न के लोगों को जल से विशेष लगाव होता है। नदी में तैरना, नदी किनारे रहना या बसना बहुत अच्छा लगता है। ये लोग ढेरों पानी से नहाते हैं और ज्यादा से ज्यादा पानी पीते हैं। ये खाने-पीने के शौकीन होते हैं। इन्हें घरेलू सात्विक भोजन पसन्द नहीं होता बाहर का फास्ट फूड ज्यादा पसन्द करते हैं। मकर लग्न वाले उत्साह मेहनती रफ-टफ कार्य करने वाले होते हैं। इन्हें जीवन में किसी से यश या क्रेडिट नहीं मिलता क्योंकि इनका व्यवहार ज्यादा प्रभावशाली नहीं होता। ज्यादा लोग इनसे रिश्ता नहीं जोड़ते कुछ गिने-चुने समझदार लोग ही इनसे रिश्ता निभा पाते हैं। इन्हें घर में रहना, परिवार में रहना और उनके प्रति वफादार होना ही पसन्द है। पार्टी, सामाजिक कार्य, तीज़ त्यौहार, फंक्शन भीड़-भड़का बिलकुल पसन्द नहीं। मगरमच्छ पानी के अन्य जीवों के साथ कभी-भी मिलता नहीं है। वह एकान्त एक तरफ बैठा रहता है। वो कम ही मज़ाक करते हैं, और कम ही लोगों से बातचीत करते हैं। इनके जीवन का दायरा बहुत ही सीमित होता है।

मकर लग्न नीरस और गमगीन है। इसे सरस बनाने के लिए कुछ सरस लोगों का शामिल होना बहुत जरूरी है। इनके लिए फायदे मन्द हैं तुला वृष और कन्या लग्न वाले। मिथुन, सिंह विरोधी ही रहेंगे। नीलम, हीरा, जरकन, कटैला और आसमानी रंग का हकीक पत्थर इनके लिए उपयुक्त हैं। मकर लग्न वाले मेहनती तो होते हैं कर्मशील भी होते हैं पर ये ज्यादा उत्साही और दूरदर्शी नहीं होते कोई भी व्यक्ति चिकनी चुपड़ी बातों से इन्हें बेवकूफ बना सकता है। ये किसी से लड़ लेंगे किनारा भी कर लेंगे पर वैर नहीं पाल सकते न ही किसी का अनिष्ट

या अहित कर सकते हैं। लोगों के लिए अच्छा सोचने के बावजूद इन्हें यश नहीं मिलता अतः इन्हें संक्षिप्त रहना चाहिऐ। ये अपनी आयु से पहले ही बूढ़े दिखने लगते हैं। दांत खराब बाल सफेद, शरीर के अंग जल्दी शिथिल हो जाते हैं। यह खुद तो बूढ़े होते हैं इनकी सोच भी बूढ़ी हो जाती है। अगर किसी का लग्न मकर हो और राशि तुला हो तो उपरोक्त बातों में सुधार होता है अगर लग्न मकर हो और राशि धनु हो तो इनका पहनावा, इनकी सोच और बातचीत परिपक्व होती है। इनमें सीरियसनेस आ जाती है। अतः इन लोगों से बिगाड़नी नहीं चाहिए अगर ये किसी के प्रति टेढ़े हो गए तो सीधे कभी- नहीं होते तभी तो कहा गया है "जल में रह का मगर से वैर न करें।" ये नीलम व कटैला पहन सकते हैं।

## कुम्भ लग्न और राशि

घड़ा लग्न लाभ स्थान का कारक है और स्वामी कुम्भ लग्न का प्रतीक है। इस लग्न के लोग सभी गुण-अवगुणों को अपने अन्दर बूंद-बूंद करके भरते रहते हैं। जब घड़ा भर जाता है उसकी अन्दर समाई नहीं होती तो एक दिन फूट पड़ता है अगली पिछली भड़ास निकाल देत है। यद्यपि इस लग्न का स्वामी शनि है फिर भी इस लग्न की बहुत सी विशेषताएं शमिल हैं। कुम्भ लग्न ध्यानी, ज्ञानी, दूरदर्शी गहन चिन्तनशील, सहनशील ग्रन्थ कर्त्ता गुप्त विद्याओं का ज्ञाता होता है। इस लग्न में वेद, पुराणों के गूढ़ रहस्यों को समझने की शक्ति होती है। इसमें दैविक शक्तियां होती है, दानवीय शक्तियां भी होती है। इस लग्न में किसी शक्ति को सिद्ध करने की बहुत गुणवत्ता होती है। ये किसी भी कार्य को पूरा करने में पूरी मेहनत और समय लगा सकते हैं। कुम्भ में बनाने और बिगाड़ने दोनों की कलाएं होती है। जब इनकी बुद्धि ठीक दिशा में चलती है तो ये ऐसे काम करते हैं कि मानों दुनियां में ऐसा काम कोई कर ही नहीं सकता। और जब इनकी बुद्धि मलीन होती है फिर इनकी तबाही को कोई रोक नहीं सकता। ऐसे तो दुनियां में कई घटनाएं घटित हुई हैं दो उदाहरण जो संसार में प्रसिद्ध हैं। एक था रावण जिसका कुम्भ लग्न था और एक था औरंगजेब उसका भी कुम्भ लग्न था। दोनों ही बुद्धि मान थे, दोनों ही रचनात्मक। रावण तो वेद पुराणों का ज्ञाता और कई ग्रन्थों का प्रकाण्ड पंडित था। वह अपने हठधर्मी और मूर्खता पूर्ण कदमों के कारण अपना सर्वनाश करा बैठा। औरंगजेब में

**औरंगजेब की कुण्डली**

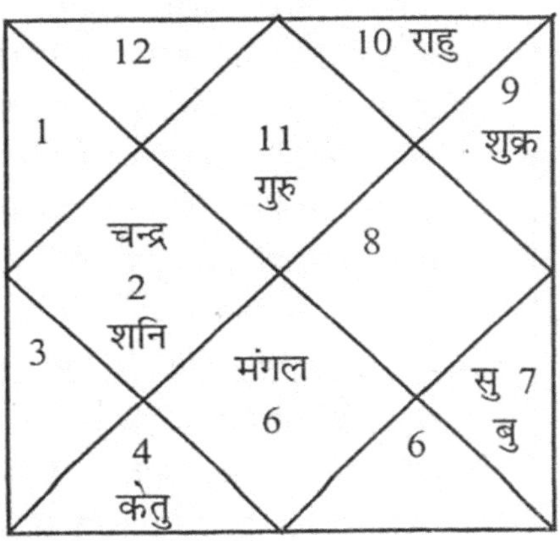

राज विस्तार भवन निर्माण में विस्तार करने वाला और कुशील संचलक था वह भी मिथ्याभिमान में नष्ट हो गया।

कुम्भ लग्न वाले किसी भी कला, किसी भी कोर्य और किसी भी विषय को समझने और उस विषय में ज्ञान अर्जित करने में बहुत कुशल होते हैं। अगर इनके विषय में एक राय पेश की जाए तो यह महाज्ञानी और महानअज्ञानी होते हैं।

कुम्भ लग्न वाले सिद्धि प्राप्त करने में महारथी होते हैं। गज़ केसरी योग, भाग्येश लाभ स्थान में शुक्र कारक भी है। लग्नेश शनि छटे भाव के स्वामी चन्द्र (केतु अधिष्ठित) के साथ बैठकर क्रूर और नीच मानसिकता को दर्शा रहा है सूर्य भी नीचे का है। अत: कुम्भ लग्न वालों के लिए यह बात सही है कि वे विद्वान् भी हो सकते हैं क्रूर भी।

## मीन लग्न और राशि

मीन लग्न का स्वामी गुरु ज्ञान को द्योतक है। ये ज्ञानी, ध्यानी कल्पनाशील ब्रह्माण्ड की अद्‌भुत रचना करने वाले प्रभु के प्रति समर्पित होते हैं। ये अध्यात्मिक, साधक कल्याणकारी होते हैं। मीन का अर्थ होता है मछली और मछली जल बिना जी नहीं सकती उसे निकालो तो मर जाती है ऐसे ही मीन राशि के लागों में एक चाहत होती है प्रेमी को पाने की कार्य को पूरा करने की। किसी मिशन तक पहुँचने की, दर्शन करने की। इस चाहत के लिए कहते हैं देखो "दो दो नैन बरसते मैं प्यासी की प्यास" यानि मीन लग्न वाले पिपासु होते हैं, चाहे वह प्यास सन्तान प्राप्ति की हो, विवाह की हो इष्ट देव के दर्शन की हो, गुरु के ज्ञान की हो या फिर किसी के खून की प्यास नीचे दो जन्म लग्न दिये हैं। एक प्रभु को समर्पित है, दूसरी खून की प्यासी है। यदि गुरु से दसवें शुक्र बुध हो तो कलानिधि योग होता है।

**रविन्द्र नाथ टैगोर**

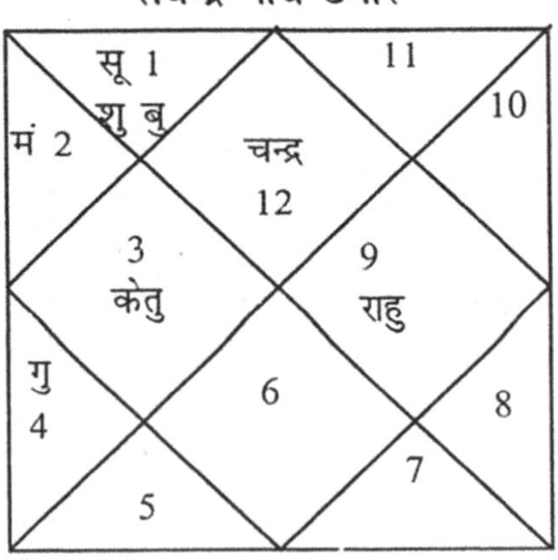


**(1) रविन्द्रनाथ टैगोर**- टैगोर जी की कुण्डली भी मीन लग्न और उसमें चन्द्र फर्क क्या है? लग्न की उच्चता और चन्द्र और गुरु का परिवर्तन योग। हिमलर का लग्नेश वृश्चिक राशि में राहु के साथ है जो क्रूरता को प्रदर्शित कर रहा है। जबकि रविन्द्र जी का शुक्र का कला निधि योग बना रहा है।

**(2) क्रूर हिमलर**- इस कुण्डली के स्वामी हिमलर ने हजारों यहुदियों को मरवा डाला था। मीन लग्न का

**क्रूर हिमलर**

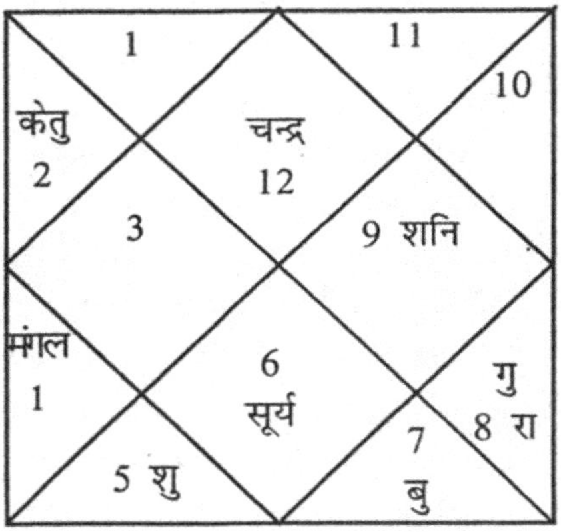


अकारक ग्रह शुक्र और उसकी राशियां पाप और क्रूर ग्रहों से प्रभावित हैं केतु मारकेश बुध, मंगल और सूर्य में फंसा शुक्र की राशि में है अत: शुक्र यहां अतिचारी बन कर केतु और सूर्य अधिष्ठित राशि का स्वामी होकर हत्याएं करवा दी। मीन राशि पूर्वा भाद्र पद उतरा भाद्रपद और रेवती नक्षत्र से बनी है। यही एक ऐसी राशि है जो नर और देव गण से निर्मित है। इस की जाति भी ब्रह्माण है और स्वभाव सौम्य। इसका का चेहरा प्रभावशाली होता है। गज़ मस्तक और मीन जैसी तरल आंखें। सवाल उठता है कि यह राशि क्रूर कैसे हो सकती है? जबकि इस राशि का स्वामी गुरु है। इस विषय में सैकड़ों उदाहरण है। दुर्वासा मुनि अति क्रोधित हो जाते थे। विश्वामित्र की समाधि भंग हो गई थी एक अप्सरा के चक्कर में सुध बुध खो बैठे। श्रीमद् भागवत् में राजा परिक्षित ने मुनि के गले में मरा हुआ सांप डाल दिया। बस यही कह सकते हैं "विनाश काले विपरीत बुद्धि"

मीन लग्न के कार्य पानी से सम्बन्धित हो सकते हैं। ड्रिंक्स, शराब नारियल पानी, फ्रूट बागबानी लेखन, पाठन, कवि। धर्म प्रचारक मठ का संचालक कथावाचक, प्रवक्ता, टीचर या फिर किसी भी डिपार्टमेन्ट की नौकरी। जल के किनारे बसने वाले लोगों का भाग अपेक्षा-कृत अच्छा होता है। पैतृक कार्य तो कोई भी हो सकता है। हां "बनियागिरि" इनके बस की बात नहीं। मीन लग्न का रंग गेंहुआ, हल्का पीला और गुलाबी युक्त पीला हो सकता है। इनका शरीर भी थोड़ा "बलकी" भारी होता है इस लग्न के लोगों का आकार चौड़ाई में होता है लम्बाई में नहीं क्योंकि इनमें जलीय तत्त्व होते है। मीन लग्न वाले भले ही कैसा विचार रखते हों, किसी भी स्वभाव के हो सकते हैं पर इनका अन्तर मन किसी की चाहत में सदैव भटकता रहता है ये अतृप्त आत्मा के होते हैं।

इनका नग पुखराज, रोपा़ज, सुनैला, पीला हकीम या सुनहरी रंग के पत्थर।

नीचे- एक मीन लग्न की विचित्र कुण्डली पेश कर रही हूं।

(1) राहु का कुटुम्ब नहीं होता, होता है तो उससे ताल्लुक नहीं होता।

(2) भाग्येश मंगल दसवें भाव में है अत: इसका भाग्य एक मठ से जुड़ा है एक व्यक्ति के प्रभाव में आकर जवानी में ही बाबा (काठी वाले) बन गए और गुरु की मृत्यु के बाद उसी मठ के महंत बन गए। मंगल क्योंकि गुरु की राशि में है इसलिए धार्मिक कार्यों में संलग्न होना। मातृ पक्ष दोनों ही गर्क हो

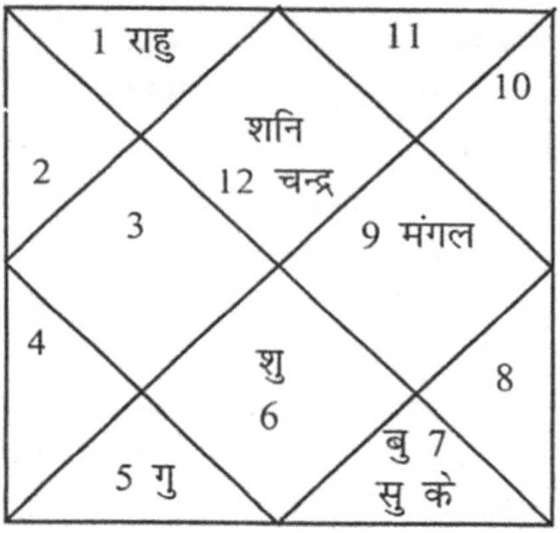


गए। पिता को इसके बाबा बनने का धक्का लगा और उसकी मृत्यु हो गई है। बाबा जी उनके दाह संस्कार में भी नहीं गए। मातृ भाव का स्वामी बुध सूर्य केतु के साथ आठवें है लग्नेश गुरु छटे है (जो पितृ भाव-कर्म भाव का स्वामी है) इस व्यक्ति का हश्र अच्छा नहीं होगा- क्योंकि यह व्यक्ति, दुश्मनों में और विवादों में घिर जाएगा पथ भ्रष्ट हो जाएगा। शनि--चन्द्र की युति मानसिक अवस्था को खराब कर देती है। लग्नेश छटे सूर्य के घर है और सूर्य स्वयं केतु के साथ शत्रु राशि में है। सातवें नीच का शुक्र है जो पथ भ्रष्ट होने का संकेत है। अत: इस व्यक्ति का अन्त ठीक नहीं होगा फिलहाल ये काठी वाले बाबा कहलाते हैं क्योंकि ये सिर्फ खास किस्म के लकड़ का जाघिया पहनते हैं और कुछ नहीं विद्यार्थी स्वयं भी इस विषय में सोचे? लग्नेश गुरु सिंह राशि में है। मंगल भी अग्नि ग्रह है जो गुरु राशि को प्रभावित कर है। अत: इनका सम्बन्ध काठ से है।

## रोग

जन्म कुण्डली से किसी व्यक्ति को क्या बीमारी है? और उसका नतीज़ा खतरनाक है या मामूली? इस विषय के लिए विद्वान् ज्यादातर आसमंजस में रहते हैं उन्हें यह ध्यान नहीं होता कि कुण्डली से बीमारी बताने के तरीके क्या हो सकते हैं।

(1) लग्न की शुभता अशुभता।

(2) लग्न पर पड़ने वाले अच्छे बुरे ग्रहों का प्रभाव।

(3) 12 भावों में कौन-सा भाव ज्यादा विकृत है।

(4) नंवाश कुण्डली का अध्ययन भी जरूरी।

(5) अपनी जन्म कुण्डली से परिवार की समस्या कैसे समझें। काल पुरुष में कौन सी राशि किस रोग से प्रभावित होती है?

(6) दशा अन्तर दशा का प्रभाव

(7) योगा योग से अच्छे बुरे प्रभाव

(8) आदतों की बिमारी, जिससे दिल-दिमाग पर असर

(9) पैतृक रोग

(10) फर्जी प्रभाव

(11) चन्द्र की स्थिति।

**लग्न की शुभता- अशुभता का प्रभाव** पूरे जीवन शैली पर पड़ता है। "जान है तो जहान है" यानि जब तक व्यक्ति पूर्ण रूप से सेहत मन्द नहीं होता तो वह किसी भी गाड़ी को खींच नहीं सकता न अपनी, न परिवार की और न ही कारोबार की। इसलिए जन्म कुण्डली में लग्न की शुभता पर विशेष ध्यान देना चाहिए है। उसके लिए इन बातों को समझे:-

(1) लग्न की कम डिगरी न हो यानि 28-30 डिगरी का लग्न कमज़ोर माना जाता है 0- से 2-30 डिगरी का लग्न वर्गोत्तम तो माना जाता है पर परिपक्व नहीं होता।

(2) लग्न में क्रूर ग्रह या विरोधी ग्रह तो नहीं?

सिंह लग्न में शनि-राहु क्रूर ग्रह होंगे जो व्यक्ति की सेहत, स्वभाव और व्यवहार को प्रभावित करेंगे साथ ही प्रगति में भी बाधक होंगे। काल पुरुष में सिंह राशि का स्थान पाचवां है। अत: सिंह लग्न में शनि राहु का प्रभाव, स्वभाव को तो खराब करेगा साथ ही पेट सम्बन्धी प्राब्लम भी रहेगी।

काल पुरुष में अंगों का स्थान

| भाव | संख्या | 1 | स्थान | सिर |
|---|---|---|---|---|
| ,, | ,, | 2 | ,, | मुख |
| ,, | ,, | 3 | ,, | गला, बाजू, |
| ,, | ,, | 4 | ,, | छाती |
| ,, | ,, | 5 | ,, | पेट-नाभि |
| ,, | ,, | 6 | ,, | कमर-किडनी अतड़िया |
| ,, | ,, | 7 | ,, | मूत्रेन्द्रिय |
| ,, | ,, | 8 | ,, | अण्ड कोष |
| ,, | ,, | 9 | ,, | नितम्ब घुटने से ऊपर |
| ,, | ,, | 10 | ,, | घुटना व उसके ऊपर-नीचे |
| ,, | ,, | 11 | ,, | घुटने के नीचे की टांगें |
| ,, | ,, | 12 | ,, | पांव |

अगर सीधे-सीधे लग्न हो और उसमें क्रूर ग्रहों की स्थिति हो तो उपरोक्त स्थानों के हिसाब से बीमारी या चोट की सम्भावनाएं रहेगी अगर लग्न अलग-अलग हो तो लग्न और भाव राशि से आया लग्न सी प्रभावित होगा। जैसे

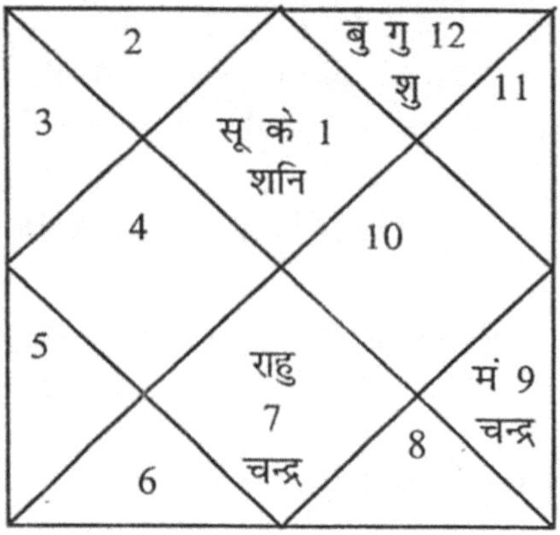


कि उपर सिंह लग्न. का उदाहरण दिया गया है। सिंह राशि लग्न भी है और पाचवें भाव की कारक भी है। अत: सूर्य लग्नाधिपति होते हुए भी पाचवें भाव का "रोग पेट सम्बन्धी प्राब्लम" से प्रभावित है। इस कुण्डली के स्वामी को बहुत सारे नशे करने की आदत है इसी कारण इसका पेट हर वक्त खराब रहता है।

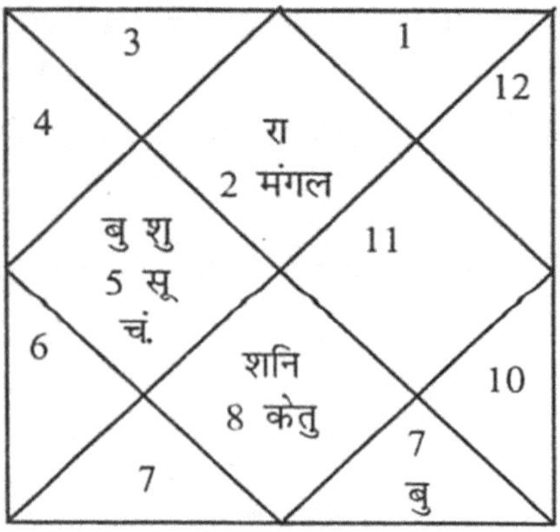


**बारह लग्नों में बीमारी सम्बन्धी:-** चोट व रोग इस कुण्डली में मेष लग्न और सिंह की पाचवीं राशि भी प्रभावित है। क्योंकि सूर्य, शनि और केतु से पीड़ित है। और चन्द्र राहु से पीड़ित है। अत: इस महिला को माइग्रेन की शिकायत रहती है क्योंकि चन्द्र और सिर कारक मेष राशि, सूर्य, शनि केतु से प्रभावित है। तीन-चार बार "हार्ट अटैक" आ चुका है। पेट में हार्नियों का ऑपरेशन हो चुका है सिर में चोटें भी आ चुकी है। अब यह महिला बची हुई कैसे है?

(1) लग्नेश मंगल गुरु की राशि में भाग्य स्थान में है।

(2) अष्टमेश भी मंगल ही है।

(3) 12 वें भाव में शुभ ग्रह है।

(4) गुरु चौथे और आठवें भाव पर शुभ दृष्टि डाल रहा है।

(5) शनि से और बुध से हर्नियों की बीमारी होती है बुध और शनि दोनों ही नीच के हैं और सातवां भाव राहु से पीड़ित है। अत: हर्निया का होना लाज़मी है।

केतु और मंगल का "ईट कुत्ते का वैर है अगर केतु मंगल के साथ या मंगल का राशि होगा तो सिर में चोट लग सकती है। इस महिला पर ऊपर से ईंट गिरने से चोट लगी थी।

**वृष लग्न और रोग:-** यह एक ऐसे व्यक्ति की जन्मपत्री है जो धनवान तो बहुत है पर उसकी वाक् शक्ति ठीक नहीं उसका मुंह सूखा सा रहता है। गला बैठा हुआ सांस की नली में कष्ट होता है। लग्न राहु और मारकेश मंगल

**आत्म हत्या**

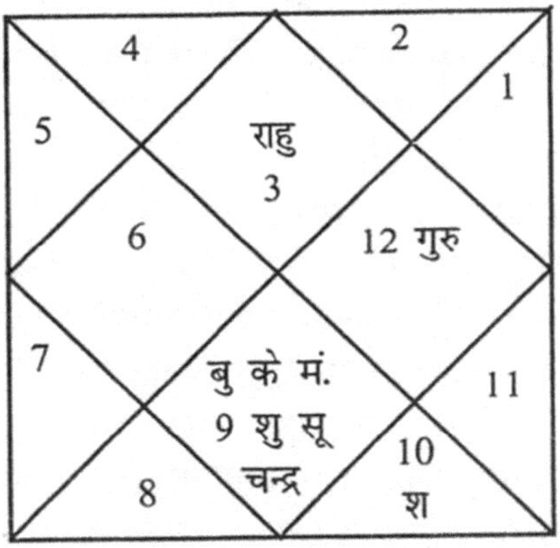


से प्रभावित है शनि केतु अधिष्ठित राशि का स्वामी होकर लग्न को देख रहा है। लग्नेश शुक्र को भी देख रहा है। इसी तरह मंगल, बुध को देख रहा है। शनि भी बुध को देख रहा है अतः इस व्यक्ति के गले में हर वक्त कोई न कोई प्राब्लम बनी रहती है।

इस कुण्डली में विद्वानों के सभी भविष्यवाणी गलत साबित हुई।

(1) गज़ केसरी योग

(2) पत्नी बहुत अच्छी

(3) अष्टमेश शनि अपने भाव में

(4) पांच ग्रह होने से कारोबार हमेशा अच्छा रहेगा। यह सभी बातें गलत साबित हुई। पहली बात गण्ड मूल में मूला नक्षत्र का दूसरा चरण जो कि जातक को अपने लिए घातक होता है।

(5) लग्नेश बुध जो कि बाजू और गले का कारक है वह सूर्य से अस्त और केतु व अकारक मंगल के प्रभाव में है। दो ऋण स्थानों का स्वामी मंगल सातवें भाग में है।

इस व्यक्ति की पत्नी अति क्रूर हर वक्त पति को कोसती रहती थी। उसकी जरूरतों को पूरा करने के लिए भारी कर्ज के नीचे आ गया था। जब से पैदा हुआ गरीबी से एक दिन भी नहीं उबर पाया इस व्यक्ति ने चन्द्र की दशा गुरु के अन्तर में नींद को गोलियां खा कर अपने कों फांसी लगा दी।

(1) दो बाजू के स्वामी सूर्य और मंगल

(2) डब्बल मारकेश चन्द्र और गुरु (पत्नी का स्वामी गुरु) पत्नी के कारण आत्महत्या। अमावस का चन्द्र अस्त जो दिमाग़ को पूरी तरह परस्त कर रहा था केतु नींद की गोलियों का कारक बना। मिथुन राशि गले की कारक थी। इस मौत में छः लोग ही सम्मिलित थे मां, पत्नी, सास, ससुर, सौतेली सास और खुद जब इतने लोग भारी पड़ेंगे तो वह कैसे बच सकता था।

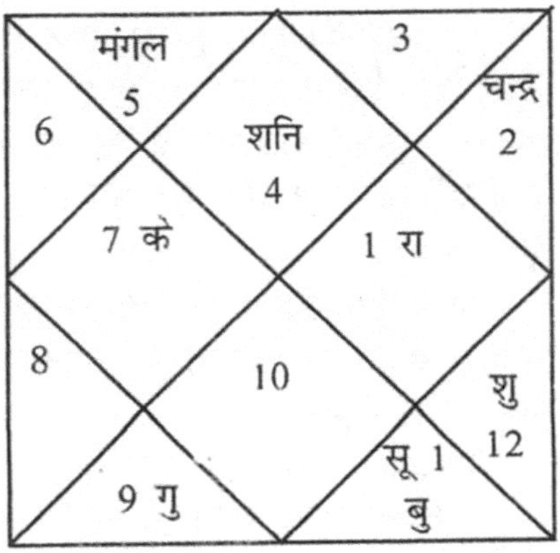


**कर्क लग्न और रोग:-** वैसे तो इस लग्न का स्वामी उच्च होकर लाभ स्थान में है। पर लग्नेश चन्द्र की

डिगरी 26 थी केन्द्र में कोई शुभ ग्रह नहीं सिंह की राशि में मंगल और उसका स्वामी सूर्य अष्टम् भाव में अष्टमेश और सप्तमेश कर्क लग्न और चौथे भाव के कारक चन्द्र को प्रभावित कर रहा है। चौथे भाव में केतु है और उस पर किसी शुभ ग्रह की दृष्टि नहीं। मंगल लग्नेश चन्द्र को देख रहा है। अतः इस व्यक्ति की छाती में कई बार दर्द उठा और दो बार हार्ट अटैक हुआ। इस का अटैक शनि की दशा शनि के अन्तर में हुआ क्योंकि शनि मारकेश और अष्टमेश था। अष्टम् भाव अण्डकोश का स्थान है अतः इसी शनि की दशा में हार्नियों का ऑपरेशन भी हुआ। यहां एक बार फिर से कहनी है कि चाहे जन्म पत्रियां अच्छी हो या बुरी उनके फल हमेशा अपनी दशा अन्तर दशा में ही मिलते हैं।

**सिंह लग्न और रोग–** इन लग्न वालों को फोड़े फुंसी चोट, त्वचा रोग, नेत्र विकार– मानसिक तनाव क्रोध के कारण कभी-कभी दिमाग़ी हालत खराब हो जाती है। पेट में प्राब्लम कभी-कभी पेट का ऑपरेशन भी करना पड़ता है जठराग्नि आदि रोग भी हो सकते हैं। दशाएं हमेशा चन्द्र राशि के अनुसार होती हैं कईयों को शुरू में ही सारी दशाएं अच्छी आ जाती हैं कइयों को बाद में। नीचे कन्या लग्न की  कुण्डली कुछ ऐसा ही बयान कर रही है। मान लो गुरु, चन्द्र, बुध, शुक्र की दशाएं अच्छा फल देती हैं, और वह दशाएं बाद में आती हैं मंगल, सूर्य चन्द्र (नीच) और राहु की दशाएं तो पहले आ गई। जब खाने-पीने ऐश के दिन खत्म हो गए बुढ़ापा नज़दीक आने लगा तो अच्छी पर सन्तान और विवाह तो शुरू में चाहिए, गुरु स्वराशि का सातवें भाव में है। पर इसका फायदा नहीं एक तो गुरु इस भाव का अकारक ग्रह है दूसरा जहां गुरु होता है वहां फल नहीं देता। तीसरा गुरु दशा इस औरत को जीवन भर नहीं आएगी। बुध दशा जन्म के दो साल तक रही। बाद में केतु और शुक्र आया। शुक्र दशा में बच्चे दानी का ऑपरेशन करना पडा विवाह की उमर में विवाह हुआ नहीं। बाद में उम्र ज्यादा हो चुकी थी।

**इस कुण्डली की अन्य प्राब्लम**

(1) लग्नेश बुध सूर्य से अस्त है, मारकेश शुक्र के साथ है और उस पर मंगल की अष्टम दृष्टि है। अतः इस महिला को माइग्रेन, ब्लड प्रेशर, शुक्र सम्बन्धी बीमारी और छत से सिर के बल गिर चुकी है। विवाह कारक ग्रह की दोनों राशियां- धन और मीन मंगल से प्रभावित हैं। धन राशि पर तो राहु की भी दृष्टि है।

नोट- इसी किताब में कई जगह दूसरे भाव में राहु दिखाया गया है। दूसरे भाव में राहु से न तो मातृपक्ष, यानि नाना का वंश नहीं चलता और न ही दादा पक्ष का वंश चलता है।

उपरोक्त कुण्डली मं तीन बहनें एक भाई है

एक बहन की शादी हुई बच्चा नहीं हुआ।

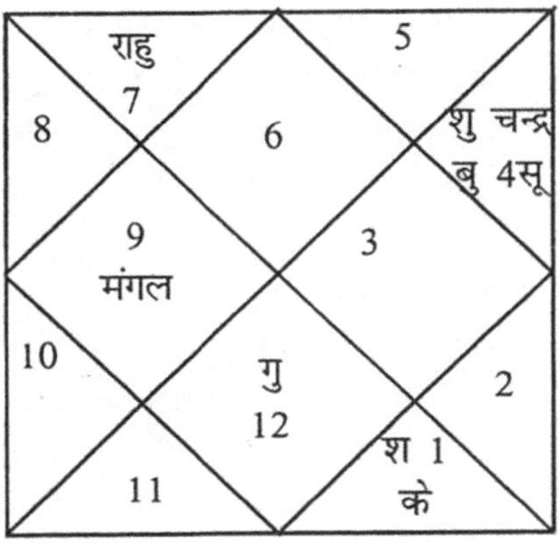


दूसरी बहन की शादी हुई एक लड़की हुई।

पति दो साल में ही मर गया और लड़की भी छोटी उमर में मर गई।

तीसरी बहन वही है जिसका हम ऊपर वर्णन कर आये हैं।

भाई की शादी हुई पत्नी दो साल में मर गई सो हम यह भी कह सकते हैं कि हो सकता है केतु-शनि ने कोई तन्त्र का प्रभाव डाल रखा हो।

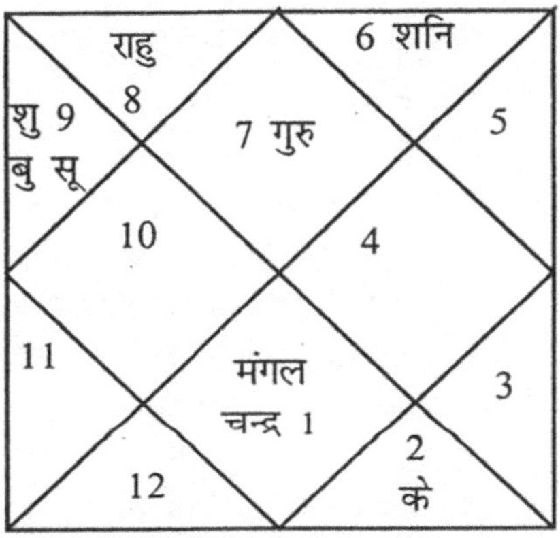


**(8) तुला लग्न की कुछ प्राब्लमः-** यह एक महारानी की कुण्डली है इसका भी वंश नहीं चल पाया। दूसरे भाव में राहु है उस पर शनि की दृष्टि है।

गुरु सन्तान कारक ग्रह है। वह शनि और राहु से घिरा। सप्तम् भाव का कारक और लग्नेश शुक्र को, दो त्रिक स्थान के स्वामी और शुक्र का परम शत्रु गुरु ने घेर रखा है। अतः उसके कई गर्भपात हुए पर सन्तान नहीं बची। शुक्र और गुरु का परिवर्तन योग धन तो दे रहा है पर वैवाहिक सुख, सन्तान सुख नहीं दे रहा है। वैसे भी शुक्र अस्त है।

**(8) वृश्चिक लग्न**

इस लग्न वालों को तीन चार बिमारियां, दुर्घटनाएं और काट-पीट की घटनाएं जरूर होती है।

''सरसाम'' सिर में बुखार का चढ़ना।

(2) जहरीली वस्तु का अटैक था जहर खाना या किसी जहरीले कीड़े का काटना बवासीर, हार्निया, फूड पायजन, इन्जेक्शन अथवा कुत्ते, बिच्छु सांप के काटने का अंदेशा

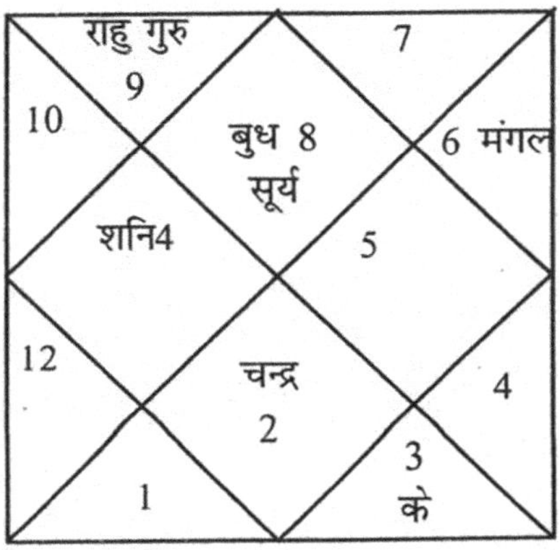

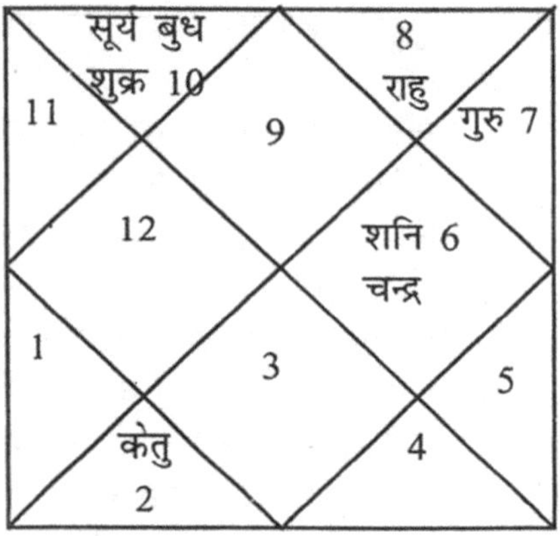


रहता है। उपरोक्त कुण्डली में (1) पुत्र सन्तान नहीं। (2) बवासीर भी रही क्योंकि आठवें भाव का केतु बवासीर की बीमारी देता है। आठवें घर का स्वामी बुध आठवें भाव की कारक वृश्चिक राशि में है। जब वृश्चिक राशि या आठवां भाव क्रूर ग्रहों से प्रभावित हो तो हार्निया होता है। इस व्यक्ति को लोहा भी चुभ चुका है। शनि चौथे लग्न को दशम दृष्टि से देख रहा है। इस व्यक्ति की मृत्यु कैंसर से हुई है। यहां लग्न पर शनि का प्रभाव। अष्टमेश, बुध मंगल का शत्रु हैं अतः बुध ही मारक ग्रह है। आठवें केतु ने कैंसर दिया।

(9) यह कुण्डली विश्व प्रसिद्ध स्वामी विवेकानन्द की है। इन्होंने युवावस्था में ही परमहंस रामकृष्ण से दीक्षा ली इन्होंने योग-संन्यास की दीक्षा ली और काली के उपासक बन गए। ये छोटी-सी उमर में अमेरिका गए और अपने प्रवचनों से अमेरिका वासियों को मन्त्र मुग्ध कर दिया। इनकी महिमा किसी दुष्ट विचार के व्यक्ति से सहन नहीं हो सकी अतः उसने इन्हें शीशा घोल कर पिला दिया उस समय इनकी अवस्था 40-42 वर्ष की रही होगी।

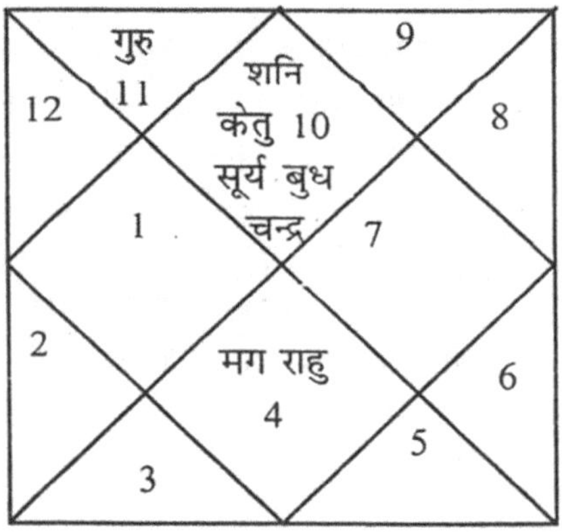


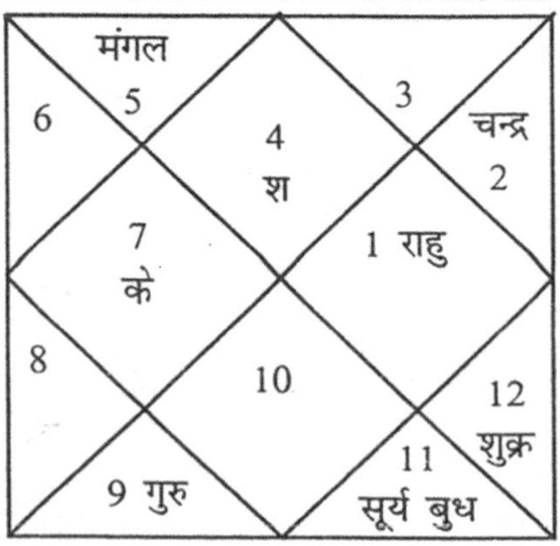


**मौत का स्वामी** चन्द्र और मारकेश शनि की युति लग्नेश गुरु शत्रु राशि शुक्र के घर में है। मुख स्थान की दूसरी राशि छटे भाव में है और उसमें केतु है जो मुख में गुप्त षड्यन्त्र रचा रहा है। छटे भाव का स्वामी शुक्र केतु अधिष्ठित राशि का स्वामी होकर दूसरे भाव में है और मारकेश बुध भी वहीं है अतः दशम और दशमेश भाव के व्यक्ति ने इन्हें

धोखे से शीशा पिला दिया शनि शीशे का कारक है।

मकर लग्न और मकर राशि वालों की मुख्य बीमारी टांगों से सम्बन्धित होती है। घुटनों में वायु, दर्द, घुटनों का ऑपरेशन गठ़िया रोग और चोट आदि की सम्भावनाएं होती है।

इस व्यक्ति के एक्सीडेन्ट में टांग और घुटने पर गहरी चोट आई। घुटने की हड्डी पर भी दबाव पड़ा और टांग की हड्डी टूट गई उसमें लोहे की राड डालनी पड़ी। एक बार आंख के ऊपर बस की राड लग गई और आंख के ऊपर का सारा हिस्सा ''आई ब्रो'' फट गई। ''टांके'' लगें एक बार उसकी छाती पर किसी ने जोरदार डण्डा दे मारा।

लग्न में शनि के साथ शत्रु सूर्य, केतु है और कमज़ोर चन्द्रमा भी है। केतु के कारण चोंटे लगी। सूर्य और चन्द्र के कारण आंख पर अटैक हुआ। मंगल राहु के फर्क राशि में होने से छाती पर भी डण्डा लगा। अत: जो-जो राशि क्रूर प्रभाव के अन्तर्गत होती है, उस पर कोई न कोई पंगा होता ही है।

**( 11 ) कुम्भ लग्न:-** काल पुरुष में कुम्भ लग्न टांगों का कारक है। लग्न जो भी हो लेकिन 11 नम्बर राशि पर कोई प्राब्लम आएगी तो निश्चित ही उसकी टांगों पर ही आएगी। नीचे एक कुण्डली दी जा रही है:-

इस व्यक्ति की राहु की दशा शनि के अन्तर में टांग पर चोट लगी। और

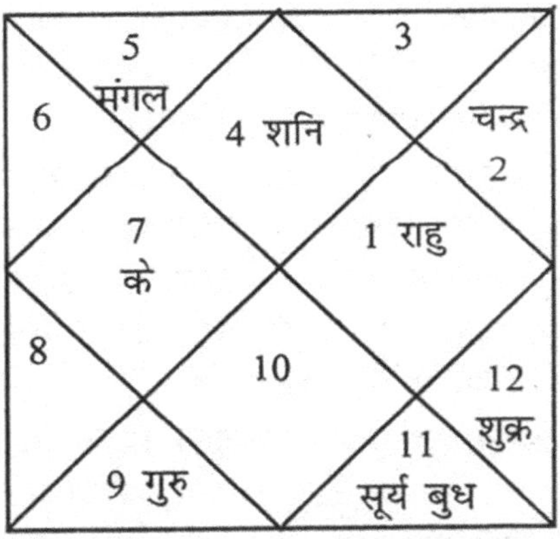


चोट में खराबी आई कि ठीक होने का नाम ही नहीं ले रही थी। घर वाले घर में फिर बाहर जाकर भी इलाज़ कराये टांग में पस पड़ गई आखिर उसे चीरा देना पड़ा। दो साल के बाद ही टांग ठीक हुई। यहां कुम्भ राशि, मारकेश सूर्य से प्रभावित है और उस पर मंगल की भी दृष्टि है। अत: उसे यह कष्ट सहना पड़ा। सूर्य और सूर्य राशि भी क्रूर प्रभाव में थी नाभि के साथ वाले पोर्शन में पथरी का ऑपरेशन हुआ। बुध इस कुण्डली का अकारक ग्रह है कन्या राशि गुर्दो की राशि है यहां बुध सूर्य के साथ है उस पर केतु और मंगल की दृष्टि है अत: यह पथरी गुर्दो में थी जिसका ऑपरेशन हुआ। अत: लग्न कोई भी हो सकता है उसमें यह देखना बहुत जरूरी है कि कौन सा भाव क्रूर ग्रहों से प्रभावित है और उस भाव में कौन सी राशि पड़ रही है। उपरोक्त लग्न में आठवें भाव में 11 वीं राशि है जो कि शनि की राशि है शनि एक तो मारकेश है दूसरा अष्टमेश भी इसी तरह सूर्य भी मारकेश है अत: दो मारकेशों के बीच में 11 वीं राशि प्रभावित हुई है।

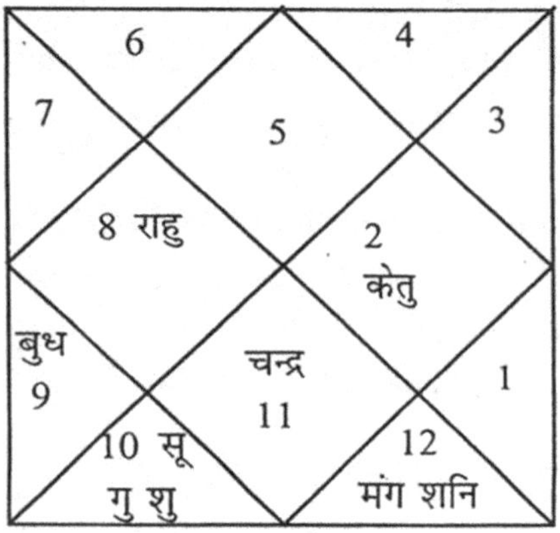

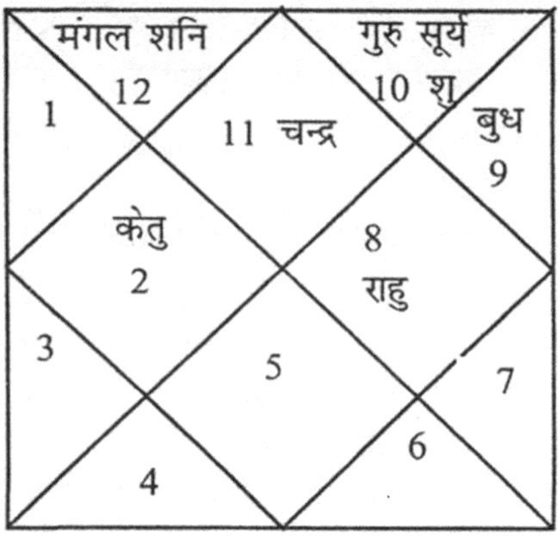


**( 12 ) मीन राशि**

12 वां भाव या 12 वीं राशि अगर क्रूर ग्रहों से प्रभावित हो तो पैरों पर प्राब्लम आती है।

लग्न के अनुसार लग्नेश सूर्य छटे भाव में दो शत्रुराशियों के बीच में घिरा है। गुरु भी, अष्टमेश मीन राशि का स्वामी होकर छटे भाव में नीच का है। और मंगल शनि से प्रभावित है। उस पर राहु की दृष्टि है चन्द्र कुण्डली से 12 वां भाव सूर्य से प्रभावित है और उस पर केतु की दृष्टि है। इस कुण्डली के स्वामी को 30 वर्ष तक शुगर रही अन्त में शुगर लाइलाज़ हो गई और उनके दोनों पैरों को काटना पड़ा फिर भी ठीक नहीं हुई और उनकी मृत्यु हो गई।

अंत में हम इतना ही कहेंगे कि लग्न, लग्नेश राशि अथवा राशि के स्वामी पर क्रूर ग्रहों का प्रभाव हो और उनका सम्बन्ध अष्टम, छटें या द्वादश भाव से हो तो व्यक्ति भयंकर बीमारी का शिकार हो सकता है। वैसे उसमें दशाओं का भी प्रभाव होता है पर कभी-कभी अन्तर दशा भी अनिष्ट करती है। उपरोक्त कुण्डली में सूर्य की दशा शनि के अन्तर में ही मृत्यु हुई है।

**स्वप्नः**- सपनों के लिए 12 वें भाव को देखा जाता है क्योंकि 12 का भाव नींद का होता है। आठवें भाव को भी देखें क्योंकि नींद के बाद व्यक्ति मृत्यु लोक में पहुँच जाता है और मृत्यु अथवा पाताल लोक का सम्बन्ध आठवें भाव से होता है। प्रायः सभी लोगों को सपने आते हैं। पर उनमें कितनी सच्चाई, कितने प्रमाण या सपनों का कोई अस्तित्व होता है यह कोई नहीं जानता। सपनों का अपना विज्ञान है। इसका स्वरूप 'अवचेतन मन' से जुड़ा है। रोजमर्रा की जिन्दगी में व्यक्ति के ख्याल पानी के बुलबुले की तरह बनते और मिटते रहते हैं। कुछ ऐसे रिश्ते होते हैं जिनका व्यक्ति चाहत में बदलना चाहता है। किसी के गुणों से प्रभावित होकर उसके नज़दीक आना चाहता है। कई लोग किसी वस्तु को पाने की क्षमता नहीं रखते। कोई व्यक्ति किसी खूबसूरत महिला पर आसक्त होता

है। पर वह धन से या योग्यता से, रूप से या अनोखी कला से डिज़र्व नहीं करता। कुछ रिश्ते ऐसे होते हैं जिन्हें हम पूरी लाइफ में नहीं पा सकते। जैसे भाई- बहन, पिता पुत्री, या बेटा, योगी-शिष्या आदि। डाक्टर फ्रायड कहते हैं कि अवचेतन मन'' में हर पिता अपनी पुत्री को चाहता है, हर भाई अपनी बहन को चाहता है हर मां पुत्र के गुणों पर मर मिटती है उसे कभी-भी अपने से अलग करना चाहती यहाँ तक वह यह भी नहीं चाहती कि उसका बेटा बहू के पास जाए। ऐसे केस तो मैंने खुद देखें है बेटा मां के कमरे में सोना पसन्द करता है और कभी-कभी मां के साथ ही होता है। पत्नी के पास जाता ही नहीं। कहने का तात्पर्य यह है कुछ रिश्ते या कुछ व्यक्ति की आकांक्षाए ऐसी होती है कि वह जिसे लोग वास्तविक जीवन में पूरा नहीं कर पाते उसे वे सपनों में पूरा करते हैं।

कभी-कभी दिन में जो बातें दिमाग़ में धुंधली होती हैं, पूरी नहीं होती वह सपने में पूरी हो जाती है। सवाल यह भी उठता है क्या सपने सही होते हैं? सपने कई प्रकार के होते हैं।

(1) वह सपने जो कल्पना की उड़ान भरने वाले होते हैं। आकाश में उड़ रहे हैं, समुद्रों में भी तैर रहे हैं खज़ानों में विचर रहे हैं। ऐसे व्यक्ति महत्वकांक्षी होते हैं पर लाचार। उनके बारहवें भाव में चन्द्र होता है।

(2) कुछ लोंगों का डरावने सपने आते हैं। कुछ उसे मार रहा है, कत्ल कर रहा उड़ा कर ले जा रहा है डरावने चेहरे सामने आ रहे होते हैं। ऐसे लोगों को लगता है कोई उसे या उसके परिवार को मार डालेगा। ऐसे लोगों के 12 वें भाव में मंगल और केतु होते हैं या फिर अकेला केतु। जिन जन्मपत्रियों में केतु होता है ऐसे लोगों को अज्ञात शक्तियों का भय रहता है, टोने-टोटकों का डर होता हैं। जिसमें मंगल साथ हो उन्हें यह डर रहता है कि उसका घर डाकू न आ जाए चोर न आ जाए, कोई उसकी या उसके परिवार की हत्या न कर दे। ऐसे सपने अर्थहीन होते हैं उनका कोई रिजल्ट नहीं निकलता।

(4) कुछ लोगों के सपनों का उल्टा रिजल्ट भी निकलता है जैसे किसी का सपने में अनिष्ट हुआ हो तो, दैनिक-क्रिया में उसका शरीर अथवा धन सम्बन्धी बचाव हो जाता है जैसे चन्द्र और केतु या सूर्य और केतु। ऐसे लोगों के हमेशा विपरीत फल होते है।

(5) जिनके सपने अर्थहीन और निराशा जनक होते हैं उनके 12 वें शनि जरूर होगा।

(6) अवैध कार्य करने वाले या काला धन जमा करने वाले लोगों को हमेशा विचित्र सपने आएंगे। कभी पुलिस उनके पीछे भाग रही है कभी लॉकअप में बन्द हो गए, कभी लिफ्ट में फंस गए कभी कोई ब्लाट हो गया। जिनको ऐसे सपने आते हों उनके 12 वें भाव में शनि मंगल या शनि राहु पड़े होते हैं ऐसे सपनों का अर्थ जरूर होता है। कई सपनों का हमेशा उलटा अर्थ निकलता है

या नुकसानदायक अर्थ होता है। ऐसे लोगों का 12 वें राहु होता है। ऐसे लोगों के साथ कभी धनहानि कभी मान हानि, कभी दिवालिया होने जैसी घटनाएं होती रहती हैं। जिन्हें इस प्रकार के सपने आते हैं। उन्हें एक तो सिरहाने पानी का लोटा भर कर रखना चाहिए दूसरा गायत्री मन्त्र का जाप करना चाहिए।

(5) जिनका लग्न शुभ हो चन्द्र की स्थिति अच्छी हो और 12 वें भाव में शुभ ग्रह पड़े हो तो उनके सपने सार्थक होते हैं। सूर्य से सरकारी लाभ एवं विजय और मान-सम्मान मिलता है। चन्द्र से अचानक लाभ और उनके सपने ज्यों के त्यों ठीक होते हैं। मेरे सपने ज्यों के त्यों सच होते हैं। यहां तक वाक्य भी वही होते हैं। ऐसे तो सैकड़ों उदाहरण हैं लेकिन

(1) कुछ उदाहरण चौका देने वाले हैं।

27 जुलाई की रात को शायद 28 मी. हो सकती है सपना आया मेरे पोते पिंकू ने फोन किया कि भाई हमारे फार्म अगरत में आ रहे हैं। सवेरे 28 जुलाई को सचमुच पोते का फोन आ गया, भाई 8 अगस्त को फार्म आ रहे हैं।''

(2) एक सपना आया 31 दिसम्बर 1995 को मैं किसी को कह रही हूं ''बिल'' में से लम्बे कीड़े निकलना कोई अच्छी बात नहीं। उसी सपने में ही एक और सपना आया कि कीड़ों का सपना अच्छा नहीं कोई न कोई अनिष्ठ होने वाला है। सवेरे पांच बाजे मेरी आँख खुली मेरे पति देव अस्पताल में थे। मेरी अशंका बढ़ चुकी थी मैंने फटा फट चाय बनाई, दो पीस उठाए और अस्पताल पहुंच गई। उन्होंने चाय पी और पड़ोसी- व्यक्ति के साथ हंसी मजाक की बातें करने लगे। वे पूर्ण-प्रसन्न और स्वास्थ्य नज़र आ रहे थे उन्हें बाथरूम जाना था मैं पकड़ने लगी तो उन्होंने हाथ छुड़ा लिया और बाथरूम चले गए मैं उनका सामना समेटने लगी नया साल था डा. से छुटी मांग ली थी बड़े डा. की अनुमति के लिए बैठे थे। मेरा बेटा आया बोला डैडी कहां है? मैंने कहा बाथरूम में, उसने कहा ओह हो वह बाथरूम गया तो वह मरे पड़े थे।

(3) हमारी शादी को दस दिन बचे थे मेरे पति देव ने अपना उपन्यास ''पठान का हृदय'' भेजा था मैंने उसे पढ़ा उसमें पति देव ने पूछा क्या शादी का मतलब जानती हो? ''नहीं'' उन्होंने कहा दो आत्माओं का मिलन'' यह वाक्य मुझे सपने में भी आ गया जब मेरी शादी हो गई तो उनका पहला वाक्य था ''शादी का मतलब जानती हो? ''नहीं'' ''दो आत्माओं का मिलन'' मैं हैरान रह गई?

(4) मेरा काम ज्योतिष का था। आये दिन ढेरों पत्र आते थे। एक रात सपने में 3 ''इनलैण्ड'' दिखाई दिये जो काफी महत्त्वपूर्ण थे। सवेरे किसी काम से मैं चली गई। वापस आई वो मैंने पूछताछ शुरू कर दी'' मेरे इनलैण्ड कहाँ हैं? किसी ने भी हामी नहीं भरी मैं एक दम जिद्द में आ गई।'' मेरे 'इनलैण्ड' ढूंढ़ो और घर के सभी मेम्बरों ने ढूंढना शुरू कर दिया। वह तीन ''इनलैंण्ड'' मिल

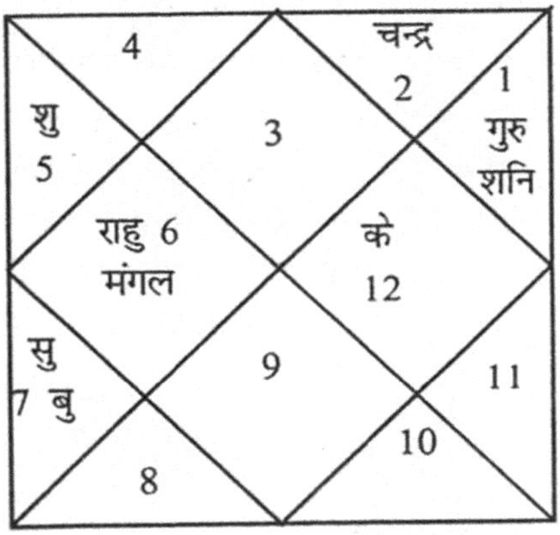


गए। यह बात 1980 की है उनमें 10 हज़ार का काम मिला था। सो मेरे सपनों का रिजल्ट ज्यों का त्यों होता है एक दम सच। कई बार तो नक्षत्रों का और ग्रह की स्थिति का भी असर होता है। कृत्तिका नक्षत्र का चन्द्र उतना सशक्त नहीं होगा। जितना कि रोहिणी और मृगाशिरा। रोहिणी नक्षत्र तो वैसे ही सर्वगुण सम्पन्न से युक्त है। एक तो चन्द्र, उपरोक्त जन्मपत्री और वाणी का मालिक दूसरा रोहिणी नक्षत्र का है उसकी युक्ति 12 वें भाव में है अत: वाणी और सपने दोनों ही सच्चाई का प्रतीक हैं। सपनों की अपनी दुनियां है अपनी सोच है यहां केवल हिन्ट मात्र ही दे पाये हैं। 12वें भाव के अनुसार अच्छे चन्द्र से अच्छे सपने बुरे चन्द्र से डूबने आत्मघात जैसे सपने आएंगे। मंगल से शक्ति एवं वीरता सम्बन्धी सपने आ सकते हैं। बुध से व्यापार और गुरु से अध्यात्म, दान, मन्दिर तथा अन्य शुभ कार्यक्रमों के सपने आ सकते हैं। शुक्र ऐश्वर्य, स्त्री सुख, संगीत, कला आदि से सम्बन्धित होता है अत: जिसका शुक्र 12वें में हो उसे हमेशा ऐशपरस्ती और ई-मेल से सम्बधित, शनि से फैक्टरी, खान, अच्छे शनि से जमीन दोज़ वस्तु कीमती पत्थर तथा अन्य कार्य सट्टा विष्टा गन्दगी, लाटरी आदि बातों के सपने आ सकते हैं। घटना की पहले सही जानकारी हो जाए ऐसे लोग या तो साधना करने वाले होते है। जिनका लग्न शुभ हो लग्नेश शुभ ग्रहों के प्रभाव में हो जिसके लग्नेश का सम्बन्ध पंचम भाव से हो 12 वां भाव शुभ हो और उसका स्वामी शुभ स्थिति में है।

इस सम्बन्ध में एक तो अमृता प्रीतम के सपनों के विषय में मुझे पूरी जानकारी है। रामकृष्ण परमहंस को भी काली देवी के सपने आते थे जो उन्हें कुछ करने को कहती थी भगवान श्रीकृष्ण ने भी वासुदेव को जन्म से पहले दर्शन दिया और वासुदेव-देवकी व द्वारपाल सभी अचेतावस्था में आए गए थे सुबह आँख खुली तो भगवान बाल रूप में विराज़े हुए थे। अमृता जी को बचपन से ही सपने आते थे। उन्होंने सपनों को लेकर एक पुस्तक भी लिखी है। मेरी जब उनसे भेट हुई, उसके बाद तो उन्होंने मुझे हर सपना सुनाया। उससे पहले जो उनको सपने आए थे उनमें भी दो-चार उन्होंने मुझे सुनाए मसलन शादी के-11 साल तक उनका बच्चा नहीं हुआ जब बच्चा होने की उम्मीद बनी तो उन्हें सपना आया कि एक गमले में खूबसूरत फल उग आया है और वह एक दम बड़ा हो गया और देखते ही देखते एक खूबसूरत बच्चे की शक्ल में बदल गया।

तभी उनके बेटे नवराज़ का जन्म हुआ। जब उन पर किसी ने मुकदमा किया उस वक्त भी सपने में किसी व्यक्ति ने उन्हें चिट्ठी पकड़ा दी और वह सपने में परेशान होकर कहती हैं मुझे ऐसी चिट्ठियों में कोई चाव नहीं वापस ले जाओ। ज्ञानपीठ पुरस्कार से पहले भी उन्हें अच्छे सगनों का सपना आया था। यह कुण्डली श्री राव द्वारा प्रेषित की गई है असली कुण्डली तो प्राप्त नहीं। उन्हीं के द्वारा घटनाएं और, समय के अनुसार बताएं गए कुछ बातों के आधार पर कुण्डली का निर्माण किया गया जो अक्षरशः सत्य है:-

(1) सन्तान लेट से होना

(2) बचनप में माता की मृत्यु

(3) बचपन से ही कविताएं लिखना और पढ़ना

(4) पुरस्कारों का मिलना

(5) डा. तथा अन्य खूबसूरत डिग्रयां प्राप्त जीवन के पहले पड़ाव में जोरदार संघर्ष व कई बार एक्सीडेन्ट व चोटें लग्ना। पूर्व जन्म की बातें याद होना।

(1) सन्तान भाव का स्वामी नीचे के मंगल के साथ है। पंचमेश और पंचम भाव पर राहु की पूर्ण दृष्टि से सन्तान लेट हुए और चोटें भी लगीं। दसवें भाव में राज सरकारी का स्वामी सूर्य अपनी राशि में ही है पराक्रमेश और सुखेश शनि सूर्य के साथ है। जन्म पत्री से सपनों का अध्ययन कैसे करें? या किस लग्न या किस ग्रह से सम्बन्धित व्यक्ति को कैसे सपने आएंगे उनके सपनों के रिजल्ट क्या होंगे।

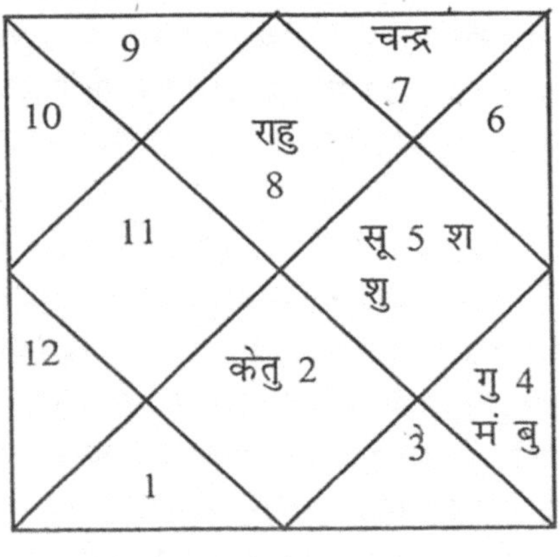


सपने हमेशा नींद के बाद होते हैं। और नींद का भाव होता है वारहवां। क्योंकि यह भाव, मोक्ष, यानि छुटकारा, यानि दिनभर की समस्या से राहत इसलिए नींद को 12 वें भाव से जोड़ा गया है। यह भाव जैसा होगा, जिन ग्रहों से प्रभावित होगा या जिस ग्रह से ताल्लुक वाला भाव होगा या किस भाव से प्रभावित ग्रह से जुड़ कर 12 वें भाव पर प्रभाव डाल रहा होगा।

कहने का तात्पर्य यह है कि 12 वां भाव जैसा होगा वैसा फल मिलेगा। इस भाव का पूर्ण जन्म से भी रिलेशन है अतः सपने कई बार पूर्व जन्म से भी टकरा कर आते हैं।

सपने कई प्रकार के हो सकते हैं।

(1) जो दिन में सोचा, रात को उसी बात का सपना आये या उसी विशेष का सांकेतिक हो।

(2) जैसा सपना देखा सुबह वैसे का वैसा उसका रिजल्ट सामने आ गया।

(3) सपने का नतीज़े का खाली हिंट मिलना

(4) संकेत रूप में कोई शुभ समाचार या मनवांछित फल की प्राप्ति।

ऐसे सपने उन लोगों को आते हैं जिनका लग्न शुभ हो जिन्हें पूर्वाभास होता है। हर घटने वाली सपनों का भाव यानि 12 वें भाव का स्वामी शुक्र है और उसमें उच्च चन्द्र भी विद्यमान् हो। तो अच्छे सपने आना और उसके रिजल्ट भी ठीक होना लाज़िमी है।

जिनकी कुण्डली धन लग्न की हो और 12 वें भाव में शनि और केतु। उन्हें या तो मरे हुए लोगों के सपने आते हैं या डरावने सपने आते हैं। कभी-कभी इष्ट सिद्धि करने वाले को चाहत के अनुसार सपने आते हैं। मेरे चाचा जी ने हनुमान की सिद्धि की थी। वह जो बोलते सच होता अकसर तो उन्हें पूर्वानुमान इल्हाम आता पर कभी-कभी कोई सवाल खुद से करने पर उन्हें दिक्कत आती। तब उन्हें हमेशा ही ऐसा सपना आता जिसमें उन्हें वांछित उत्तर मिल जाता। कई बार उन्हें रक्षात्मक इल्हाम भी आते थे। वे हर मंगलवार व्रत रखते और चटाई पर सोते थे। एक बार दादी ने किसी कार्यवश व्रत न रखने को कहा पर चाचा जी नहीं माने रात को लगभग चार बज़े उन्हें सपना आया कि उनके आसपास सांप किसी रूप में घूम रहा है उसके 10-15 मिनट बाद दादी जी भी उसे उठाने आ गई उसने चाचा जी को नाम से पुकारा "उठ सांप है" चाचा जी उठे। सांप नदारद। उस दिन पूरी छत, सीढ़ियां कमरे सब कुछ छान मारा पर सांप का नामोनिशान नहीं सभी ने दादी को भ्रमित करार कर दिया कुछ देर बाद फिर सबने सांप को सीढ़ियों की ओर जाते देखा जैसे ही सब लोग दौड़े साँप फिर गायब। मैं 8-9 साल की रही होऊंगी मैंने ऊपर जाना बन्द कर दिया डर ऐसा लगा की शौच भी नहीं जाती। उस जमाने शौच ऊपर की छत पर जाते थे चार पांच दिन बाद छत पर सांप के चार पांच टुकड़े पड़े थे। सारे इस करिश्में से हैरान थे उसके बाद चाचाजी को कभी किसी ने कोई काम करने को मज़बूर नहीं किया। उनकी सिद्धि का रंग बहुत गहरा होता गया। उनकी विशेषत: यह थी कि उन्हें हर सवाल का उत्तर सपने में मिलता था। उनका एक दोस्त था जो मैट्रिक की परीक्षा में कई बार फेल हो चुका था वह भी अंग्रेजी में। मेरे चाचाजी हिसाब और अंग्रेज़ी के मास्टर थे। अंग्रेजी के पेपर वाले दिन दोस्त ने निबन्ध के बारे जानना चाहा। चाच जी ने कहा कल बताऊंगा। रात को सोये प्रभात को सपने में बकायदा बोर्ड पर लिखा आ गया" "दि जगलर शो" चाचा जी उठे और दोस्त को कह दिया बस इसे ही याद कर लो। और सचमुच वही ऐसे ही आया। आईये जाने सपने का सच्च और कारण:-

(1) बारहवें भाव का स्वामी भंगल जो हनुमान का प्रतिरूप है। पाचवां भाव मेडिटेंशन का और पूर्व जन्म से सम्बन्ध रखने वाला ग्रह है। उसका स्वामी भी

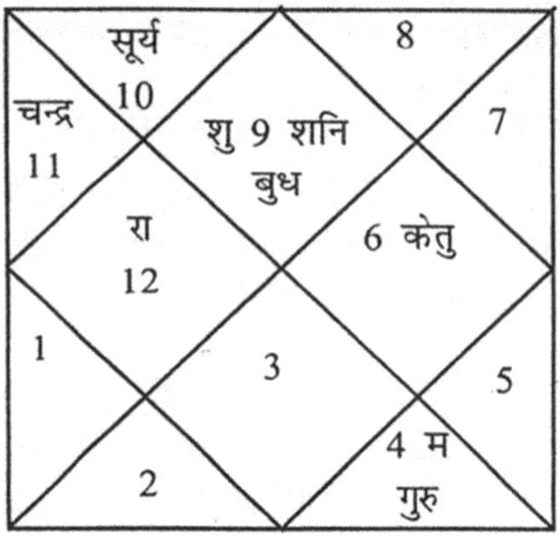


मंगल है। मंगल के साथ लग्नेश गुरु विराजमान हैं जो नीच भंग राज योग का संकेत भी दे रहे हैं। यह योग साफ दिखाई दे रहा है सपने और उससे ताल्लुक रखने वाले ग्रह और स्वरूप। गुरु 12 वें भाव को देख रहा है चतुर्थ भाव को भी हनुमान की शक्ति इस जन्म की नहीं पूर्व जन्म से ही प्राप्त है। अत: कभी भी किसी व्यक्ति या ज्योतिषी को 12 वें भाव को नज़र अन्दाज़ न करे और न ही मामूली समझे। लग्नेश का सम्बन्ध 12 वें और पंचम भाव से हो तो निश्चित रूप से उसकी बात सच होती है।

# कारोबार

वैसे तो कारोबार की व्याख्या करना बहुत कठिन है। दुनियां में लाखों तरह के कारोबार हैं जिनकी समाई बारह भावों में नहीं हो सकती फिर भी मुख्य विषय जो भक्ति के साथ किसी न किसी रूप में जुड़े होते हैं उनकी व्याख्या तो की जा सकती है। कारोबार में ग्रहों का अहम् रोल है। हर ग्रह के अन्दर किसी न किसी विषय की क्षमता जुड़ी होती है। ज्यादातर कारोबार ग्रहों के स्वभाव, रंग, ऊंच-नीच, मान-अपमान से भी जुड़े होते हैं।

सूर्यः- गुण-प्रकाश मान, राजा, पेड़-पौधे, जड़ चेतन जीव-जन्तु, मनुष्य, देवता सभी का जीवन दाता सूर्य है सूर्य न हो तो अन्धकार ही अन्धकार हो और जीवन वही थम जाए। सूर्य का काम है, पकाना, सुखाना ताकत प्रदान करना। जड़ी, बूटियों के विकास में सूर्य का ही प्रताप है। लकड़ी, खनिज़, अन्न, रोगों के इलाज़ में सूर्य का बहुत हाथ है। इसलिए सूर्य से जुड़े व्यापार लकड़ी का काम, आयुर्वेदिक जड़ी बूटियां, आर्टीफिशल, लाइट और ऊर्ज़ा का निर्माण, रंगों का निर्माण, कमज़ोर अथवा मृत-प्राय शरीर का तापमान देना स्लम एरिया में रोशनी द्वारा सीलन और कीटाणुओं का नाश करना आदि अनेकों कार्य हैं। सूखे मेवे, सूखे अन्न, सूखे मसाले पानी सुखाना कपड़े सुखाना, वर्षा के जल को सोखना सब सूर्य को मेहरबानी है।

इसके अतिरिक्त सूर्य सम्बन्धी नौकरियां या अन्य कार्य। संचालन शक्ति, सरकारी कार्य, नेता गिरि, मन्त्रीपद, राजा का पद, उच्च पदवियां, राष्ट्रपति, मुखिया, घर का मुखिया, उच्च शिक्षा, राजनायिक राजनेता, उच्चायोग, डेलीगेशन, सरकारी कोटे, मकान निर्माण में सरकारी सहयोग, विकास, पैदावार, आयात-निर्यात, एक देश का दूसरे देश से कारोबार आदि हज़ारों कार्य हैं जो सूर्य से जुड़े या सूर्य से प्रभावित कार्य हैं। सूर्य के राशि गत कार्यः-

मेष राशि गत सूर्य होने से व्यक्ति उच्चपदाधिरी, सैन्य विभाग, बिजली, सौर ऊर्जा आदि सम्बन्धित कार्य होते हैं।

वृष राशि गत सूर्य में कला, सौन्दर्य, वाणी द्वारा सिनेमा में कार्य करने की सम्भावना होती है। वृष राशि के सूर्य में पशु पालन विभाग में भी जब हो सकती है। नेत्र विशेषज्ञ भी हो सकता है। मिथुंन राशि के सूर्य में पराक्रम सम्बन्धी कार्य,

उत्साह और मेहनत द्वारा जीवन बनता है यानि शारीरिक श्रम द्वारा भाग्योदय।

कर्क राशि का सूर्य सरकासी लाभ, सैन्य लाभ राजनैतिक नेताओं से लाभ सरकारी ठेके भी मिल सकते हैं।

सिंह राशि के लोग ज्यादातर नौकरी में रुचि लेते हैं। इनके काम भवन निर्माण, दलाली, ठेकेदारी कमीशन आदि के कार्य। सोने से सम्बन्धित कार्य कन्या राशि से व्यक्ति- वाणी द्वारा धन कमाता है। तर्कशील, वाद-विवाद, मुकद्दमें बाजी, साज सज्जा तुला राशि लग्न के सूर्य से प्रभावित- सरकारी कार्य करते हैं। कलर्क से लेकर मैनेजर तक नौकरी से लेकर जज तक, ग्रहों की शुभ-अशुभ अनुसार करते हैं। सरकारी Interar Decorator. वृश्चिक राशि में सूर्य इन्जीनियर, इलेक्ट्रिसिटी विभाग भवन निर्माण, सरकारी ठेके बिल्डिंग मटिरियल का काम इनके लिए उपयुक्त होता है।

धन राशि के सूर्य के लिए पठन-पाठय, लेक्चरर, शिक्षा विभाग, लेखक , ग्रन्थों की खोज़ व अध्ययन पडित गिरि, मन्दिर कार्यों से या परोपकारी कार्यों से जुड़े होते हैं।

मकर राशि के सूर्य से- ठेकेदारी, एयर कमीशन ''लग्ज़री गुडस'' सरकारी भवनों का निर्माण और ठेका कुम्भ राशि- के सूर्य से गुप्तचर विभाग, चिकित्सा विभाग सेक्रेटरी, असिस्टैंट मैनेज़र बैंक आदि में कार्य उपयुक्त हैं। स्टोन आदि कार्य भी ठीक हैं। मीन राशि के सूर्य वालों के लिए- जलीय तट से सर्म्बधित कार्य। नैवी में आफिसर, समुद्री जहाज़ द्वारा व्यापार पानी सम्बन्धी कार्य।

चन्द्र से जुड़े हुए कार्य- चन्द्र भावना प्रधान कल्पनाशील और जलीय ग्रह है।

चन्द्र से आयुर्वेद, शरबत, तरल पदार्थ, पानी से सम्बन्धित कार्य-गोताखोर, कवि, कविता, गीत, संगीत सौन्दर्य एवं सजावट जिसमें कल्पना सम्बन्धी काम हो। चाँदी का व्यापार, सट्टा, शेयर, दलाली लॉटरी उच्च के चन्द्र से दूध और उसके प्रोडक्ट के कार्य, मोती और उसके आभूषण, सफेद वस्तु और कपड़े का व्यापार समुद्री वस्तुओं का व्यापार। अगर चन्द्रमा वृश्चिक का या दूषित हो तो शराब के ठेकेदारी अफ़ीम का कारोबार भी कर सकते हैं। ऐसे लोगों का भाग्य जल-तटीय क्षेत्रों में होता है। मंगल- खून की शक्ति का परिचायक है कई विद्वान् इसे अग्नि ग्रह मानते हैं और कई इसे ऊर्जा शक्ति से उड़ने वाला ग्रह कहते हैं। मंगल से सम्बन्धित कार्य, सैन्य वल, एयरफोर्स, एयरवेज सम्बन्धी कार्य, आग से सम्बन्धित कार्य, अग्नि से तैयार किये औजार, ताँबे की वस्तुओं का कारोबार डाक्टर, केमिस्ट (चन्द्र मंगल) फिल्मी लाईन (मंगल शुक्र) नकली प्रोडक्ट (मंगल शनि) टी. वी. फ्रिज़, लेपटॉप प्रेस, मोबाइल, गीजर, पंखे, ए. सी. कूलर इन सब का कनेक्शन और किसी ग्रह के साथ हो या न हो मंगल के साथ जरूर होगा। क्योंकि हर वस्तु में बिजली की ज़रूरत होती है। मंगल हनुमान प्रतीक हैं और उसे पवन पुत्र कहा जाता है अतः जो वस्तु आकाश से सम्बन्धित है वहां

भी मंगल की प्रधानता रहेगी जैसे आन्तरिक्ष यात्री, अन्तरिक्ष यान, हवाई जहाज़, रॉकेट, हेलीकोप्टर सभी से मंगल का सम्बन्ध।

मेष के मंगल से सैन्य एवं शक्ति प्रदर्शन प्रशासक वृष के मंगल में व्यक्ति डाक्टर होता है आंखों का सर्जन भी हो सकता है इसके इलावा केमिस्ट और दवाई की फैक्टरी भी लगा सकता है।

मिथुन और कन्या के मंगल में व्यक्ति झगड़ालू, मुकद्दमेबाज होता है अत: वकील, आन्दोलन करने वाले, इनके मुकद्दमे क्राइम से सम्बन्धित होते हैं। वे केल्कुलेटिव होते हैं बही खाता लिखने वाले तुला के मंगल के कार्य:- कला कारिता, सौन्दर्य प्रसाधन, फिल्मी कार्य खास कर फोटोग्राफी इलैक्ट्रॉनिक और लग्ज़री सामान का व्यापार, विवाह शादियों की डेकोरेशन टैण्टहाऊस, होटल, रेस्टोरेण्ट, ''पब'' और जुआखाना हो सकता है।

वृश्चिक का मंगल- में भी व्यक्ति डा. हो सकता है सर्जन हो सकता है। ऐसे लोग गुप्त बिमारियों व क्रोनिक बीमारी के विशेषज्ञ होते हैं। यह गोताखोर भी हो सकते हैं समुद्र में पाये गए जीव तथा अन्य वस्तुओं का अध्ययन कर सकते हैं खास कर कीट और खतरनाक जन्तुओं पर इनकी अच्छी पैठ हो सकती है। ये प्रशासनिक, संचालक और कन्ट्रोलर हो सकते हैं।

धन का मंगल- धार्मिक क्षेत्र में काम, मन्दिर का निर्माण मूर्तियां बनवाना या बनाना, त्योहारों पर फर्जी मूर्तियां बनाना। धार्मिक क्षेत्र में मन्दिर से सम्बन्धित वस्तुओं का व्यापार भी कर सकते हैं। जिन की जन्म कुण्डली में मंगल शक्तिशाली हो तो उन्होंने हनुमान की स्थापना करनी चाहिए उसी रास्ते से उनका कारोबार विस्तृत होगा।

मकर और मंगल के मेल से लोहे और अग्नि से सम्बन्धित कारोबार में फायदा है। जैसे पुर्जे बनाना खुदाई का काम, ढलाई का काम या अन्य किसी वस्तु को बनाना और बेचना। मकर में अगर मंगल हो तो होटल का निर्माण करके खान-पाने का कारोबार हो सकता है। कुम्भ में भी मकर जैसी स्थिति हो सकती है पर उसमें खाना-पीना न हो कर केवल पीने का कारोबार हो सकता है। जहां शराब या अन्य पेय पदार्थ हो। थोड़ा बहुत नमकीन का कारोबार भी कर सकते हैं।

अगर मंगल मीन में हो तो किसी धार्मिक स्थान जो कहीं नदी किनारे हो वहां पर भगवान की पूजा सामग्री, फूल, सिन्दूर कपूर केसर आदि का कारोबार अच्छा चल सकता है। उपरोक्त योग के साथ-साथ और भी बातें देखनी होती हैं। कई पढ़ाई लिखाई और लिखने और छापने का काम भी करते हैं। उनके जन्म लग्न में गुरु, मंगल और शनि की प्रमुखता और उच्चता जरूर होनी चाहिए।

मेष राशि में बुध हो तो व्यक्ति दलाली, कमीशन बोली लगाने का काम करता है बुध और मंगल का मेल एकाउटेंसी के काम में माहिर होते हैं। लेखा-जोखा रखने में और किताब को तरकीब वार रखने में माहिर होते हैं। किसी

की जन्म कुण्डली में सूर्य बुध के साथ मंगल की शुभ युति हो तो व्यक्ति चार्टर एकाउन्टेनट होता है। बुध की युति वृष राशि में हो तो उसका रूझान गायन विद्या में होता है। ऐसा व्यक्ति कला से जुड़े या टी. वी. सिनेमा से जुड़े कार्य करे तो उसको सफलता मिलेगी। या फिर विडियो टी. वी. लाउड स्पीकर। ऐसा काम जिसमें आवाज़ का सम्बन्ध हो रेडियों स्टेशन अथवा T. V. सेन्टर पर गाने का काम भी हो सकता है।

मिथुन राशि का बुध हो तो व्यक्ति बहुत बड़ा प्रवक्ता हो सकता है। वाणी द्वारा धन कमा सकता है। बोली लगा कर कीमत तय कर सकता है अगर मिथुन राशि में बुध के साथ मंगल भी हो तो व्यक्ति मैथ में माहिर होता है। बुध की स्थिति कर्क में हो तो व्यक्ति फल फ्रूट, फूलों का व्यापार, सब्जी अथवा अन्य हरी सब्जियों का व्यापार कर सकता है। बुध कर्क राशि में हो या चन्द के साथ हो तो व्यक्ति फ्रूट-जूस का कारोबार कर सकता है। हरी सब्जियां साग, फ्रूट, रस, गन्ने का तथा अन्य पेय पदार्थों का कारोबार भी ठीक रहेगा।

बुध सूर्य की राशि में हो तो व्यक्ति बैंक में कार्य करने वाला होता है, सूर्य उच्च का हो तो बैंक में उच्चाधिकारी होता है। सूर्य-बुध की युति से व्यक्ति टीचर लेक्चरर हो सकता है अगर इनका सम्बन्ध गुरु के भी साथ हो। कन्या राशि का बुध हां और गुरु के प्रभाव में हो तो व्यक्ति कानून से सम्बन्धित कार्य करता है उच्च पद प्राप्त करता है बुध अगर तुला में गया हो तो व्यक्ति व्यापारी होता है, प्रोफैशन होता है गाने लिखने फिल्म की कहानी लिखे तो उसमें सफल होगा अगर तुला राशि में बुध के लिए शुक्र और चन्द्र भी हो तो वह अभिनय के क्षेत्र में प्रसिद्धि पा सकता है वृश्चिक राशि में बुध हो तो व्यक्ति प्रकाशक होगा लिपिक होगा पुस्तकों का व्यापार कर सकता है धनराशि का बुध हो तो व्यक्ति सरकारी कार्य में रत होगा या तो उसकी नौकरी सरकारी हो सकती है या सरकार से जुड़े हुए ऐसे कार्य करेगा जो होंगे तो स्वतन्त्र लेनिक पैसा वह सरकार से वसूल करेगा। बुध के साथ अगर गुरु भी हो तो व्यक्ति धार्मिक ग्रन्थों को छापेगा, लिखेगा और वितरण भी करेगा।

मकर राशि का बुध लोहे, पैट्रोलियम, खदान सरकारी ठेके, बिल्डिग मटिरियल कलाकार और धार्मिक स्थलों के निर्माण के ठेके ले सकता है। कुम्भ राशि का बुध इन्जीनियर, आर्किटेक्ट और नक्शे बनाने के काम का ठेका ले सकता है। अगर बुध के साथ-साथ शुक्र भी हो तो इन्टीरियर डेकोरेटर हो सकता है मीन का बुध समुद्री व्यापार, जहाज़ से सम्बन्धित कार्य, दिशा, निर्देशन, रास्तों के मैप और की बोर्ड बना सकता।

गुरु- मेष राशि में गुरु हो तो व्यक्ति किसी धर्मशाला, या मठ का निर्माण कार्य कर सकता है। उसमें क्या-क्या होना चाहिये। उसका निर्देशन भी कर सकता है।

वृष का गुरु यक्ति संगीत, संगीत से सम्बन्धित विडियों का निर्माण कर सकता है यदि वृष राशि के साथ शुक्र का भी प्रभाव हो तो व्यक्ति टी. वी. फिल्म लाइन के द्वारा-संगीत निर्देशन, संगीत से सम्बन्धित साज़ अथवा घुनों का निर्माण कर सकता है।

मिथुन का गुरु- कथा वाचन के साथ-साथ गीत-संगीत का भी प्रयोग करेगा। राज सरकार से प्रशस्ति पत्र भी प्राप्त कर सकता है। कर्क राशि का गुरु परोपकार के काम, जनता के हितों का ध्यान रखने वाला वैज्ञानिक, खोज करने वाले काम तथा देश-विदेश में धर्म का प्रचार करने वाला हो।

सिंह का गुरु ध्यानी ज्ञानी, समाधि लगाने वाला अथवा योग गुरु हो सकता है।

कन्या का गुरु वकील, जज, प्रवक्ता, वैज्ञानिक अगर उसका कनेक्शन मंगल के साथ हो तो वह जड़ी बूटियों की खोज, उनकी पहचान तथा उनके टेस्ट के लिए लैब सम्बंधी कार्य कर सकता है। तुला राशि का गुरु पोंगा पंडित दोहरे चरित्र वाला, गुरु होने का स्वांग रचना अन्दर से अय्याश ऊपर से महाज्ञानी साधु, पंडित और अध्यात्मवाद का प्रचार करता है और काले धन्धे भी कर सकता है। वृश्चिक राशि का गुरु ध्यानावस्था में लीन योग साधना, योग सिखाना विशेष कर जो लोग खेलों से जुड़े हो या, फोर्स से जुड़े हों धन राशि का गुरु प्रकाण्ड पंडित, प्रचारक, प्रवक्ता धर्म गुरु, महन्त, साधक और महाज्ञानी होगा। वह ऐसी संस्था का संचालक और उच्चशिक्षा और चरित्र का निर्माण कर्ता हो जैसे गुरु कुल या शान्ति निकेतन मकर का गुरु गहरी समाधि में जा सकता है। ऐसा व्यक्ति धार्मिक कार्य के संचालक में भी रुचि रखता है। वह धार्मिक कार्य में काम करेगा पर उसमें उसका ध्येय सेवा करना कम धन कमाया ज्यादा होगा। मकर के गुरु से सम्बन्धित लोग बड़े-बड़े बैनर, बोर्ड लगा कर अच्छे कार्य परोपकार या लाभ की बातें करके, झांसा देकर लोगों को लूट लेंगे।

कुम्भ का गुरु- योग केन्द्र, आयुर्वेद्धिक संस्थान आयुर्वेद्धिक दवाईयों का निर्माण या उनका व्यापार कर सकता है। जैसे हमदर्द दवा खाना ''वैद्यनाथ'' या जैसे डाबर या अन्य च्यवनप्राश का निर्माण अथवा व्यापार कर सकता है। मीन का गुरु तो चलते फिरते प्रचार, धार्मिक कार्य लोक कल्याण के संस्थानों में कार्य रत्त विवेकानन्द जैसे देश-विदेश में उपदेश देने वाला हो सकता है।

## शुक्र से सम्बन्धित कार्य

शुक्र सौन्दर्य, कला, सुरा, सुन्दरी, साज़ संगीत सेक्स और सज्जा का प्रतीक है। वह जिस भी राशि में बैठेगा अगना प्रताप जरूर दिखायेगा। अत: शुक्र से सम्बन्धित कार्यों का सम्बन्ध तो किसी न किसी भोग से ही होगा पर राशियों

के हिसाब से थोड़ा बहुत अन्तर तो होगा।

जैसे मेष राशि का शुक्र सुन्दर भवन निर्माण फिल्म जगत् के निर्माण, घरों की सजावट और उसमें क्या-क्या कहां हो? इन बातों का कार्य करने वाला होगा।

वृष का शुक्र ज्योतिषी, संगीत प्रेमी, कलाकार गायक कुछ भी हो सकता है।

मिथुन का शुक्र स्त्रियोचित कार्य में ज्यादा रुचि लेगा। स्त्री को सज़ाना, स्त्री का डांस, संगीत की विद्या देना। अगर शुक्र की स्थिति या लग्न की स्थिति खराब हो तो स्त्री से गलत काम कराने का काम भी कर सकता है जैसे आज कल ''काल गर्ल नाम दिया जा रहा है। इसकी दलाली ऐसा काम कन्या लग्न वाले भी कर सकते हैं। मिथुन में शुक्र पेन्टर था चित्रकार भी हो कर्क लग्न वाले- संगीत प्रेमी कवि लेखक और प्रचारक हो सकते हैं। सिंह लग्न का शुक्र वैद्य राज, ज्योतिषी, योग-संगीत कार्यालय का संचालन कर सकता है। तुला का शुक्र तो साक्षात काम देव का रूप होगा। अत: माडलिंग डांस, अभिनय चित्रकार कुछ भी बन सकता है। वृश्चिक राशि का शुक्र अर्किटेक्ट, डेकोरेटर, कम्प्यूटर इन्जीनियर, भवनों का निर्माण करने वाला पानी के जहाज़ में क्लब, पब एवं, और टेबल सजाने का काम कर सकता है या जो पार्टियां होती हैं। उनका पानी की सतह पर बने होटल या समुद्री जहाज़ में इन्तज़ाम करने वाला हो सकता है।

धन राशि का शुक्र इस्कान जैसे मन्दिरों का निर्माण कर सकता है। धार्मिक मूर्तियों को सजाना उनके गहने, साज़ सज्जा, भगवान वस्त्र उन मन्दिरों के अन्दर की चित्रकारी जैसा काम कर सकता है।

मकर और कुम्भ राशि का शुक्र तो बस यही कर सकता है "Eat drink and be marry" या जुआ खाना, क्लब, स्त्री सम्बन्धी धन्धे और कार आदि बनाने का काम कर सकता है।

मीन राशि का शुक्र कोई बहुत अच्छा नहीं माना गया क्योंकि मीन राशि में इसे अकारक ग्रह मान गया है। मीन राशि से सम्बन्धित व्यक्ति ऐश तो कर सकता है। खास कर फ्री का खाना पीना होटलों की सैर करना पर ऐसा व्यक्ति धन नहीं कमा सकता अत: मीन राशि से सम्बन्धित लोग या तो नौकरी करें या अगर पैतृक कार्य हो तो वह करें।

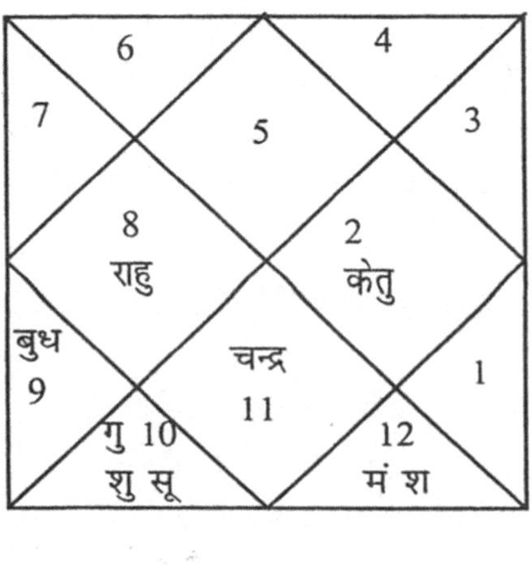


शनि के विषय में ज्यादातर नौकरी की ही बात सोची जाती है। पर शनि अगर व्यापार से जुड़े तो व्यक्ति के

वारे न्यारे हो जाते हैं। वैसे तो शनि से जुड़े कई व्यापार हो सकते हैं पर मुख्य कारोबार जो आमतौर पर लोग अपनाते हैं उनका ब्यौरा हम यहां दे रहे हैं।

शनि अगर मेष राशि में हो तो व्यक्ति मेकैनिकल इन्जिनियर, पुर्जे बनाने का काम स्टील के बड़े-बड़े प्लांट, कोयला, लोहा सीमेंट बदरपुर तथा अन्य 'बिल्डिंग मैटिरियल' खनिज पदार्थ पत्थर काली वस्तुएं, तेल, सरसों एवं डुप्लीकेट कार्य कर सकते हैं।

वृष राशि के शनि में वह वस्तुएं जो लोहे या स्टील की हों पर उनका कनेक्शन सजावट से हो जैसे घर में ग्रिल, खूबसूरत गाड़ियां, जहाज़ पेन्ट, घर में White wash का सामान रोजमर्रा के काम आने वाले औजार।

मिथुन राशि- का स्वामी बहुत ही शुभ और महत्व पूर्ण है। एक तो उसकी मूल त्रिकोण राशि का स्वामी है दूसरा उसका अति मित्र भी। अतः मिथुन के शनि से दलाली, शेयर, ''आड़ती'' नीलामी, हर तरह का व्यापार चाहे वह शनि से रिलेटिड या बुध से रिलेटिड हो वो सब कामयाब होते हैं।

कर्क के शनि में व्यक्ति अच्छा प्रोफैशनल, राजनैतिक कार्यों से लाभ, जनता से सम्बन्धित कार्य नेतागिरी और चलते फिरते कार्यों के लिए तो शुभ है पर पर व्यापारिक दृष्टि से ज्यादा फायदेमन्द नहीं। क्योंकि कर्क लग्न में शनि मारकेश और अष्टमेश है जो कि पूरी तरह अकारक है। वैसे जमीनों से सम्बन्धित पैट्रोलियम या पैट्रोलियम इंजीनिंयर, मिट्टी का तेल सफेद पेन्ट, शेयर समुद्र या पानी से सम्बन्धित नौकरी या समुद्री व्यापार भी हो सकता है अगर चन्द्र, शनि का कानेक्शन केतु से हो तो समुद्री रास्ते से अवैद्य कार्य कर सकते हैं। ''सिंह'' लग्न के लिए भी शनि कोई खास लाभ नहीं दे सकता क्योंकि एक तो छठे घर का स्वामी, सप्तमेश (मारकेश) है साथ ही सूर्य (सिहं का स्वामी) का परम शत्रु ग्रह है। फिर भी सूर्य के बिना कोई गति नहीं क्योंकि लोहे जैसे सख्त मेटल को केवल सूर्य यानि आग ही बना व सवार सकती है। लोहा बनाना, लोहा पिघलाना और सही 'शेष' देना सूर्य का काम है। अतः सूर्य राशि में होने से व्यक्ति तो Disturb हो सकता है पर कार्य नहीं। इन्वेटर, मीटर, वैटरी, चार्जर आदि कन्या में शनि वैसे तो अच्छा है, पर कन्या राशि नंपुसक है। फिर शनि उसमें विराज़मान हो तो वह भी नंपुसक हो जाती है। अतः ऐसे लोगों के लिए श्रम और बोझिल काम उपयुक्त नहीं इन्हें तो कुर्सी पर बैठा कर हुकम चलाने का काम कराना चाहिए। इनके लिए प्रापर्टी के लेन-देन, दलाली, ब्याज़ पर पैसा देना, कमीशन खाना, मकान बनवाना और बेचना होटल या रेस्टोरैण्ट सम्बन्धी कार्य, सिलाई का काम ''टेलर ऐण्ड ट्रापर'' जुआ, सट्टा शेयर खरीदना बेचना।

तुला- तुला में शनि उच्च का है। इसके भी वृष की भांति सौन्दर्य, सजावट घर की रिपेयरिंग। इन्टिरेयर डेकोरेशन तथा लोहे के खूबसूरत फर्नीचर तथा घरेलू साज़ सज्जा का सामान या White wash आदि। शुक्र शनि का परम मित्र है।

अत: सुन्दरता से सम्बन्धित कार्यों में शनि का काफी योगदान रहा है क्योंकि उसके सहयोग बिना कोई भी वस्तु नहीं बन सकती।

वृश्चिक का शनि:- खराद, जंक, कबाड़ी, लोहा पिथलाना, "क्रेन" सम्बन्धी कार्य, गोताखोरी समुद्र में रिसर्च एवं अध्ययन, नैवी मरचैन्ट, नैवी इन्जिनियर, समुद्र से सम्बन्धित वस्तुओं का व्यापार मुख्य कार्य Under ground से ताल्लुक रखने वाले, 'गुरिल्ला वार', छापा मार आदि।

धन का शनि अति शुभ माना गया है। वैसे तो गुरु और शनि का आपस में कोई तालमेल नहीं फिर भी गुरु और शनि का मेल कई नए करिश्मे पैदा करता है। अध्यात्म गुरु, योग गुरु, प्राचीन ग्रंथ, वेद पुराण और पौराणिक युग और उसकी संस्कृति सम्बन्धी अध्ययन, टीचर, प्रोफेसर, प्रवक्ता, पत्रकार स्कूल-कालेज़ का निर्माण या संचालन, परोपकारी संस्थान! यतीम खानों की मदद जैसे काम हो सकते हैं। पुरातत्व, या पुरान वस्तुओं से भी इनका गहरा सम्बन्ध होता है।

मकर और कुम्भ के शनि में वह सब कुछ हो सकता है जो ऊपर वर्णित हो चुका है। हां थोड़ा दोनों के स्वभाव में अन्तर होने से मकर और शनि के कार्य अलग रहेंगे। मकर-मकार दा धोखेबाज़ और चालाक हो सकता है जबकि कुम्भ शनि का शनि योगा और चिन्तनशीलता से सम्बन्धित है अत: मकर और शनि के कार्यों में थोड़ा फर्क रहेगा। मकर श्रमिक कामों के लिए उपयुक्त होगा जबकि कुम्भ, सोच शक्ति, मानसिक कार्यों और काल्पनिक कार्यों के लिए उपयुक्त है। योगा एवं समाधि केन्द्र भी खोले जा सकते है। खाने-पीने की वस्तुएं, तलने वाले पकवान तथा नमकीन वस्तुओं का कारोंबार किया जा सकता है।

नोट- यह बात हम पहले भी कह आये हैं कि 12 राशियों में कारोबार वर्णित नहीं हो सकते। अत: मनुष्य कार्य 'हिन्ट' रूप में वर्णित किये गए हैं, उसी को आधार बना कर अन्य कार्य किये जा सकते है।

# पूर्व जन्म

अभी तक पूर्व जन्म के कोई ठोस प्रमाण नहीं मिले कुछ विद्वानों और साधु सन्तों की वाणी में इसका जिक्र आता है। काटवे ने अपनी पुस्तक में पूर्व जन्म की व्याख्या की है। उनका कहना है कि शनि जिस भाव में पड़ा हो उसे लग्न मान कर पूर्व जन्म की व्याख्या की जा सकती है। वह बहुत ज्ञानी-ध्यानी थे हो सकता है कि उनके कथन में सत्यता हो। मैंने भीं पूर्व जन्म की कल्पना की है वह इस प्रकार थी।

पांच और छ: साल की उमर तक अक्सर मुझे नज़ारे आते थे, कोई मुझे पकड़ कर सीढ़ियां चढ़ा रहा है। मैं बादलों में तैर रही हूं कभी मन्दिर में नाच

रही हूं। कभी सोई हूं तो, कोई उठाने की कोशिश कर रहा है। उस समय मैं बच्चा थी न तो किसी को कुछ कह सकती थी न कुछ पूछ सकती थी। एक बात और हमारे घर में कोई गीत संगीत नहीं था कोई डांस नहीं था न मैंने किसी से कृष्ण भक्ति को गाने सुने थे फिर भी मैं दादी के आगे गाने गा कर कृष्ण भगवान की भांति रास लीला की तरह चक्कर खाती थी। मैं समझती हूं कि कोई बात जरूर है। मुझे ज्योतिष क्यों आई? कहां से आई? मेरे दूर-दूर तक रिश्ते में ज्योतिष किसी ने नहीं की न ही मुझे ऐसा कोई वातावरण मिला जहां ज्योतिष की जाती है। आज कल तो ज्योतिष शास्त्र का खूब अध्ययन किया जा रहा है। जगह-जगह ज्योतिष सम्बन्धी संस्थान खुल चुके हैं और इन्टरनेट पर भी जानकारियां दी जा रही हैं। पर मैं तो सन् 1972 की बात कर रही हूं इससे पहले मैं लाइब्रेरियन थी वहां मैंने हस्त रेखा की किताब पढ़ी एक कीरो की दूसरी नारायण दत्त श्री माली की वह रुचि मेरी इस तरह बड़ी कि जब भी मुझे मौका मिलता मैं लोगों का हाथ पकड़ कर देखना शुरू कर देती। वहीं पर ही मेरे दिमाग ने पल्टी खाई और हस्त रेखा पर ही सोचने लगी लाईब्रेरी वालों को मेरी यह दिलचस्पी पसन्द नहीं आई अत: एक दिन उन्होंने मुझे नौकरी से झूठा-झूठा इल्ज़ाम लगा कर निकाल दिया। घर आई तो पति देव ने कहा तुम्हारे खर्चे बढ़ चुके हैं। उनकी पूर्ति कैसे करोगी। मैंने ऐसे हवा में उत्तर दिया ज्योतिष "कार्यालय खोलूंगी" बस पति देव 'आनन फानन' में एक बहुत बोर्ड बनवा कर ले आए। नाम था "ज्योतिष सदन" हमारा घर 'मेनरोड' पर था।

मेरा पहला ग्राहक था 'लेख राज' जो दर्जी की दुकान चलाता था। उसने आकर पूछा "मेरी कपड़ों की गठरी खो गई है मिलेगी! नहीं" अब मैं असमंजस में पड़ गई भला हस्त रेखा से कैसे उत्तर दिया जा सकता है। मुझे दु:खी देख कर वह बोला "बहन जी" आप को ज्योतिष सीखनी पड़ेगी हस्त रेखा से बात नहीं बनेगी। खैर उस समय सरस्वती मेरी जिह्वा पर आकर बैठ गई मैंने उसे उत्तर दिया तुम्हारी गठरी मिल जाएगी। जो 'कर्मचारी' जरूरत से ज्यादा चिन्ता जाता रहा है, और ढूंढ़ने की कोशिश कर रहा है। उसी को पकड़ो और सचमुच मेरी बात सच निकली गठड़ी मिल गई। पर उस दिन के बाद मैं बेचैन हो गई चान्दनी चौक के 'दरीवां कलां" पहुंच गई और नारायण दत्त श्री माली की पुस्तक ज्योतिष सीरियट और मान सागरी' खरीद लाई वहां से बस इतना सीखा कि नक्षत्र क्या हैं? सीखिए ग्रहों का ब्यौरा क्या है? उन का रंग रूप स्वभाव, कारोबार तथा अन्य बातें। बस गुरु के रूप में मेरे "द्रोणाचार्य" थे नारायण दत्त माली। दिन-ब-दिन मेरे दिमाग़ की परतें खुलती चली गई और मेरे घर धन की वर्षा शुरू हो गई। मैंने एक दिन भी किसी से ज्योतिष की शिक्षा नहीं ली। ज्योतिष तो उछली पर उसे सम्भालने वाला कोई शिव नहीं मिला एक दो ज्योतिषियों से मैंने सवाल किया "केमुद्रम योग क्या है?" उन्होंने उत्तर दिया साल छ: महीने

हमारे यहां आकर जूते घिसाओ तभी तुम्हें उत्तर मिलेगा। दूसरी प्रार्थना मैंने गिरधारी लाल गोस्वामी से की पहले तो उन्होंने मना कर दिया। बाद में एक दिन फल लेकर उनके घर जा पहुँची। जाकर उनके चरणों में गिर गई आखिर वे मेहर बान हो गए और मुझे घर आने को कह दिया। मैं दो दिन उनके घर गई उन्होंने मुझे एक काग़ज़ पर लकीरे डालने को कहा क्योंकि उस जमाने में षष्ठ वर्ण कुण्डली बनाने वाली किताबें नहीं छपी थी उनके डायग्राम ज्योतिष लोग खुद बनाते थे। सो उन्होंने मेरे से यही काम लेना चाहा पर मेरे पास समय कहां? मेरी पूरी घर गृहस्थी थी बच्चों और पति को स्कूल भेजना, घर के सारे काम करना। उस समय हर औरत सारे काम खुद करती थी। अत: मैंने वहां जाना छोड़ दिया। हां मैं उनकी आभारी हूं उन्होंने बातों-बातों में मुझे मांगलिक होने के पूरे रहस्य समझाये उनके अनुसार तुला लग्न और वृष लग्न वालों को मांगलिक वर ढूंढने की जरूरत नहीं और यह बात बिल्कुल ठीक थी।

यह सारी घटनाएं इसलिए बताई कि मैंने ज्योतिष कहीं से नहीं सीखी पूर्व जन्म से आई है। मैं घर में सबको कह-कह कर थक गई पर किसी को ज्योतिष समझ ही नहीं आती। चलो अब पूर्व जन्म की प्रक्रिया से जानने की कोशिश करते हैं कि पूर्व जन्म में हम क्या हो सकते हैं?

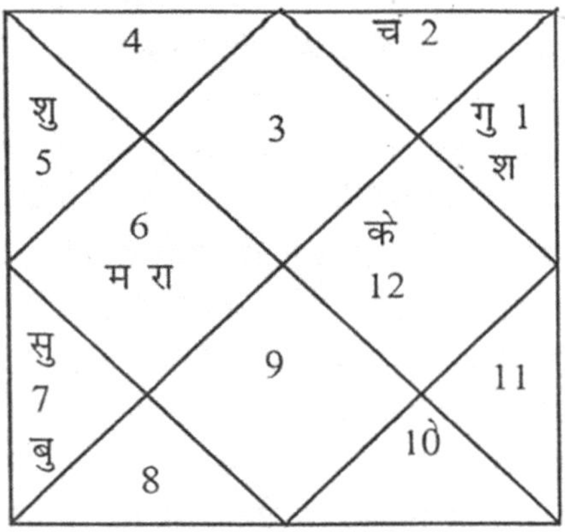


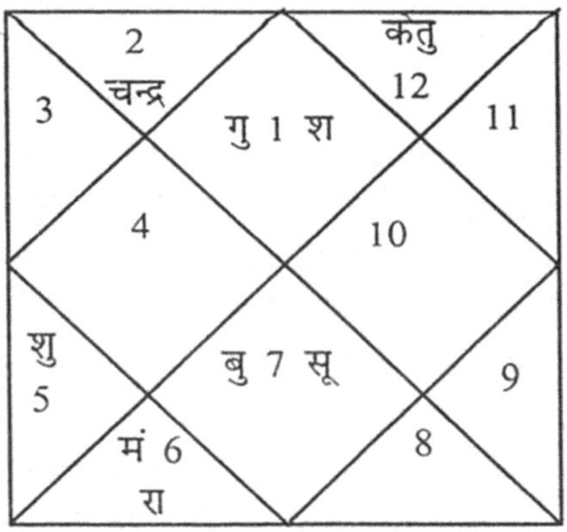


(5) वैसे मेरा मिथुन लग्न है। पूर्व जन्म शनि लग्न के अनुसार- ज्योतिष शास्त्र में बुध शुक्र, गुरू और शनि का अहम रोल है। बुध वाणी का स्वामी और गणितज्ञ है, गुरु त्रिकालदर्शी है, शनि गहराइयों में जाने वाला चिन्तन शील है और शुक्र भविष्य वक्ता है। भगवान ने उसे ऊंचे गुणी होने का वरदान दिया था उसका दूसरा नाम है मृगु जिसके नाम पर मृगु-संहिता का निर्माण हुआ दुनियां भर के लोगों के जीवन चक्र का निर्माण कुण्डली के रूप में हो चुका है। जरूरत है उस की खोज़ और व्याख्या करने की सो उपरोक्त जन्म कुण्डली में चारों ग्रह कैसे काम कर रहे हैं।

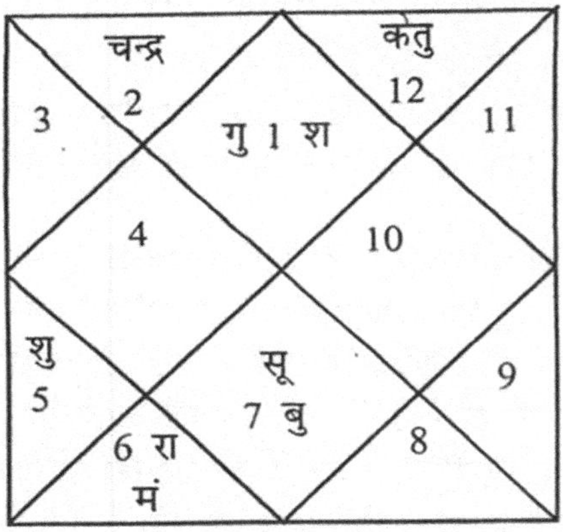


(1) मिथुन लग्न स्वयं बुध का ही रूप है।

(2) पाचवां भाव ज्ञान, शिक्षा खोज़, बुद्धि आदि का है वहां शुक्र की राशि है और बुध उसमें विराज़ मान हैं।

(3) गुरु तृतीय भाव में बैठे शुक्र को पंचम दृष्टि से देख रहे हैं और गुरु-शनि दोनों ही पंचम भाव को देख रहे हैं गुरु-शनि मिल कर चिन्तन शील अज्ञात शक्तियों के ज्ञाता हो गए हैं।

(4) पूर्व जन्म के तो लग्न ही शनि गुरु हैं और पाचवें शुक्र हैं और पंचमेश सूर्य शुक्र की राशि में है। पांचवा घर गर्म का होता है और उस भाव का कारक सूर्य है और सूर्य का रूप पंचम भाव से जुड़ा हुआ है। 12 वें केतु भी अज्ञात शक्तियों का ज्ञाता हो गया है। अत: यह स्पष्ट है कि मुझे ज्योतिष इस जन्म से नहीं आई, पूर्व जन्म से ही आई है। इस जन्म में भी पति के सहयोग से मैं आगे बढ़ी हूं। पूर्व जन्म में भी पति का पूर्ण सहयोग था। उस पर यह सहयोग उनके बिछड़ने के बाद प्राप्त हुआ। सातवें भाव में सूर्य ''सेपेरेटिव'' ग्रह बन कर आया है क्योंकि शुक्र और सूर्य का परिवर्तन योग है पति ने अपने गुण मुझे दे दिये। इस जन्म में केवल ''बैंक ग्रॉउड'' में सहयोग दिया, लिखने की प्रेरणा दी।

पूर्व जन्म की कुण्डली के अनुसार भाग्येश गुरु लग्न में कर्मेश एवं लाभेश शनि के साथ है अत: किसी दुष्ट व्यक्ति के उल्टे सीधे कर्मों के कारण मुझे पति से अलग होना पड़ा क्योंकि एक तो सातवें नीच का सूर्य है दूसरा बुध, छटे भाव से मंगल और राहु अधिष्ठित राशि से आया है मंगल आठवें भाव का स्वामी भी है।

इस जन्म में उनकी मृत्यु का कारण तुच्छ सरकारी लोग और आम जनता के लोग बने। क्योंकि उनकी मृत्यु शनि की दशा बुध के अन्तर में हुई बुध चौथे भाव का स्वामी है और शनि अष्टमेश है। अत: पति की मृत्यु कुछ शरारती तत्वों के दबाव के चलते ''हार्ट अटैक'' से हुई थी। पूर्व जन्म में पति एवं सन्तान सुख कम रहा इस जन्म भी सन्तान सुख और पति सुख खास नहीं रहा हां शिक्षा-वाणी-जनता में मान बहुत मिला। पिछले जन्म की प्रमाणिकता सचमुच हैरान कर देने वाली है। पूर्व जन्म में भी वाणी भाव को उच्च का चन्द्र प्रभावित कर रहा था। इस जन्म में भी वाणी का स्वामी चन्द्र है। पूर्व जन्म में मातृ पक्ष अच्छा था पर इस जन्म में मातृ पक्ष खराब था।

ग्यारहवां भाव बड़े भाई का होता है। छटा भाव मामा पक्ष का ग्यारहवें भाव

का स्वामी शनि नीच का होकर लग्न में आ गया। जिसने मेरे जीवन में हल चल मचा दी। मामा ने भी मेरे वैवाहिक जीवन को डिस्टर्ब किया। सो इन दोनों रिश्तों के इस जन्म में बहुत आघात् मिले मामा को भी और भाईयों को भी। मामा का एक मात्र बेटा 30 वर्ष में मर गया और भाई भी 45 साल में कैंसर से पीड़ित होकर मरा।

आने वाले जन्म के विषय मैंने न कुछ पढ़ा और न ही सोचा। पर मेरी तीसरी आंख की ज्योति से प्रकाशित मन 12 वें भाव को अगला जन्म मान रहा है। अगर इसमें थोड़ी बहुत सच्चाई है तो मैं अगले जन्म तांत्रिक ने ग्रहों के बारे जो सोचा या लिखा उसी को बेस मान कर आज के वैज्ञानिकों ने चाँद, मंगल आदि ग्रहों तक पहुंचने की कोशिश की है। 12 वें भाव का स्वामी गुरु है जो ज्ञान का घोतक है उसकी दृष्टि बुध और पंचमेश पर भी है और पंचम भाव पर भी है। 12 वें भाव में केतु व्यक्ति को तान्त्रिक बनाता है। लेकिन मेरा तन्त्र स्वन्तः सुखाय न होकर परान्तः सुखाय होगा। उपरोक्त कथन कहां तक ठीक हो सकता है यह तो पाठक गण ही बता सकते हैं। पूर्व जनम होता है यह तो तय है पर जन्म कुण्डली से कैसे देखें यह तय नहीं क्योंकि काटवे तो शनि से मानते हैं। उनकी जन्म कुण्डली और पूर्व जन्म कुण्डली का जो ब्यौरा दिया है वह मैं यहां पेश कर रही हूं–

इस जन्म में श्री काटवे धुरन्धर विद्वान् त्रिकालदर्शी बने। उनकी पत्नी जल्दी मर गई सन्तान भी नहीं हुई। इनका रूझान योग साधना और जीवन के परतें खोलने में हो गया ऐसा क्यों?

(1) केन्द्र में केवल शनि कर्म स्थान में।

(2) पत्नी जल्दी मर गई क्योंकि मांगलिक है।

(3) शनि की पूर्ण दृष्टि सप्तम भाव में है।

(4) जैसे कि मैंने कहा है धन लग्न में शुक्र अकारक ग्रह होता है। अतः स्त्री कारक ग्रह भी ठीक नहीं उस पर मंगल की दृष्टि हैं और वह शत्रु ग्रह गुरु से युक्त है।

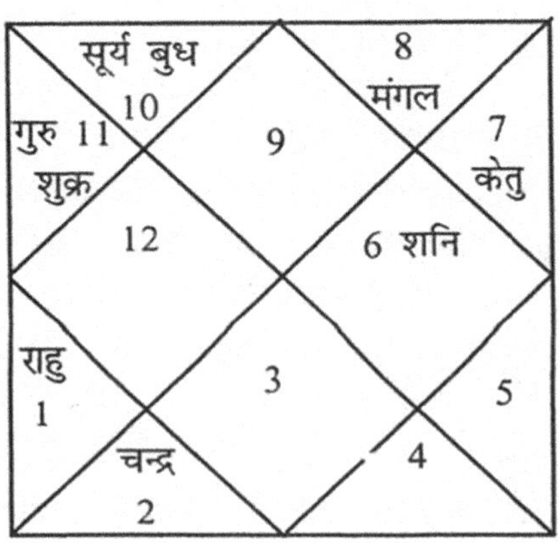


(5) सप्तमेश बुध अपने भाव से आठवें यानि मृत स्थान में सूर्य से अस्त।

अतः भाग्य में विवाह सुख न होकर योगी बनना तय था।

उनके अनुसार जन्म कुण्डली में जिस भाव में शनि हो उस भाव को लग्न बनाने से पूर्व जन्म की कुण्डली

बन जाती है। उन्हीं द्वारा वर्णित कुछ घटनाएं:-

जब व्यक्ति की अकाल मृत्यु हो या फिर उसकी काम वासना अन्य इच्छाएं पूरी नहीं होती तो उसी अतृप्त इच्छाओं को पूरा करने के लिए व्यक्ति को दोबारा जन्म लेना पड़ता है।

हर व्यक्ति को अपने कर्मों का भुगतान करना पड़ता है। कई लोग किस्मत के इतने धनी होते हैं कि ढेरों पाप करने पर भी वह ठीक रहते हैं। उनके कर्मों का फल उनके परिवार को खास कर सन्तान को भुगतना पड़ता है, जिसे पितृ ऋण कहा गया है। कारवे के अनुसार हर व्यक्ति को स्वभाव, आचरण, अच्छाई बुराई अपने पूवर्जों अथवा वर्तमान परिवार से मिलती है जिसे अंग्रेजी में Hereditary Estate कहते हैं। हिन्दू तत्त्वज्ञान के अनुसार यह शरीर परदादा दादा पिता परदादी या फिर कभी-कभी माता-नानी आदि के रक्त (कीटाणु) से बना होता है, यही कारण है कि सबके कर्मों का असर उसके शरीर पर पड़ता है। महाभारत के शान्ति पर्व में धर्म राज युद्धिष्ठर ने भीष्म पितामह से अपनी एक शंका निवारण हेतु प्रश्न किया- हे पितामह एक व्यक्ति इतने पाप करने पर भी उस व्यक्ति को उनका फल नहीं मिलता ऐसा क्यों? इस शंका निवारण हेतु- पितामह ने उत्तर दिया यद्यपि यह बात सही है कभी-कभी पापी को उसका फल नहीं मिलता पर यह खराब फल नष्ट नहीं होते उनको कर्मों का फल उनके पुत्र-पौत्रादि को भुगतना होता है। कभी-कभी तो उनके सामने ही भुगतना पड़ता है।

उपरोक्त कथन बिल्कुल ठीक है। एक व्यक्ति को पिता ने ढेर सारा सोना और जायदाद दी क्योंकि पिता की मृत्यु के समय दीनानाथ (पुत्र) ही पास था दूसरा पुत्र उनके पास नहीं था। कुछ समय बाद छोटे भाई को हालात थोड़े कमज़ोर हो गए उसे उधार लेकर अपनी बेटी की शादी करनी पड़ी। भाई ने अपने बड़े भाई को प्रार्थना की कि उसे नकद और जायदाद न दे पर थोड़ा सोना दे दें। बड़ा भाई साफ मुकर गया "मेरे पास कुछ नहीं"। समय बीता उसका इकलौता बेटा 30 वर्ष की उमर में एक्सीडेन्ट में मर गया। अब दीनानाथ को बेटे की गृहस्थी का भार ढोना पड़ गया। उसके बच्चों का लालन पालना करना पड़ा जबकि उसका कोई भी कारोबार न था। उसे 85 वर्ष की अवस्था तक ऐसा करना पड़ा।

खैर हम बात कर रहे थे काटवे के कथन की। वे अपने पूर्व जन्म की व्याख्या कुछ इस प्रकार करते हैं। धन लग्न से पूर्व जन्म की कुण्डली कुछ इस प्रकार से बनी:-

लग्न में शनि बाकी केन्द्र खाली होने से व्यक्ति यतीम की तरह पलता है। पिता की मृत्यु जल्दी हो जाती है। कन्या लग्न के व्यक्ति विद्वान् और पूजनीय व्यक्ति हो जाते हैं। अत: कारवे लिखते हैं कि वह किसी साधु के पास रहे। वही पर थोड़ी बहुत दीक्षा ली। वह साधु चले गए, तो यही धार्मिक संस्था के मुखियां

बन गए। शुक्र और गुरु की युति के कारण और लग्नेश और पंचमेश में परिवर्तन योग के कारण यह योगी तो बने पर पंचम भाव और शुक्र के युक्त होने के कारण यह भ्रष्ट हो गए। एक साध्वी स्त्री का धर्म भंग किया बलात्कार किया और उसे जबरदस्ती अपने पास भी रख लिया। गांव के लोग उसके खिलाफ जाने की हिम्मत नहीं जुटा पाए। लड़की के मां-बाप लेने आए तो उन्होंने स्थान बदल लिया। आखिर संघर्ष करके लड़की के मां-बाप उसे ले गए। उस परिवार ने काटवे को बद् दुआ दी कि तुम हमेशा दुःखी रहो तुम्हें कुछ भी प्राप्त न हो।

पूर्व जन्म में मृत्यु स्थान में मेष राशि बनती है। लग्नेश बुध अपने से आठवें सूर्य से अस्त है। लग्न को शनि वक्री होकर देख रहा है और आठवें राहु भी विराज़ मान है जो किसी भी वस्तु को जला देता है या बम द्वारा हमले तथा अन्य किसी हथियार से वार कर देता है। सो काटवे की भी 36 साल की उमर में दुघर्टना से मृत्यु हो गई। अपनी इच्छाएं और अधूरे कामों के लिए उन्हें फिर जन्म लेना पड़ा। इस जन्म में उनका सुधार हुआ उन्होंने कोई गलत काम नहीं किया हां पूर्व जन्म के अभिशाप के कारण उनकी पत्नी जल्दी मर गई कोई बच्चा भी नहीं हुआ दो भाईयों की भी मृत्यु हो गई।

पूर्व जन्म की कुण्डली के अनुसार कन्या लग्न बनता है उसमें पड़े ग्रह और योगा-योग काटवे ने इस प्रकार किये।

(1) शनि, बुध, चन्द्र ये तीनों ग्रह त्रिकोण में पड़े हैं। जो प्रबल इच्छा शक्ति, पवित्रता और बुद्धि की बढ़ाते हैं। वे लिखते हैं चन्द्र युति के मंगल ने मेरे जीवन में बहुत खलल डाला मुझे मठ में पूजा जा रहा था। मेरा रुतबा बढ़ चुका था। चन्द्र और मंगल के प्रभाव ने एक तो मेरे भाईयों को मुझसे छीन लिया दूसरा एक पतिव्रता स्त्री से जबरदस्ती बलात्कार के कारण अपना पूर्व और आगामी जीवन खराब कर डाला। ''ना माया मिली ना राम''।

गुरु और शुक्र के छठे होने से मेरा धर्म कर्म नष्ट हो गया साध्वी स्त्री से श्रापित हो गया। न विवाह सुख मिल पाया न सन्तान सुख।

धन लग्न (इस जन्म की कुण्डली में भी कारवें अविवाहित रहे पत्नी जल्दी मर गई।

पाचवें राहु 12 वें मंगल, दसवें शनि और छटे चन्द्र होने के कारण सभी महत्त्वपूर्ण भाव क्रूर ग्रहों से घिर गए उच्च के चन्द्र ने भी मंगल के प्रभाव में

उच्चता खो दी। पूर्व जन्म के श्राप ने भी मुझे कुछ नहीं करने दिया। अतः ज्योतिष और अन्य ज्ञान के बावजूद मुझे कंगाली में जीना पड़ा। मंगल के 12 वें होने के कारण जेल भी जाना पड़ा।

अन्त में यही कहना पड़ेगा कि ग्रहों की लीला न्यारी है कोई भी व्यक्ति इसके अच्छे बुरे प्रभाव से नहीं बच सकता। काटवे जैसे लोग भी जो दुनियां में ज्योतिष का धुरन्धर विद्वान् इहलोक और परलोक का ज्ञाता, मुगज्ञ, कल्पना शील, पूजनीय व्यक्ति भी जीवन में सुख से वंचित रहे तो एक आम व्यक्ति की क्या बिसात हो सकती है। काटवे जी के कुछ अन्य योगायोग के अनुसार शनि के साथ अगर सूर्य पड़ा हो तो पिता पुत्र की आपस में नहीं बनती। अगर आगे पीछे चल रहे हों तो पिता पुत्र में एक ऊपर होता है एक नीचे जैसे किसी के दूसरे भाव में शनि-सूर्य इकट्ठे हो तो या तो पिता धन कमाने में ऊपर होगा या पुत्र दोनों एक साथ सुखी नहीं रह सकते। हां जीवन में पिता जब बूढ़ा हो जाता है तो पुत्र जरूर कुछ कमाने लगता है। यदि सूर्य आगे और शनि पीछे हो तो पहले पिता ऊंचाईयों पर पहुंचता है बाद में पुत्र।

शनि-चन्द्र- यदि चन्द्र शनि दृष्टि हो या शनि के साथ है तो माता का सुख नहीं होता या तो मां मर जाती है या बीमार रहती है। इस महिला की मां इसके जन्म के दूसरे साल ही टी. बी. की बीमारी से मर गई थीं यहां शनि और चन्द्र की युति है। शुक्र आठवें भाव का स्वामी होकर चौथे भाव में चला गया है शुक्र वैसे भी मीन लग्न का अकारक ग्रह है। धनेश मंगल ने इतनी अमीरी से एक दम फकीरी में बदल दिया। राजौरी गार्डन में तीन मंजिली कमर्शल कोठी थी। आलमारी खोलो तो नोटो की गड्डियां एक दम नीचे गिर जाती। गहनों से हमेशा लद्दी रहती किलो के हिसाब से सोना था अब कुछ नहीं रहा हर वक्त भटकती रहती है न घर है नजर (धन) बारी-बारी से बच्चों (बेटियों) के पास जाकर रहना पड़ता है। पति भी गांव में अपने भाई के साथ रह रहा है। उसका बहुत बड़ा लकड़ मण्डी के व्यापार था पर जुएं के कारण सब कुछ दाव पर लग गया और तीन करोड़ की उधारी हो गई, चुपचाप भागना पड़ा। पति ने अपने परिवार भाईयों के परिवार को पाला पढ़ाया लिखाया भतीज़े भतिजियों की शादियां की, खुद एक-एक पैसे का मोहताज़ हो चुका है। मुझे समझ आई की मंगल और चन्द्र की युति या दृष्टि व्यक्ति को तबाह कर देती है।

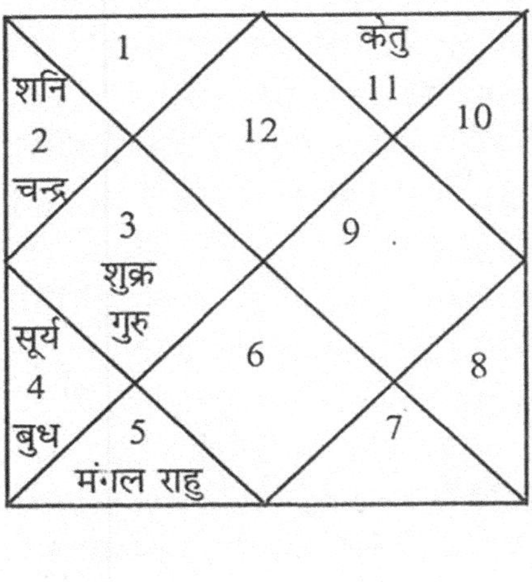

## पति की जन्म कुण्डली

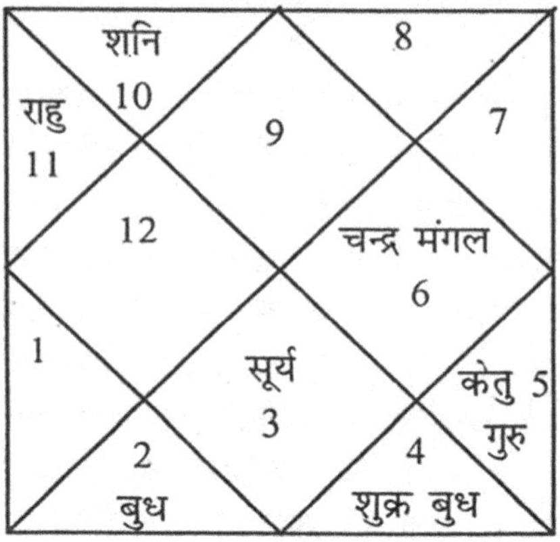


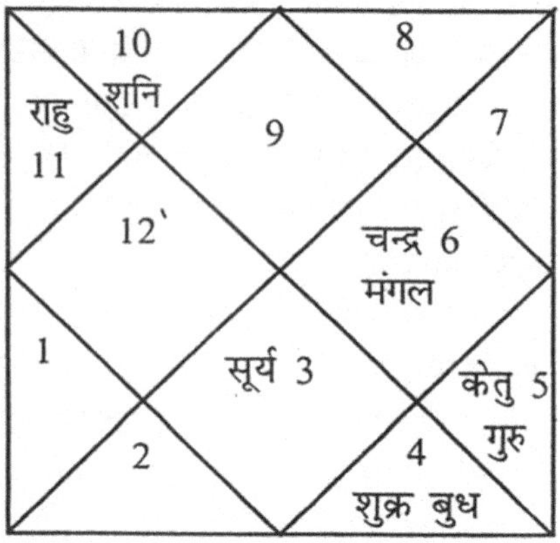


पति की कोठी बच सकती थी जो उसकी पत्नी के नाम थी 1 मीन 2 लग्न में शुक्र अकारक ग्रह होकर चौथे भाव में है। उन्होंने नीचे का हिस्सा डाकघर को दिया हुआ था। 25 साल तक डाक घर वालों से मुकद्दमा चलता रहा। इसलिए कीमती बिल्डिंग को सस्ता बेचना पड़ा। चन्द्र और मंगल की युति वास्तव में गलत कर्मों में तबाह करती है। इस व्यक्ति के दो भाई मर गए। यह बात एक दम सही है कि मंगल चन्द्र की युति से भाई मर जाते हैं। तभी उनके बच्चों और परिवार को पालना पड़ा। चन्द्र शनि और चन्द्र मंगल योग के उदाहरण से यह बात एक स्पष्ट हो गई कि तबाही कैसे होती है? शनि और बुध की युति से बहन सुख में कमी आती है या बहन के प्रसंगों के कारण व्यक्ति परेशान रहता है। कई बार भाई-बहन से विमुख भी हो जाता है। बुध और शनि से व्यक्ति में नंपुसकता के तत्व आते हैं। यदि बुध और शनि का सम्बन्ध लग्न से हो तो व्यक्ति का रूझान सेक्स अथवा अपोजिट सेक्स में कम होता है यदि वृश्चिक लग्न में यह योग हो तो व्यक्ति सेक्स की प्रवृत्ति का होता है। यदि धन लग्न में शनि और बुध हो तो व्यक्ति को 'ओरल' सेक्स की आदत होती है।

शनि और गुरु की युति हो तो स्त्री की शादीशुदा जिन्दगी डिस्टर्ब रहती है पति का पत्नी में रूझान कम होता है। इस युक्ति से व्यक्ति चिन्तनशील, कल्पनाशील, योगी, अध्यात्मवादी जनता में पूज्य होता है। उसकी गुरू में गहरी आस्था होती है यदि इस योग के साथ शुक्र का भी प्रभाव हो तो गुरु शिष्य आस्था प्रेम में भी परिवर्तित हो सकती है। मेरे साथ एक लड़की पढ़ती थी। हमारे गुरु को हम लोग पंडित जी कहते थे। वह हमसे 20-22 साल बड़े रहे होंगे उनके बाल बच्चे लगभग हमारे ही उम्र के ही होंगे। वह लड़की पंडित जी पर मर मिटी उसने साफ कह दिया ''मैं शादी करूंगी तो आप से नहीं तो क्वारी रहूंगी। वह पंडित जी से शादी तो न कर सकी और उम्र भर ही क्वारी रही।

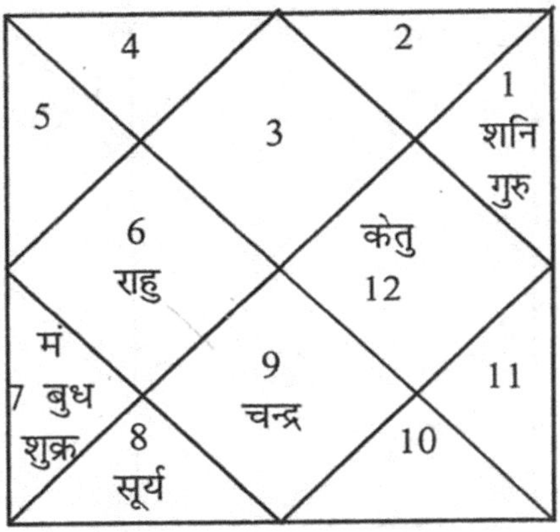


यहां सप्तमेश गुरु शनि के साथ है। लग्नेश बुध, मंगल और शुक्र के साथ पाचवें भाव में है गुरु सप्तमेश होकर शिक्षा भाव को देख रहा है। अगर गुरु शनि के साथ न होता और शुक्र मंगल के साथ न होता तो यह विवाह अवश्य हो जाता।

शनि और शुक्र की युति से व्यक्ति की ''मैरिज़ लाईफ'' किसी दूसरे के कारण प्रभावित होती है। ऐसा व्यक्ति एक के बाद एक, कई स्त्रियों से सम्बन्ध रखने वाला होता है अगर इस योग के साथ बुध भी साथ हो तो "over sex" के कारण कभी-कभी व्यक्ति क्षीण हो जाता है और उसमें नंपुसकता के तत्व आ जातो हैं।

शनि राहु से चर्म रोग, सूखा रोग, त्वचा प्राब्लम एग्ज़ीमा जैसी प्राब्लम हो जाती है। यदि इस योग के साथ चन्द्र हो तो मृगी सम्भावना हो जाती है। दिमाग़ में भूलने की शिकायत भी होती है। अगर मंगल का प्रभाव हो तो व्यक्ति पर हमला होने की सम्भावना रहती है। शनि केतु की युक्ति से व्यक्ति झूठा मक्कार और तान्त्रिक होता है। उसे ज्योतिष तो आती नहीं पर आडम्बर बहुत करता है। उसके सिर में चोट आती है सिर में अल्सर या घातक फोड़ा भी हो सकता है।

उपरोक्त कथन के अलावा लग्न की शुभता अन्य अच्छे-बुरे ग्रहों के प्रभाव, दशा अन्तर दशा, ग्रह गोचर आदि देख कर ही भविष्यवाणी करनी चाहिए। कौन-सा ग्रह सुरक्षा कर रहा है और कौन-सा ग्रह हमला कर रहा है, यह जरूर देखें।

नोट:- श्री काटवे जी बहुत विद्वान् थे। मेरी उनमें बहुत आस्था है। पर मैं उनकी पूर्व जन्म की थ्यौरी से सहमत नहीं हूँ क्योंकि अगर शनि लग्न में होगा तो हर जन्म में वही लोग पैदा होंगे उतने ही भाई-बहन सन्तान और विवाह की स्थिति वैसी होगी? मान लो धन लग्न है उसमें शनि पड़ा है तो उस जातक का हर जन्म में धन लग्न होगा और उसके पांच भाई होंगे? यह बात विश्वसनीय नहीं हो सकती क्योंकि ग्रन्थों में लिखा है कि फलां आदमी ने रोटी चुराई तो उसे कौवे का जन्म मिला। किसी ने गुरु की स्त्री को देखा तो दूसरे जन्म में अन्धा हो गया। मेरी थ्यौरी के अनुसार पाचवां भाव गर्म का है और आठवां भाव मृत्यु व पाताल लोक का 12 वां भाव मोक्ष का अत: पाचवें भाव को लग्न माने आठवें भाव से उस व्यक्ति की मृत्यु का कारण समझे, और बारहवें भाव को उसके मोक्ष का मान कर यह समझे कि उसने कैसे कर्म किये और उसे क्या फल

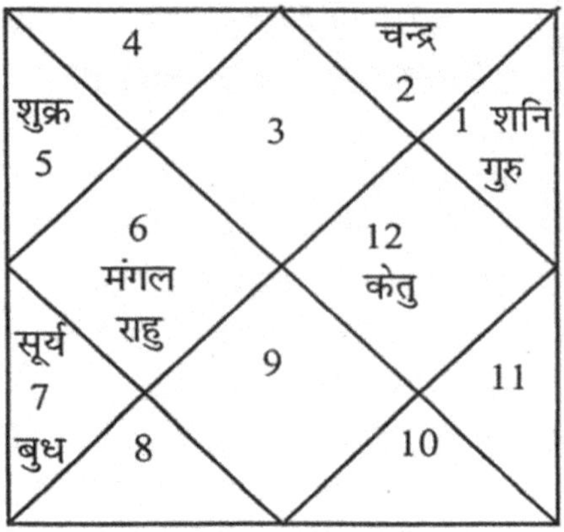


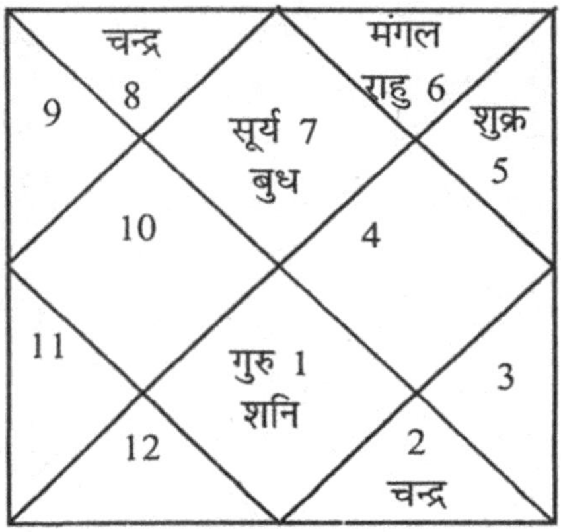


मिला? जैसा कि मैं अपनी जन्म कुण्डली से कुछ प्राप्त करने की कोशिश करूंगी।

(1) लग्नेश पंचम भाव में नीच के सूर्य के साथ है उसके ऊपर दो बूढ़े ग्रहों की दृष्टि है गुरु सातवें घर को और पाचवें घर को देख रहा है।

(2) पूर्व जन्म लग्न तुला यहां लग्नेश शुक्र बना और वह सातवें भाव को देख रहा है। उसे शुक्र देख रहा है अतः पूर्व जन्म में जो मेरा गुरु रहा उस के प्रति मेरी भावनाएं पत्नी के रूप में जागी और उसी से विवाह कर लिया। जो बूढ़ा किन्तु विद्वान् और ज्ञानी था। सातवें भाव में गुरु और शनि थे सप्तमेश मंगल बारहवें राहु के साथ था। अति पति देव की मृत्यु जल्दी हो गई। इस जन्म में पति भाव का स्वामी गुरु फिर शनि के साथ लाभ स्थान में है और पंचम भाव को पूर्ण दृष्टि से देख रहा है इस जन्म मेरे पति गुरु तो नहीं थे हां उन्होंने पूरी पढ़ाई और ज्ञान, लेखन कला में मेरी मदद की ज्योतिष कार्यालय खोलने की प्रेरणा भी उनकी थी। जहां तक बड़े-बूढ़े होने कि बात है तो वह मेरे से साढ़े ग्यारह साल बड़े थे पूर्व जन्म में उनकी मृत्यु दुघर्टना से दर्शा रही है। तो इस जन्म मृत्यु हार्ट अटैक से हुई। यानि दो बार मृत्यु अचानक या अकाल मृत्यु ही हुई।

पूर्व जन्म में शुक्र, लाभ स्थान में पहली सन्तान लड़की होने की सम्भावना बता रहा है। तो इस जन्म में भी पहली सन्तान लड़की ही है। इस जन्म में भी मेरे पति ज्ञानी, विद्वान्, संगीतज्ञ, लेखक, गायक और अध्ययनशील रहे। लिखने की प्रेरणा मुझे उन्हीं से मिली। इन सब बातों से ज्ञात होता है कि पूर्व जन्म के संस्कारों का थोड़ा बहुत असर वर्तमान जन्म पर जरूर पड़ता है। अगर यह बात न होती तो इस जन्म मुझे ज्योतिष कैसे आई? मेरे पति विद्वान् थे, ज्योतिष की 'क' 'ख' भी नहीं आती थी। मेरे पिता टेक्नीशियन थे। मां साधारण गृहणी थी। आस-पास, नाना पक्ष दादा पक्ष कही भी ज्योतिष सम्बन्धी प्रभाव नहीं था। मेरे नाना आयुर्वेद्ध के प्रकाण्ड पंडित थे। वे वैद्यराज कवि राज थे दादा आयुपर्यन्त

गोशाला में रहकर गऊओं की सेवा करते रहे। फिर ज्योतिष कहां से आई? निश्चित ही पूर्व जन्म से ही आई।

किसी भी व्यक्ति को जो ज्योतिष में रुचि रखता है, उसे जन्म कुण्डली के 12 भावों में क्या-क्या होता है? कौन सा भाव किस कार्य या रिश्तों के लिए काम करता है? शरीर की संरचना और स्वभाव की, जानकारी किस भाव से प्राप्त होती है? यह जानना जरूरी है। और यह सब जानने के लिए इष्टदेव या गुरु का होना भी बहुत जरूरी है।

(3) मिथुन कन्या तुला लग्न के लिए यह योग अति शुभ और लाभदायक होता है।

चन्द्र शुक्र- चन्द्र शुक्र का योग अति शुभ माना गया है। ऐसे व्यक्ति प्रकृति के पुजारी, कल्पनाशील सौन्दर्यप्रिये,. चित्रकार, पेन्टर, फोटोग्राफर, संगीतज्ञ अभिनेता, तथा सौन्दर्य एवं कला से सम्बन्धित क्षेत्र में व्यापार करने वाला भी हो सकते हैं। ऐसे व्यक्ति का सुरा सुन्दरी से गहरा नाता होता है। चन्द्र गुरु:- से गज़ केसरी योग होता है। लग्न शुभ ग्रहों का हो या अशुभ ग्रहों का गज़ केसरी योग सब लग्नों के लिए शुभ होता है। ऐसा व्यक्ति भाग्यशाली- धन-पुत्रों वाला, जनता एवं सरकार में मान-सम्मान पाने वाला कभी-कभी संसार प्रसिद्ध भी हो सकती है।

चन्द्र-शनि- ऐसा जातक मातृ सुख से वंचित होता है। अगर मातृ पक्ष से रिश्ता हो भी सही पर उन से विचारों की भिन्नता तो बनी रहती है। जमीन जायदाद को लेकर विवाद होते हैं। माता की मौत किसी भयंकर बीमारी से हो सकती है या माता इस योग वाली सन्तान से पीड़ित रहती है।

चन्द्र राहु- से व्यक्ति दिल दिमाग़ भटका हुआ होता है जीवन में अस्थिरता रहती है। कोई रिश्ता अनुकूल नहीं होता कारोबार बदलते रहते हैं। अन्यथा काम करने में रुचि नहीं होती है। सट्टे-जुए में रुचि रहती है।

चन्द्र-केतु से व्यक्ति डिपलोमेंट होता है अपने मन के विचारों का छुपाने में माहिर होता है। अवैध कार्य करता है कभी-कभी उसके बच्चे भी अवैध हो सकते हैं।

**अनुभूत योगायोग:-** चन्द मंगल की युति या अन्य प्रभाव से मातृपक्ष कष्टकारी होता है।

मंगल शनि से व्यक्ति मेकैनिकल इन्जीनियर होता है कम्पयूटर इन्जीनियर भी बन सकता। नकली वस्तुओं का निर्माण करता है।

**अनुभूत योगा योग:-** वैसे तो सूर्य के साथ कोई भी ग्रह स्वतन्त्र कार्य नहीं कर सकता क्योंकि उसे प्रताप के आगे कोई ग्रह ठहर नहीं पायेगा। हां सूर्य की युति से कुछ अलग कार्य हो सकते हैं।

कुछ विद्वानों के अनुसार सूर्य चन्द्र की युति से व्यक्ति चोरी का कर्म करता

है। वो कामुक बन जाता है दूसरों की स्त्रियों में रुचि रखता है। नकली वस्तुएं बनाता है औरों का धन चुरा लेता है। ऐसा व्यक्ति अपनी स्वार्थ सिद्धि में कुछ भी कर सकता है।

सूर्य मंगल- राज सरकार से लाभ, सम्मान और उच्च पदाधिकारी होता है। ऐसे लोगों का कनेक्शन फौज़ से होता है। व्यापारिक क्षेत्र में, बिजली या बिजली से चलने वाली वस्तुओं से होता है।

सूर्य बुध- से व्यक्ति लेखक, योगी, प्रवक्ता ज्योतिषी टीचर, शिल्पी, तथा अन्य बुद्धि से सम्बन्धित कार्य करता है। ऐसे लोग गायक, कवि, भी हो सकते हैं।

सूर्य गुरु- व्यक्ति परोपकारी, धार्मिक कार्यों में रुचि रखने वाला, धार्मिक एवं पौराणिक ग्रन्थों का ज्ञाता कथा वाचक मन्दिर का पुजारी एवं धर्म प्रचारक हो सकता है। नौकरी में राज सरकार के उच्च पद को प्राप्त करता है प्रतिष्ठित कार्यों में कार्यरत होता है।

सूर्य शुक्र- ये सिनेमा या T. V. कार्यों से जुड़ा होता है। ऐसा व्यक्ति संगीत, गायन, नृत्य आदि कार्यों में धन भी कमाता है और जग प्रसिद्ध भी हो सकता है। ऐसा व्यक्ति उपरोक्त कार्यों का लेखक भी हो सकता है अगर बुध का प्रभाव हो, तो। ऐसा योग- मिथुन, वृष, तुला, मकर और कुम्भ में श्रेष्ठ माना गया है।

सूर्य शनि से व्यक्ति धातु की वस्तुएं बनाने में या उनका व्यापार करने में माहिर होता है। पुर्जे बनाना और उनका क्रय विक्रय करना। ऐसे योग से जड़ी-बूटी आयुर्वेदिक औषधि का निर्माता या ज्ञाता हो सकता है। पुरानी बीमारी-का इलाज़ खोजने में माहिर होता है।

सूर्य राहु- इस योग से व्यक्ति पितृ-ऋण से ग्रसित होता है। जीवन पर्यन्त पिता के अधूरे कामों को पूरा करने में लगा रहता है। सरकारी काम प्राप्त करने में संघर्ष व रूकावटें आती हैं। पिता के जमीन जायदाद का सुख भी कम मिलता है।

सूर्य केतु- के योग से व्यक्ति सरकार को धोखा देता है। अवैध-कार्य करने वाला होता है, दूसरों के कार्यों की नकल करता है। अवैध सन्तान का पिता भी हो सकता है। शुभ ग्रहों में गुप्तचर विभाग में काम करता है। जांच पड़ताल में माहिर होता है।

चन्द्र-मंगल से व्यक्ति का मातृ पक्ष सुखमय नहीं होता। माता कष्ट में रहती है। भाई-बहनों में प्यार नहीं होता। भाईयों की मृत्यु तक भी हो जाती है। व्यक्ति जुए सट्टे मे बरबाद हो जाता है। आग बुझाने वाले विभाग में काम कर सकता है या आग बुझाने वाले यन्त्रों का निर्माण या व्यापार कर सकता है।

चन्द्र बुध- से व्यक्ति मधुरभाषी, कवि, कल्पनाशील कलाकार, साहित्यिक, संगीतज्ञ, स्त्रियों का प्यारा/बुद्धिमान- 'रिसर्च स्कॉलर', व्यवहार कुशल होता है।

चन्द्राधि योग- यदि चन्द्र से छटे; सातवें आठवें शुभ ग्रह हो और उस पर कुप्रभाव न हों तो चन्द्राधि योग होता है। ऐसा व्यक्ति सर्वगुण सम्पन्न और सभी सुखों से पूर्ण होता है। छत्रपति शिवाजी का यही योग है। सिंह लग्न, कन्या राशि, राशि से छठें गुरु सातवें बुध और आठवें शुक्र हैं।

उभयचरी योग- जब चन्द्र से या सूर्य के दोनों ओर शुभ ग्रह हो तो उभयचरी राज योग होता है। पूर्व ग्रहमंत्री रह चुके च्यवाण का कुम्भ लग्न है। लग्न में सूर्य है और दूसरे भाव में उच्च का शुक्र लग्न में सूर्य है और दूसरे भाव में उच्च का शुक्र और बारहवें भाव में गुरु है तो यह पूर्ण उभयचरी योग है।

इस तरह चन्द्र के दोनों ओर शुभ ग्रह हों तो वेशिवाशी योग होता है जो कि अति शुभ है। इस योग के दूसरे रूप को 'दुरुधंरा' योग कहते हैं।

एकावली योग जब एक ही लाइन में कोई घर छोड़े बिना सभी ग्रह एक लाइन में स्थिति हों तो उसे एकावली योग कहते हैं। यह लाईन राहु केतु के अन्तर्गत नहीं होनी चाहिए जैसे लग्न में चन्द्र दूसरे राहु तीसरे सूर्य चौथे बुध शुक्र पाचवें शनि छटे गुरु, सातवें मंगल और आठवें केतु है तो यह एकावली योग माना जाएगा। इसे आयुपर्यन्त किसी न किसी रिश्ते से धन प्राप्त होता रहता है। देखें A कुण्डली।

भद्र योग- जब बुध स्वराशि में या उच्च यानि कन्या राशि में हो तो भद्रयोग होता है। ऐसा व्यक्ति विद्वान् परोपकारी, संस्कारी होता है। यह सात्विक और मृदुभाषी होता है। और प्रखर बुद्धि का होता है।

शश भोग- इसमें शनि केन्द्र में उच्च का हो, तो शश योग- होता है। ऐसा व्यक्ति अच्छा होता है। लग्न का शुभ होना जरूरी है।

रुचक योग- जब चन्द्र से या लग्न से मंगल केन्द्र में उच्च का हो तो रुचक योग होता है। ऐसा व्यक्ति भूमिपति अनेक वाहनों का मालिक और अमीर भी होता है। उसका रुतबा भी बहुत होता है। मालव योग- जब लग्न से या चन्द्र लग्न से शुक्र स्वराशि का या उच्च का केन्द्र में हो तो मालव योग बनता है। ऐसे योग में पैदा व्यक्ति सौन्दर्य, संगीत में रुचि रखते हैं उनका जीवन सुख भय बीतता है। ऐश्वर्य-पूर्ण साधन उपलब्ध होते हैं।

यमल योग:- जब लग्नाधिपति का तृतीयेश का, मंगल तथा बुध का परस्पर मेल हो तो मनुष्य का जन्म यमल रूप में होता है। यानि जुड़वां बच्चे होते हैं।

यह एक जुड़वां पुरुष की कुण्डली है तीसरे भाव मंगल की राशि में स्वयं लग्नेश विद्यमान है। और मंगल सातवें बैठ कर लग्न को देख रहा है। अतः मंगल और लग्नेश शनि का पूरा सहयोग है। इसके बाद का भाई इसलिए हुआ की गुरु देख रहा था। एक साल बाद उसकी मृत्यु हो गई क्योंकि शनि मृतक ग्रह है।

**लग्न की शुभता:-** लग्न की शुभता, अशुभता से भी व्यक्ति के जीवन व्याख्या हो सकती है बाकी ग्रह देखने की जरूरत नहीं होती। यदि लग्न में तीन

ग्रह शुभ पड़े हों कोई अशुभ प्रभाव न हो तो व्यक्ति सुखी और ठाठ-बाट का जीवन व्यतीत करता है। यदि खराब ग्रह हो तो व्यक्ति की जीवन निराशाजनक होता है।

लक्ष्मी योग- यदि भाग्येश का सम्बन्ध, लग्नेश व शुक्र के साथ हो तो व्यक्ति में लक्ष्मी का वास होता है। नीचे महात्मा गांधी की कुण्डली में स्पष्ट दिखाई देता। भाग्येश लग्न में लग्नेश शुक्र के साथ है अतः यह स्पष्ट लक्ष्मी योग बना रहा है।

A

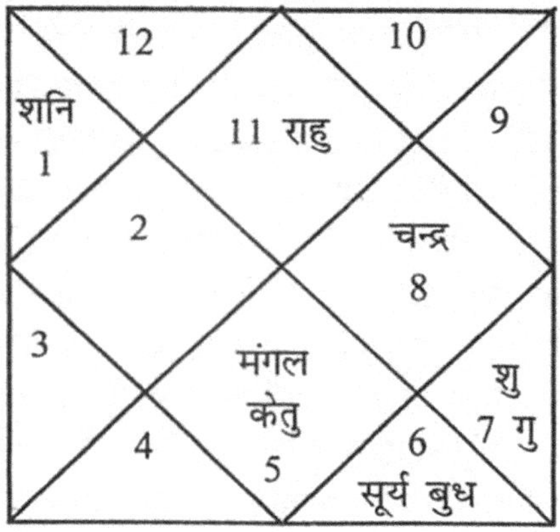


**विपरीत राज योग**- जब क्रूर ग्रह छठे आठवें बारहवें हो और उन पर कोई शुभ दृष्टि न हो तो विपरीत राज योग होती है। यह एक वकील की कुण्डली है लग्नाधिपति भी छठें भाव में दो क्रूर ग्रहों के साथ है छठें चन्द्र और बारहवें केतु है। ये बहुत ही सफल और उच्च स्तरीय ऐडवोकेट हैं।

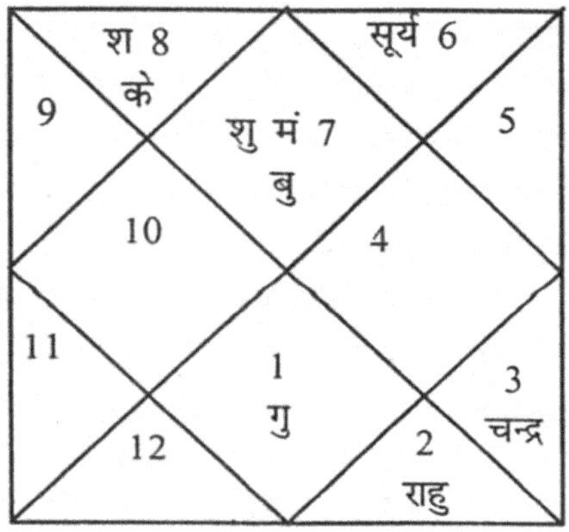


**लाटरी योग**- नवम भाव भाग्य का होता है और नवम से नवम यानि पंचम भाव लाटरी का हुआ क्योंकि भाग्येश नवम ने भाग के जरीये भाग्य को जगाने की कोशिश की। वैसे भी चौथा भाव जनता का है चौथे से दूसरा भाव यानि पंचम भाव लाटरी का है।

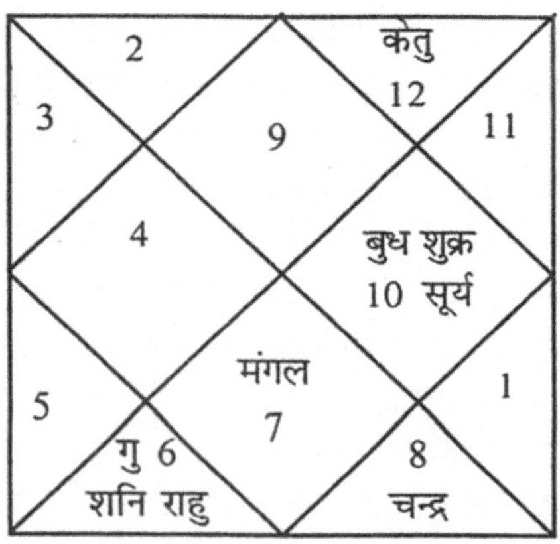


लाटरी को, अचानक धन का रूप भी दिया जा सकता है। जिसका अर्थ होता है कि वह धन जिसके मिलने की सम्भावना नहीं होती है। वह है राहु। राहु, को विषय में कोई नहीं समझ सकता, राहु दिखाता एक हाथ है और मारता दूसरा हाथ है। अतः राहु जिनकी कुण्डली में पाचवें, आठवें या बारहवें हो उन्हें अचानक धन प्राप्त होता

है वह लाटरी, सट्टे का भी हो सकता है या किसी और तरीके से भी प्राप्त हो सकता है। पाचवें भाव का धन जनता से मिलता है आठवें भाव का धन पति पक्ष से या दैनिक कारोबार से मिलता है। और 12वे भाव के राहु से व्यक्तिगत कार्यों से कार्य ठीक भी हो सकते हैं गलत भी। अत: अचानक धन राहु की बदौलत ही मिलता है।

**केमुद्रम योग**- जब किसी व्यक्ति की कुण्डली में चन्द्रमा अकेला होता है। उस पर किसी शुभ ग्रह की दृष्टि नहीं होती तो, उसे केमुद्रम योग कहते हैं व्यक्ति अमीर घर का होकर, 56 भोगों के होते हुए भी भटकता है। भूखा रहता हैं और कोई भी सुख योग नहीं पाता।

गज केसरी योग- जब चन्द्र के साथ गुरु हो और अन्य ग्रह भी ठीक हो तो गज केसरी योग होता है। ऐसा व्यक्ति साधारण कराने का होकर भी राजा तुल्य सुखा भोगता है उच्च पदाधिकारी होता है।

**काल सर्प योग**- जब सभी ग्रह राहु-केतु के अन्तर्गत आ जाते हैं कोई भी ग्रह इनकी बाउंडरी लाइन से पार नहीं हो सकता तो उसे काल सर्प योग कहते हैं ऐसा व्यक्ति सदैव भटकता है। धन होते हुए भी उसे भोग नहीं पाता। परिवार होते हुए उसे एकाकी जीवन बिताना पड़ता है। नेहरु जी का काल सर्प योग था।

भाव स्वामी द्वारा दृष्ट योग- जब कोई ग्रह पूर्ण दृष्टि से अपने भाव को देखता है तो उस भाव की वृद्धि होता है। जैसे किसी का कर्क लग्न हो और मंगल तीसरे भाव में बैठ कर दशम भाव को पूर्ण दृष्टि से देखे तो दशम भाव की वृद्धि होगी।

शुक्र द्वादश योग- काल पुरुष में 12 वां स्थान मीन राशि का है अगर शुक्र 12 वें हो तो शुक्र को अपने आप उच्चता प्रदान हो जाती है। उससे सम्बन्धित व्यक्ति सभी ऐश्वर्या-प्रसाधनों से पूर्ण होता है।

पृथकता योग- जन्म कुण्डली में जिस भाव में शनि या राहु हो तो व्यक्ति उसी भाव से सम्बन्धित रिश्ते से अलग रहता है। जैसे किसी का मिथुन लग्न हो लग्न हो चौथे भाव में मंगल राहु हो ऐसे व्यक्ति की मां होती है पर उसके साथ किसी कारण वश रह नहीं पाता।

भावात् भावम्- यानि जो भाव किसी विशेष फल का द्योतक होता है। उसी भाव से फिर उसी भाव को भी देखना चाहिए। जैसे छठा भाव ऋण का है तो छटे, यानि ग्यारहवें भाव को भी देखें।

परिवर्तन योग- जब कोई ग्रह एक-दूसरे के घर में गए हो उसे परिवर्तन योग कहता है। इस क्रिया से दो भावों को बल मिलता है। यदि परिवर्तन योग अच्छे भावों से जुड़ा हो, तो शुभ होता है अगर छटे आठवें, 12 वें से हो तो खराब होता है। जैसे इन्दिरा जी का चौथे और छठे भाव का परिवर्तन था जिसके कारण उन्हें

अपनी माँ से अलग रहना पड़ा। चौथे भाव जनता का होता है। अत: इस परिवर्तन से उन्हें मौत का मुंह देखना पड़ा।

नीच भंग राज योग- यदि कोई ग्रह नीच का हो उसका स्वामी लग्न से या चन्द्र लग्न से केन्द्र में हो तो नीच भंग हो जाता है और व्यक्ति सुखमय जीवन बिताता है। जैसे किसी का तुला लग्न है और मंगल नीच का होकर दशम भाव में है और राशि मेष है वो लग्न और चन्द्र लग्न से मंगल केन्द्र में है, अत: नीच भाग राज योग पूरी तरह माना जाएगा।

अमला योग- लग्न या चन्द्र लग्न लें दशम भाव में शुभ ग्रह हो तो अमला योग होता है ऐसा व्यक्ति राज सरकार का दामाद होता है जो ससुर के घर बैठकर आंजीवन ऐश करता है। प्रधानमन्त्री श्रीमन मोहन सिंह जी का तो लग्नेश ही गुरु दशम भाव में है जो शुरू से ही राज सरकार से जुड़े हुए हैं। ऐसा ही योग प्रियंका गांधी के पुत्र का है उसका लग्न धन है लग्नेश गुरु दशम में है अत: जब से पैदा हुआ है राज सरकार के संरक्षण में है और हमेशा रहेगा।

## अन्य बातें

**होम सिकनेस-** यानि घर की याद, कई लोग घर से दूर रहना चाहते हैं। कई लोग घर में रहना पसन्द करते हैं। जिनकी जन्म कुण्डली में लग्नेश आठवें भाव में होगा या बारहवें भाव में होगा वहाँ से दूर रहना पसंद करते हैं। जिनका लग्न का स्वामी चौथे भाव में होगा व मातृभूमि, मां और मां से जुड़े लोगों से प्यार करेगा और जिनका चौथे भाव का स्वामी लग्न में होगा उसे होम सिकनेस होगी और वह इसी विषय को लेकर, परेशान और बीमार भी हो जाएगा। आज एक लड़की मेरे पास आई और बातों बातों में कह गई 'मैंने भगवान से प्रार्थना की थी कि मैं बीमार हो जाऊं और मेरी मां आकर मुझे ले जाए' और वह लड़की सचमुच बीमार हो गई और मां उसे मुंबई से दिल्ली घर ले आई और वह लड़की महीने से ऊपर घर रह गई।

माता-भाव में गुरु अति शुभ माना गया है क्योंकि इस भाव में गुरु उच्च माना गया है। अत: गुरु जिस भी राशि में हो, अच्छा फल ही देगा। ऐसे ही चौथे भाव का स्वामी शनि, लग्न में गया है। अत: मां भी बेटी में समा गई है। इसका कारण- बुध का लग्न में

होना और चन्द्र का 12 वें अस्त होना भी है क्योंकि बुध बुद्धि का कारक है जो शनि के साथ रह कर कभी-कभी बुद्धि को काम करने और सोचने से रोक लेता है। 12 वें भाव का चन्द्र भी ठीक नहीं क्योंकि वह अस्त है इन सब बातों से होम सिकनेस बढ़ जाती है। कहने का तात्पर्य है कि जन्म कुण्डली में लग्न के अलावा भी जो ग्रह जहां से आते हैं और जाते हैं उनके वही फल होते हैं। जैसे लग्नेश नवम भाव में होगा तो व्यक्ति की रुचि, प्रभु और भाग्य बनाने के अलावा साली में भी होगी। पर वह रुचि गलत इरादे की नहीं होगी अगर सप्तमेश नवम में जाएगा तो उस व्यक्ति से सेक्स के रिलेशन हो सकते हैं क्योंकि साली, पत्नी यह सभी का रूप हो जाएगी। प्रसंग मेरे अनुभूत हैं पर मैं इन्हें उजागर नहीं कर सकती वैसे एक साली जीजे का प्रसंग मैं इसी पुस्तक में दे चुकी हूं।

कुण्डली के सभी भावों का ऐसा ही फंक्शन है अगर विस्तार किया जाए वो पूरा ग्रन्थ तैयार हो सकता है। यह बात केवल रिश्तों पर सीमित नहीं अन्य विषयों पर भी है जो किसी विशेष भाव से जुड़े होंगे। जैसे किसी का लग्नेश पाचवें में होगा तो उस व्यक्ति का रूझान सन्तान के साथ-साथ पढ़ाई में भी होगा। धनेश का काम कुटुम्ब के अतिरिक्त धन से भी है और धन कहां खर्च होगा उससे भी है। जैसे दूसरे का स्वामी, छठे भाव में हो तो उस व्यक्ति का धन बीमारी, ऋण और मुकद्दमें में खर्च होगा। उसका कुटुम्ब भी रोग या लड़ाई झगड़े से पीड़ित होगा या मुकद्दमें में फंसा होगा। जैसे धन की बात का जिक्र करें तो एक ऐसी लड़की की कुण्डली मेरे ज़हन में है जो चार साल से 28 साल की उमर तक लगातार पढ़े ही जा रही है और ऊंची शिक्षा प्राप्त कर रही है। उसके पिता ने उसकी पढ़ाई के लिए बैंक में अलग से पैसा डाल रखा है। इसलिए वह पैसा अब लड़की ही माना जाएगा क्योंकि द्वितीय भाव बैंक, धन कुबेर का भी होता है। आईए देखें कैसे?

पितृ भाव का स्वामी मिथुन और लग्न (कन्या) का स्वामी बुध है। सो, पिता पुत्री लगभग एक ही विचारधारा के होने चाहिए। यहां बात हम धन की

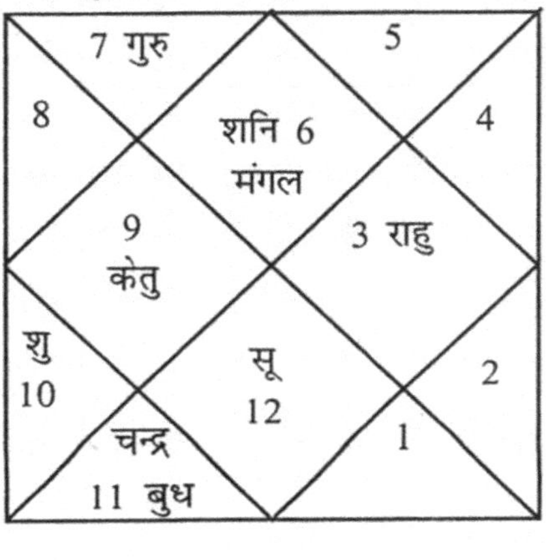


कर रहे हैं। दूसरे घर का स्वामी और भाग्य स्थान का स्वामी शुक्र पंचम भाव में है। अत: पंचम भाव (शिक्षा) पर ही धन खर्च होगा और पंचम भाव से ही भाग्योदय होगा। लग्नेशन बुध और दशमेश बुध दोनों छठे घर में हैं। छठा घर लड़ाई का होता है लड़ाई व्यक्ति किसी विषय में भी कर सकता है। पुत्री बीमारी से लड़ने की तैयारी कर रही है यानि डाक्टरी पर थीसिस

लिख रही है डॉ. बन चुकी है, पिता भी फौज से रिटायर है।

यह बात एक दम सही है इन्हीं बारह भाव रुचि समुद्र में अथाह कीमती वस्तु हैं। जरूरत है कुशल गोताखोरों की सन्यास की वैसे तो संन्यासी बहुत प्रकार के होते हैं जन्म जात सन्यासी, घर के वातावरण से दु:खी होकर, घर से भाग कर संन्यासी हो जाते हैं। किसी घटना से टकरा कर संन्यासी या सन्त बन जाते हैं। जैसे कि सन्त तुलसी दास। कईयों को अपने कर्मों से घिन या पश्चातावे के कारण संन्यासी बन जाता है। कई लोग प्रभाव में आकर या रूहानी ताकत के दबाव में संन्यासी हो जाते हैं। नीचे मैं एक ऐसी लड़की कुण्डली पेश कर रही हूं जिसे किसी रिश्तेदार ने जबरदस्ती 'ब्रेन वाश'' करके संन्यासिनी बना डाला। चार साल तक तो उसने पूरा सन्यासियों वाला रूप धरा- भगवे कपड़े बाल जटाधारी जो ''आपस में जुड़े रहते हैं।'' पिता को सदमा लगा तो उसकी मृत्यु हो गई। लड़की प्रकाण्ड पंडित, तीन-तीन एम. ए. संस्कृत में पी. एच. डी. तीन चार बी. ए.। फिर ऐसा क्यों? धन लग्न गुरु- (संन्यासी स्वभाव) तीसरे बैठ कर सातवें शनि को देख रहा है। शनि सातवें बैठ कर भाग्य भाव (धर्म कर्म का भी) लग्न और घर यानि चौथे भाव को देख रहा है। केन्द्र में केवल शनि का होना ही अपने आप में सन्यासी होता है।

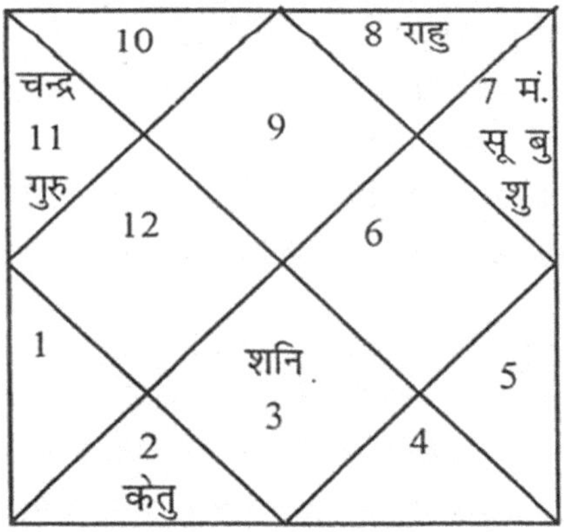


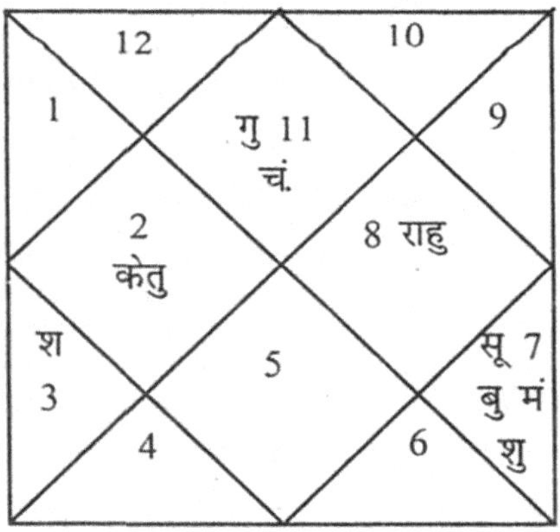


मेरे विचार से इसका मन और कार्य संन्यासियों वाले हो सकते हैं। बाहरी आकार संन्यासियों जैसा नहीं हो सकता न ही संन्यासी जैसा त्याग।

## विदेश यात्रा योग

ये दो कुण्डलियां विदेश यात्रा के साथ-साथ विदेश में स्थायी रूप से बसने की हैं:-

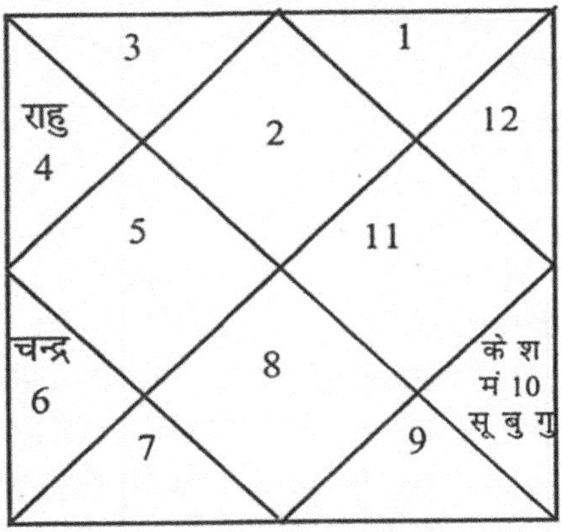


विदेश यात्रा का सम्बन्ध आठवें भाव और 12 वें भाव से होता है। जब लग्नेश अष्टमश और द्वादशेष की स्थिति चर राशि में हो तो व्यक्ति विदेश यात्रा करता है। अगर चतुर्थ भाव का भी कनेक्शन हो तो वह विदेश में ही बस जाता है। उपरोक्त कुण्डली में लग्नेश शुक्र चतुर्थेश सूर्य अष्टमेश गुरु द्वादश मंगल नवम में स्थित है यह लड़का कैनेडा में जाकर बस गया है।

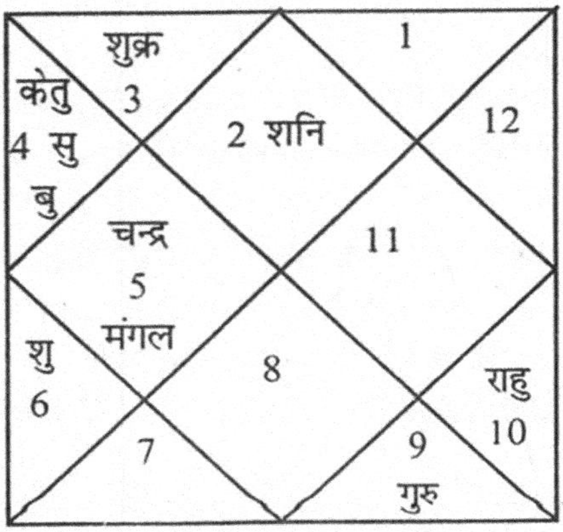


यह लड़का भी चार्टर एकाउटेन्ट बन कर केनेडा में बस चुका है। यहां लग्नेश शुक्र अष्टमेश गुरु से प्रभावित है। चतुर्थेश सूर्य तीसरे बैठकर भाग स्थान को देख रहा है और चन्द्र के साथ परिवर्तन योग बना रहा है। तीसरा भाव भी यात्रा का होता है। क्रूर ग्रह शनि की भी तृतीय स्थान पर पूर्ण दृष्टि है। अत: यह लड़का भी विदेश में जा कर बस गया है।

कारण – जब अष्टम भाव तथा उसके स्वामी का 12 वें भाव और उसके स्वामी का जलीय ग्रह व उसके स्वामी का और क्रूर ग्रहों का लग्न लग्नेश से सम्बन्ध होता है तो व्यक्ति विदेश यात्राएं करता है।– उपरोक्त उदाहरण इस व्याख्या के साथ काफी मिलते-जुलते है।

**दशा अन्तर दशा**

जन्म कुण्डली में दशा अन्तर दशा का बहुत बड़ा महत्व है क्योंकि जन्म कुण्डली में चाहे कितने अच्छे या कितने बुरे ग्रह हों उनका फल दशानुसार मिलते हैं। बात चाहे शिक्षा की हो, विवाह की हो, सन्तान की हो या धन की उनके फल दशानुसार ही मिलेंगे। इस विषय में इसी पुस्तक में मैंने अपना उदाहरण दिया है। मेरी जन्म कुण्डली किसी अन्य औरत के साथ मेल खाती थी। उसे जीवन में कोई फल नहीं मिला और मैंने सब कुछ जल्दी प्राप्त कर लिया। क्योंकि मुझे अच्छे ग्रहों की दशा शुरू से ही शुरू हो गई थी और उसे अच्छी दशाएं जीवन में आएगी ही नहीं। सो उसे सन्तान, धन और पति सुख आदि कुछ भी नहीं मिल पाया। इसमें केवल जन्म नक्षत्र का ही खेल होता है।

सूर्य दशा- कृत्तिका, उ. फा. उतरा षाढत्र नक्षत्र से शुरू होती है।

चन्द दशा- रोहिणी, हस्त श्रवण से शुरू होती है।

मंगल दशा- मृगशिरा, चित्रा, घनिष्ठा

राहु दशा- आर्द्रा, स्वाति; शतमिषा।

गुरु- पुर्नवसु, विशाखा, पू. भाद्रपद

शनि- पुष्य, अनुराधा, उत्तरा भाद्रापद

बुध- आश्लेषा, ज्येष्ठा रेवती।

केतु- मधा-मूला और आश्विनी और भरणी।

मेरा नक्षत्र- क्योंकि रोहिणी था- अतः जवान होते-होते राहु की दशा जैसे तैसे कट गई। गुरु और शनि की दशाएं, जो लाभदायक थी। वे दशाएं ऐसें समय मिली जब मुझे अपने और अपनी सन्तान का जीवन निर्माण की जरूरत थी। शनि और गुरु 35 वर्ष ऐसे हैं, जिनमें सब कुछ मिलता है। उस औरत को ये दोनों दशाएं जीवन पर्यन्त आएगी ही नहीं।

मेष लग्न वालों को, सूर्य, चन्द्र मंगल और गुरु की दशा अच्छा फल देती है। बुध की दशा कोई खास फल नहीं देती, हां अन्तर प्रत्यन्तर के समय मेष लग्न के अनुकूल हो, तो अच्छे मिल जाते हैं। शनि की दशा भी प्रगति के लिए ठीक ही होती है- पर सेहत के लिए नहीं। गुरु दशा अति शुभ फल देती है।

वृष लग्न- इस लग्न वालों को शनि, बुध सूर्य की दशाएं ठीक होती हैं। शुक्र दशा मिश्रित फल देती है। सूर्य दशा सेहत के लिए ठीक नहीं होगी, भूमि एवं अन्य सुख साधनों के लिए ठीक हो सकती है। चन्द्र दशा यात्रा के लिए और शुभ कार्यों के लिए ठीक होगी।

मिथुन लग्न- मिथुन लग्न वालों को बुध, शुक्र दशा अति शुभ होती है। शनि भाग्येश है मृत्येश भी अतः शनि की दशा में धन-मकान तथा अन्य भाग्य सम्बन्धी तो ठीक है क्योंकि शनि मूल त्रिकोण कुम्भ राशि का स्वामी है जो भाग्य स्थान में है। अतः मिथुन लग्न की महिला को शनि दशा में यात्रा प्रसिद्धी, मान-सम्मान, धन जमीन जायदाद भी दिया पर इस दशा में मौतें भी ढेर सारी देखनी पड़ी पति, भाई, जेठानी, जेठ, दूसरी जेठानी-वे जेठ, ननद, चचेरी बहन-जीजा, दूसरा जीजा, कज़न सिस्टर जेठ की लड़की सभी लोग शनि और बुध के अन्तर में मरे। यहां केवल पति की बात करें तो मिथुन लग्न में पति का मारकेश बुध ही बनेगा क्योंकि पति की कुण्डली धन लग्न की बनेगी अतः पति की मृत्यु डबल मारकेश में हुई।

## पत्नी से पति की कुण्डली- पति की कुण्डली

यहां बुध मारकेश बन रहा है और दूसरो भाव का शनि भी मारकेश है अतः

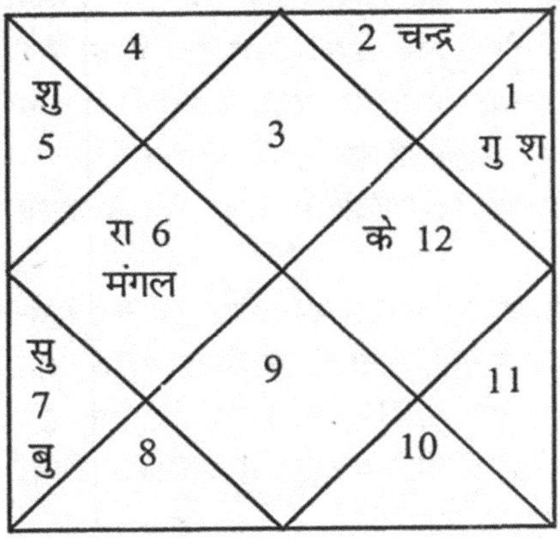

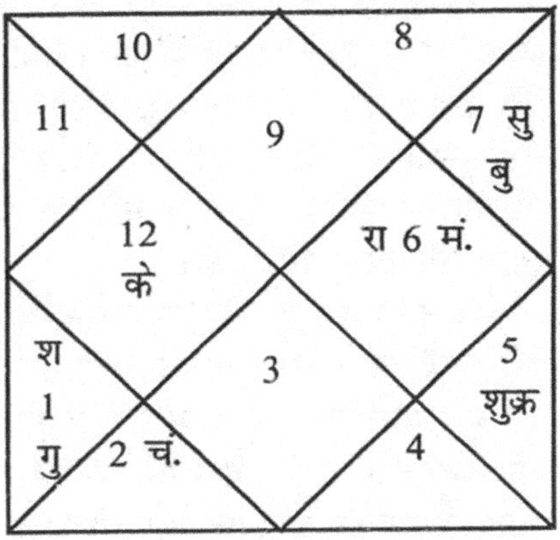


शनि की दशा बुध के अन्तर में पति की मृत्यु हुई। उसी साल छोटे भाई की भी मृत्यु। सिंह लग्न (छोटे भाई का घर) से शनि मारकेश सातवें भाव का स्वामी दूसरे भाव का स्वामी कन्या राशि भी मारकेश हुई। दशाओं का ऐसा प्रभाव तभी पड़ता है जब वर्ष फल खराब हो। इसका जिक्र हम वर्ष फल में करेंगे।

कर्क लग्न में सूर्य और शनि की दशा कष्टकारी होती है। गुरु, चन्द्र, मंगल और शुक्र की दशा शुभ मानी जाती है। इस लग्न के स्वामी को जब सूर्य की दशा आई तो टांग का बहुत बड़ा ऑपरेशन हुआ और शनि की दशा आई तो तीन बार अटैक हुआ क्योंकि शनि लग्न में था। गुरु दशा में कारोबार विवाह, और दो लड़के हुए।

सिंह लग्न:- सिंह लग्न में सूर्य, मंगल और गुरु की दशा शुभ रहेगी। बुध दशा भी ठीक रहेगी पर सेहत के हिसाब से खराब रहेगी और त्वचा रोग की भी शिकायत रहेगी। सिंह लग्न की पत्नियां रोगी रहेगी क्योंकि शनि छठे और सातवें भाव का स्वामी है।

कन्या लग्न में:- शुक्र दशा, बुध दशा और शनि की दशा के अच्छे फल होंगे। शनि का एक हिस्से शिक्षा से सम्बन्धित है दूसरा हिस्सा बीमारी व विवाद से है। अत: शनि की दशा के मिले जुले फल ही मिलेंगे। चन्द्र लाभ स्थान का स्वामी है और चर राशि है। अत: इस दशा में अचानक लाभ होंगे सन्तान सम्बन्धी शुभ समाचार भी मिल सकते हैं।

तुला लग्न:- मंगल दशा भूमि लाभ जमीन दोज वस्तुओं के लाभ तो दे सकती है। बाकी क्षेत्रों में परेशानी हो सकती शनि इस लग्न का कारक है। अत: इस दशा में पढ़ाई, सन्तान सुख अचल सम्पत्ति का सुख मिल सकता है। बुध, शुक्र, सूर्य, चन्द्र की दशाएं भी अच्छी रहेगी। गुरु की दशा के फल कोई खास नहीं होंगे। पराक्रम, छोटे भाई-बहन और कुटुम्ब सम्बन्धी तो अच्छे फल मिल सकते हैं पर व्यक्तिगत सुख नहीं।

**वृश्चिक लग्न में:-** गुरु दशा, चन्द्र सूर्य और मंगल दशा के अच्छे फल होंगे। गुरु के फल भी अच्छे होंगे। क्योंकि गुरु कुटुम्ब और सन्तान एवं शिक्षा भाव का स्वामी है। सो सन्तान के लिए तो अच्छा रहेगा पर सेहत सम्बन्धी प्राब्लम आ सकती है। लीवर हार्ट और किडनी भी खराब हो सकते हैं। इस लग्न में सब से गोल्डन पीरियड है चन्द्र की दशा का। इसमें यात्राओं से लाभ और अचानक लाभ भी मिल सकते हैं।

**धन लग्न-** गुरु की दशा चन्द्र का अन्तर लाभकारी रहता है। सूर्य का समय भी अच्छा होता है। शुक्र की दशा और अन्तर दशा दोनों ही परेशानी कारक होती है। बुध मारकेश है साथ में कर्मेश भी बुध राज सरकार, कर्मभाव और पितृ भाव का कारक है, अंत: बुध की स्थिति अच्छी हो तो उस दशा में कारोबार अच्छा होता है जमीन जायदाद का भी सुख मिलता है।

**मकर लग्न में-** शनि की दशा, बुध, शुक्र और मंगल की दशा अच्छी होती है। सूर्य, चन्द्र और राहु की दशा सेहत की दृष्टि से खराब होती है। हां राहु की दशा में अचानक लाभ और स्थिति में एक दम बदलाव आ जाता है। गुरु की दशा में विदेश भ्रमण, बाहिरी क्षेत्रों से लाभ हो सकता है। कुम्भ लग्न में शुक्र, शनि, गुरु और बुध की दशाएं अच्छी होती है। बुध की दशा में फैफड़ों में प्राब्लम नसों में तनाव आ सकता है। शनि की दशा-विदेश में भ्रमण होता है। सूर्य और केतु की दशा में ऑपरेशन होने की सम्भावना रहती है। पेट में आए दिन प्राब्लम रहती है। इस दशा में विवाह भी हो सकता है।

**मीन लग्न-** यह लग्न काफी प्रभावशाली होता है। समाज एवं सरकारी कामों में लाभ भी और मान प्रतिष्ठा भी मिलती है। बाहिरी क्षेत्रों से लाभ भी। over seas का व्यापार काफी फायदेमन्द हो सकता है। देश से बाहर भ्रमण के इलावा बसने की भी सम्भावना होती है। समुद्री यात्राएं भी लाभकारी हो सकती है। इसके लिए चन्द्र दशा गुरुदशा उपयुक्त होती हैं। शुक्र की दशा में यात्राएं व्यर्थ होती हैं रुचि अधिक होता हैं। सेहत भी बिगड़ सकती है।

दशाओं के साथ-साथ गोचर ग्रह भी देखने चाहिए। कई बार दशाएं तो अच्छी होती है पर गोचर ग्रह ठीक नहीं होते। जैसे कि शनि का रैया और साढ़सत्ती, राहु अथवा केतु का गलत भावों में भ्रमण करना मंगल का चौथे आठवें 12 वें होना या मारकेश की दशा के दौरान उस ग्रह का आठवें होना। किसी व्यक्ति को मारकेश की दशा चल रही थी। गोचर में शनि आठवें और सूर्य सातवें और चन्द्र 12 वें आ गया लग्न धन था, मुन्था भी आठवें थी अत: उसकी मौत हो गई।

## वर्ष फल सम्बन्धी कुछ विशेष बातें:-

वर्ष लग्न जन्म यदि जन्म लग्न वाला हो तो अच्छा नहीं होता। उस वर्ष जरूर शारीरिक कष्ट या कोई भयंकर हादसा या मौत भी हो सकती है। इसे द्विजन्मा

वर्ष कहते हैं। यदि वर्ष फल द्विजन्मा हो मुंथा सातवे और मुथेश आठवें हो तो निश्चित ही मौत होती है। दूसरे घर की मुंथा धन लाभ देती है, तीसरे मुंथा भाई बहन सम्बन्धी शुभ समाचार देती है।

चौथे मुंथा अच्छी नहीं मानी गई पर मुंथा शुभ हो, साथ ही मुंथेश शुभ ग्रह के साथ शुभ भाव में हो तो वह मुंथा अच्छे फल देगी। मातृ पक्ष या भूमि लाभ होंगे। इसी प्रकार आठवें मुंथा शुभ ग्रहों के साथ लाभ स्थान पर हो तो अचानक लाभ होंगे और व्यक्ति दुघर्टना का शिकार होते होते बच जाते हैं।

सातवें, मुंथा अगर शुभ होगी तो विवाह हो सकता है अगर मुंथेश भी शुभ हो तो लाभ भी हो सकते हैं। 12 वें मुंथा खर्च कराती है, हानि भी हो सकती है। अगर मुंथा गुरु या शुक्र की हो और शुभ होगी देश-विदेश का भ्रमण होगा और लाभ भी।

शनि की साढ़सत्ती के अतिरिक्त अन्य गोचर ग्रहों का भी अच्छा-बुरा प्रभाव पड़ता है। जैसे गोचर में गुरु का प्रभाव पंचम पर होगा तो सन्तान सम्बन्धी शुभ समाचार मिलेगा। सातवें भाव पर शुभ प्रभाव विवाह सम्बन्धी कार्यक्रम हो सकते हैं। मंगल और केतु की युति लग्न या लग्नेश को प्रभावित करेगी। तो चोर भय होगा गोचर में चन्द्र बहुत जल्दी प्रभावित करता है। जब चन्द्र चौथे आठवें 12 वें होगा तो व्यक्ति की शारीरिक और मानसिक स्थिति खराब होगी। दशा अन्तर दशा का भी गोचर के साथ ताल्लुक होता है। गोचर के ग्रह और अच्छी दशा होगी तो अच्छे फल होंगे। अगर गोचर-ग्रह खराब होंगे और दशा भी खराब होगी तो बहुत बुरे फल होंगे।

## नक्षत्रों के गुण व अवगुण

वैसे तो जब किसी की जन्म कुण्डली बनाई जाती है तो नक्षत्रों की अच्छाई बुराई जानने से क्या मतलब। उसका उत्तर है:- कि हर व्यक्ति को जन्म कुण्डली पढ़नी नहीं आती। हर व्यक्ति की जन्म कुण्डली बनी ही नहीं होती, कई बार जन्म कुण्डली बनी होती, तो यह अश्वस्त नहीं होता कि वह ठीक बनी है या नहीं। और हर वक्त पत्र खोल-खोल कर पढ़ी भी नहीं जाती। विद्वानों के पास जाने से फीस देनी पड़ती है। सो इन्हीं बातों को सोच कर मैंने नक्षत्रों की व्याख्या की है। हर व्यक्ति अपने जन्म नक्षत्र को तो जान ही सकता है। पंडित से भी जान सकता है और कम्पयूटर से भी। सिर्फ नक्षत्र पर व्यक्ति का जीवन नहीं टिका होता हां थोड़ी बहुत जानकारी हो सकती है।

अश्वनी नक्षत्र में पैदा हुआ व्यक्ति सजग, व्यवहार कुशल, मेहनत करने वाला, प्रगतिशील, सच्चा या स्पष्ट बोलने वाला मृदुभाषी होता है। उसे परिवार का पूरा सहयोग होता है।

भरणी नक्षत्र- ऐसे लोग ज्यादातर गलत समझ वाले होते हैं। लोगों की राय उनके बारे में अच्छी नहीं होती। एक तो वे नीरस या कम मिलन सार होते हैं या फिर मतलबी होते है। यह चंचल, शरारती, मौकापरस्त, स्वार्थी और गन्दे होते हैं। ये फर्ज तो निभा सकते है, प्यार नहीं।

कृत्तिका नक्षत्र- ऐसे लोग क्रूर प्रवृत्ति के होते है ये व्यवहार कुशल भी नहीं होते। ये मेहनती और प्रगतिशील तो होते हैं। पर घमण्डी भी होते हैं। ये उन लोगों से वास्ता रखते हैं जो फायदा पहुंचाने वाले हों या फिर अमीर और समाज में प्रतिष्ठित हो। कभी-कभी ये चोर और बेईमान भी हो सकते है।

रोहिणी नक्षत्र- रोहिणी का अर्थ है सजग 'अलर्ट' इनकी आंखें दो नहीं बल्कि दिल और दिमाग में सैकड़ों आंखें होती हैं। जो उनके सामने भी कर्म न कर रहा हो ये उसे भी भांप लेते हैं। ये परोपकारी, दानी और खुले दिल वाले और स्पष्टवादी होते हैं। हां एक बात इनमें गलत होती है कि ये जन (द्वेष) पाल कर रखते हैं। किसी को जल्दी माफ नहीं करते जब तक अगला प्रूफ न दे। इनकी नीति होती है 'शठे आठ्यम्' अर्थात जैसे को तैसा

मृगशीरा:- ऐसे नक्षत्र के लोग, बुद्धिमान् लोगों का जल्दी प्रभावित करने वाले, कर्मशील, सिर्फ अपने परिवार को प्यार करने वाले होते हैं। इनके अन्दर की गतिविधियों को कोई नहीं जान सकता। ये भोग विलासी होते हैं धन के अभाव में भी इन्हें सुख सुविधाएं ऐश परस्ती मिल ही जाती हैं। संघर्ष के बाद ये गन्तव्य पर पहुंच ही जाते हैं।

आर्द्रा- .इनमें हमेशा क्षुधा बनी रहती है। ये अतृप्त होते हैं। ये कृतघ्न और दयाहीन होते हैं। बस ये अपने परिवार के प्रति तो सोच-विचार कर सकते हैं पर दूसरों के प्रति नहीं। ये धन से तो अमीर हो सकते हैं पर रिश्तों से नहीं करते हैं। आर्द्रा नक्षत्र के लोग कभी तो अपनी असफलता पर क्रोधित होते हैं, और दूसरों की सफलता पर थी।

पुनर्वसु- इस नक्षत्र की विशेषता यह है कि यह बार-बार घर बदलने और कार्य बदलने की चाहत रखते हैं। दरअसल इनमें नवीनता समाई होती है। इसलिए ये नित-नये मित्र बनाते हैं। बिना पढ़ाई के भी जानकार होते हैं इनका दिल बहुत विशाल होता है जहां तक ये अपना खाना, ओढ़नी भी उठाकर दे देते हैं। ये अदूरदर्शी होते हैं व्यक्ति की सही पहचान न करने से, बहुत नुकसान भी कर लेते हैं।

पुष्य नक्षत्र- अति शुभ माना गया है इसका स्वरूप मंगलमय होता है। हर शुभ कार्यों में इसका प्रयोग होता है। चन्द्र गुरु के गज़ केसरी योग बनता है इससे व्यक्ति सर्वमान्य, उच्च व्यक्तित्व और ऊंची सोच का होता है। यह साधारण घराने में पैदा होकर भी सुखमय जीवन व्यतीत करता है।

चन्द्र शनि- से मानसिक तनाव, कई बार तो दिमागी हालत बहुत ही खराब

हो जाती है। जुए सट्टे से कमाने वाले उसी में बर्बाद भी होते हैं। अगर इसका सम्बन्ध बुध से हो तो लकवे की शिकायत भी हो सकती है।

चन्द्र राहु से व्यक्ति थोड़ा पागलपन में आकर हरकतें करता है। ज्यादा क्रोधी होता है तोड़-फोड़ और मुंह सिर पीट लेता है। कभी-कभी मृगी के दौरे भी पड़ सकते है।

चन्द्र केतु से- व्यक्ति डरपोक होता है आशंकित होता है। रिश्तेदार ईर्ष्या रखते हैं। इसलिए कई बार तान्त्रिक के चक्कर में परेशान हो जातो हैं। ये गलत सोचते हैं। अच्छी बात में भी मीन-मेख निकालते हैं। इस योग से मातृ ऋण हो सकता है।

मंगल-बुध- से व्यक्ति कुशल प्रवक्ता, भूमि सम्बन्धी व्यापार, गणितज्ञ, चाँद सितारों की गणना करने वाले इनके कार्य होते हैं। पैट्रोल, मोबलाईल, आयल, जंड़ी बूटियां की जानकारी, केमिस्ट डा. और केमिकल का व्यवसाय करता है। पुष्प नक्षत्र के लोग उच्च विचार और उच्च संस्कारों के होते हैं। ये माता-पिता और अन्य परिवार के प्रति स्नेह और आस्था रखते हैं। ये लोकमान्य होते हैं स्वच्छ, हृदय, दयावान् और मृदुभाषी होते हैं। ये धन्य धान्य से पूर्ण होते हैं। गरीब घर में जन्म लेकर भी ये हमेशा अमीर से दिखते हैं। इनके पैर शुभ होते हैं।

आश्लेषा नक्षत्र:- यद्यपि इस नक्षत्र का सम्बन्ध भी कर्क राशि के चन्द से है जो उज्जवल और स्वच्छता का प्रतीक है। पर शायद इस नक्षत्र के लोग अमावस के चन्द्र से ताल्लुक रखते हैं क्योंकि आम लोगों में इनकी छवि धूमिल होती है। ऐसा व्यक्ति अपना उल्लू सीधा करने वाला होता है। इसका धन गलत कार्यों में ही खर्च होता है। इनकी सोच और राय दोनों ही गलत होती है। ये कामातुर होते हैं इस संदर्भ में ये नाजुक रिश्तों तक भी परवाह नहीं करते।

मधा नक्षत्र:- इस नक्षत्र के लोग कठोर और तीव्र स्वभाव के होते हैं। ये रिश्तों की ज्यादा परवाह नहीं करते इनका ध्येय केवल अपने गन्तव्य तक पहुंचने का ही रहता है। वैसे ये निश्छल स्वभाव के होते हैं। बुद्धिमान्, शत्रुहन्ता, मेहनती अपने बलबूते पर आजीविका का निर्माण करते हैं। ये पितृभक्त और आस्थावान् तो होते हैं पर व्यर्थ के धार्मिक आडम्बरों में विश्वास नहीं रखते।

पूर्वाफाल्गुनी:- ये नक्षत्र वैसे तो परिवारों का मददगार और पालक होता है। ये शूरवीरदानी, शत्रु हन्ता, चतुरदूरदर्शी और संचालक होता है। ये घमण्डी, क्रोधी और बिना कारण जानें लोगों के प्रति रोष कर बैठता है। इस नक्षत्र वालों की सोच बड़ी अजीब होती है यह चाहते हैं, कि भले ही लोग इन्हें मूर्ख बना कर लूट लें पर इनकी जी हजूरी करते रहें।

उतरा फाल्गुनी:- उतराफाल्गुनी में उत्पन्न व्यक्ति दाता, दयालु, कृपालु, ऊंची सोच और ऊंचे विचारों को होता है। समाज़ में इनके चरित्र और विचारों

को मान सम्मान से स्वीकार किया जाता है। ये कीर्ति मान होते हैं उच्च पदाधिकारी और सरपंच भी हो सकते हैं। बाहर भले ही कोई ओहदा न मिले पर अपने खानदान और मित्रों में तो ये अवश्य सरपंच होते हैं। ये बड़े धैर्यवान् और आशावादी भी होते हैं।

हस्तनक्षत्र:- इस नक्षत्र के लोग कर्मशील, दानी, ज्ञानी और दूरदर्शी होते हैं। ये अपनी मेहनत और बुद्धि से धन अर्जित करते हैं। ये चाहते हैं कि सभी लोग इनकी इच्छानुसार चलें और इनका कृपा दृष्टि पर बने रहे। चाहे कोई साधु महन्त और प्रतिष्ठित व्यक्ति हो चाहे माता-पिता, भाई या अन्य प्रियेजन, ये अपने से ऊपर किसी को नहीं देख सकते इस विचार को कायम रखने के लिए किसी भी हद तक अच्छा-बुरा कदम उठा सकते हैं।

चित्रा नक्षत्र:- जैसा कि नाम से ही ज्ञात हो रहा है चित्रकार या चितेरे- इस नक्षत्र के लोग किसी भी जान या बेजान वस्तु का खांचा बनाने में माहिर होते हैं। यह बाहर से भले ही अनभिज्ञ बने रहे पर अन्दर की अदालत में हर व्यक्ति का यथावत् निर्णय होता रहता है। ये मददगार प्रतापी, नीतिवान्, व्यवहार कुशल, कलाकार,, प्रकृति के चितेरे, कल्पना शील, ऐशपरस्त्र, अच्छे चयनकर्ता खस्त्र या अन्य वस्तुओं के) शास्त्र एवं पुराने ग्रन्थों के ज्ञाता होते हैं।

स्वाति- स्वाति का अर्थ है पिपासा, आशावादी और अंतृप्त। ये काम देव का साक्षात् रूप होते हैं। चाहत ही इनका परिचय है। ये हर क्षेत्र में अपनी पैठ रखते हैं चाहे सौन्दर्य का क्षेत्र हो, स्त्रियों का, अय्याशी का या गीत संगीत का। पर निराशा इनके जीवन में बनी रहती है ये जो सोचते हैं या चाहते हैं वह इन्हें आसानी से प्राप्त नहीं होता। इनकी मृग तृष्णा बनी रहती है। चाहे ये बहुत कुछ पा लें फिर भी ये अतृप्त ही रहते है।

विशाखा- विशाखा नक्षत्र में जन्म लोगों का एक खास तरह का स्वभाव होता है। ये देवी देवताओं की पूजा करते हैं, हवन आदि भी करते हैं। पर लोगों के प्रति आस्थावान् नहीं होते कभी-कभी तो उग्र और रुखे स्वभाव के भी होते हैं। इनके लिए यही कह सकते हैं इनके, धर्म, कर्म हानि लाभ, खुशी-गमी और सफलता असफलता सब अपने तक ही सीमित होती है। ''न काहू से दोस्ती न काहू से वैर।

अनुराधा- यद्यपि इस नक्षत्र में वृश्चिक राशि के गुण होते हैं तो भी यह नक्षत्र सर्वमान्य है। इस नक्षत्र के लोग मिलनसार, सभी से बना कर रखने वाले, सदैव उत्सव, गैदरिग (मेलजोल), विनम्र, कान्तिवान, योजनाबद्ध कार्य करने वाले, योगी, भोगी, सर्वगुण सम्पन्न शत्रुहन्ता अचल सम्पत्ति के स्वामी और गतिशील होते हैं। इन के विषय में यह कहा गया है कि ये सदैव अपने ट्रैक (रास्ते) पर चलते हैं अगर कोई इनके ट्रैक में अवरोध या रास्ता काटने की कोशिश करे तो उसे कुचल भी देते हैं।

ज्येष्ठा नक्षत्र- इस नक्षत्र के लोग बुद्धिमान्, विद्वान् और अतृप्त होते हैं। लोगों में मीन मेख निकालना और, चुगली निन्दा करना। कोई हमेशा इनकी मदद करता रहे तो ठीक अगर कभी चूक जाए तो बस उसके विरुद्ध बोलना शुरू कर देते हैं। वैसे ये धार्मिक और मददगार भी हो सकते हैं, धनी और लोकमान्य भी पर इनके सभी कार्य अस्थायी होते हैं। यानि इनकी विचारधारा सुविधानुसार बदलती रहती है। यहां पर हम कह सकते हैं ये ज्यादातर चुप रहते हैं समय आने पर डंक मार देते हैं।

मूला:- मूला नक्षत्र के लिए आम लोगों की धारणा है कि ये कुलनाशक होते हैं। पर ऐसा नहीं है इस नक्षत्र की एकाध घड़ी ऐसी होती है जो खतरनाक होती है वैसे इस नक्षत्र के लोग मेहनती, संघर्षशील, ईमानदार एक ही राह पर चलने वाले, अपने विचारो में परिपक्व और अडिग, मितव्ययी, अपने परिवार के प्रति समर्पित होने के साथ-साथ। इनका ज्ञान अर्जित किया हुआ होता है। जन्मजात नहीं। ये क्रोधी, रूखे, कभी-कभी निष्ठुर भी हो सकते हैं। गण्ड मूल में यह सर्वोपरी नक्षत्र है।

पूर्वाषाढ़ा:- पूर्वाषाढ़ा नक्षत्र में जन्म लेने वाले लोग, मितव्ययी सीमित, परिवार के प्रति समर्पित हर हाल में जीवन बिताने वाले और गुज़ारा करने वाले होते हैं कभी-कभी स्वार्थी या कृतघ्न भी हो जाते हैं। कभी-कभी मददगार और परोपकारी भी हो जाते हैं। इनका जीवन चातक की भांति होता है। पिपासु और अतृप्त। इनकी चाहत और इच्छाओं की कोई सीमा रेखा नहीं होती है। ये सदैव प्यासे होते हैं। इसलिए ये पानी भी बहुत पीते हैं और बार बार पीते रहते हैं।

उत्तरा षाढ़ा- उतराषाढ़ा में जनमें लोग निडर, भाग्यवादी होते हैं इन्हें सब कुछ अपने आप मिल जाता है इन्हें ज्यादा इधर उधर भागना नहीं पड़ता। कुदरत इनका समय-समय पर साथ देती रहती है। या यूं कहें, द्रोपदी, प्रहलाद और गज़ की भांति इनके भगवान भी समय पर पहुंच कर मदद कर देते हैं। ये तृप्त, विजयी सत्कार्य करने वाले ईमानदार, विनम्र, कभी-कभी गुस्ताख भी होते हैं। ये घर की अपेक्षा बाहर और मित्रों में विचरण करना पसन्द करते हैं।

अभिजीत- वैसे तो इस नक्षत्र का कोई वजूद नहीं फिर भी इस नक्षत्र की बहुत मान्यता हैं। विद्वान् लोग हर शुभ कार्य के लिए या शुभारम्भ के लिए इस नक्षत्र को मानते हैं। उतना षाढ़ा के चतुर्थ चरण की कुछ घड़ी और बनता है। आम धारणा यह भी है कि दोपहर 12 बजे से लेकर एक बज़े तक चाहे कोई भी नक्षत्र चल रहा है। यह नक्षत्र अदृश्य रूप में अपना काम करता है। तभी पुराने विद्वान् लोग मुर्हूत, शपथ ग्रहण, प्रचारादि का शुभारम्भ दोपहर को करते हैं।

श्रवण:- इस नक्षत्र के लोग अच्छे विचारों के होते हैं। विद्वान् ज्ञानी-ध्यानी वेद पुराणो में रुचि रखने वाले, शास्त्रों का ज्ञाता सत्यवक्ता, बहुमित्रों वाला, शत्रु हन्ता थोड़ा चिढ़चिढ़ा या अति संवेदनशील भी कह सकते हैं। सन्तान-पुत्र सन्तान

सुख अपेक्षा कृत ज्यादा होता है। इनकी ग्रहण शक्ति अच्छी होती है। इनकी जीवन शैली अपनी बनाई होती है।

घनिष्ठाः- इस नक्षत्र की एक खास विशेषता होती है। ज्ञान, योग्यता और वस्तुओं की जानकारी इनकी जन्मजात होती है या तो इसका सम्बन्ध पूर्ण जन्म से जुड़ा होता है या कुदरती ये जन्मजात विद्वान् होते हैं। ये प्रतिष्ठावान्, लोकमान्य, मधुरभाषी और मितव्ययी होने के साथ-साथ लोगों के मददगार होते हैं। भाषा, संगीत, ग्रन्थों का ज्ञान या रूझान, इनका जन्मजात होता है। उसके लिए इन्हें मदद की जरूरत नहीं होती।

शतयिषा नक्षत्रः- ये नक्षत्र अपने आप में सिमटा हुआ है। इन्हें अपने आप में पूर्णता प्राप्त है किसी और के साथ की जरूरत नहीं। ये अत्यन्त साहसी, मूडी, कठोर हृदय निष्ठुर, मौके का फायदा उठाने वाले, जल्दी विचार बदलने वाले होते हैं। मतलब के लिए ये कोई भी कदम उठा सकते हैं, धोखा दे सकते हैं बेईमान भी हो सकते हैं "अपने लिए कुछ भी करेगा" इनका ध्येय हैं, वैसे ये लोग सुव्यवस्थित और कर्मशील होते हैं। लोगों को पटाने और प्रभावित करने की कला इनमें बहुत होती है।

पूर्वामाद्र पदः- में जन्में लोगों का जीवन अधर में लटका-सा होता है। इनके सभी काम संघर्ष-पूर्ण होते हैं और कभी-कभी तो पूर्ण नहीं भी होते। ये जितेन्द्रिय सब कलाओं से पूर्ण, चतुर भी, सब कुछ जानने का ज्ञान रखने पर प्रैक्टीकल जीवन में मात खा बैठते हैं। कभी-कभी ये रूखे और निष्ठुर भी हो जाते हैं।

उतरामाद्र पदः- इस नक्षत्र के लोग अपने कुल में श्रेष्ठ धनवान, अच्छे कर्म करने वाले ज्ञानी, ध्यान और प्रयत्नशील होते हैं। इस नक्षत्र के ज्यादातर लोग अति आत्मविश्वास का शिकार होते हैं यानि मिथ्या अभिमानी होते हैं इसी विचार के कारण कभी-कभी बड़ा नुकसान भी उठा सकते हैं।

रेवती नक्षत्र के लोग- बहुत बड़े सन्यासी बहुत बड़े योगी (योग करने वाले) और प्रतापी राजा भी हो सकते हैं। चाहे ये साधारण घराने उत्पन्न हो या राज घराने में इनके विचार ऊंचे स्तर के होते हैं। वेद पुराणों को समझने की बुद्धि भी रखते हैं, ज्ञान भी इनमें इन्द्रियों को कन्ट्रोल में रखने की शक्ति होती है। ये हर काम योजनाबद्ध तरीके से करते हैं।

**कुदरत का करिश्माः-** 25 अगस्त 2009 को सांयकाल बिहार के सीतागढ़ी गांव के एक बच्चे को जन्म दिया समय टी. वी. पर बताया गया सवां पांच बजे सांय काल- दस डाक्टरों की टीम ने बुधवार यानि 2 सितम्बर 2009 तारीख को ऑपरेशन करके फिलहाल बच्चे को बचा लिया गया है आगे भगवान जाने। उस बच्चे के रोग का विवरण निम्नलिखित है-

माता, गन्दे कपड़े में बच्चे को लपेट कर दिल्ली लाई, जिससे बच्चे को जबरदस्त Infection हो गया। डाक्टरों ने बच्चे का पूरा खून ही बदल दिया।

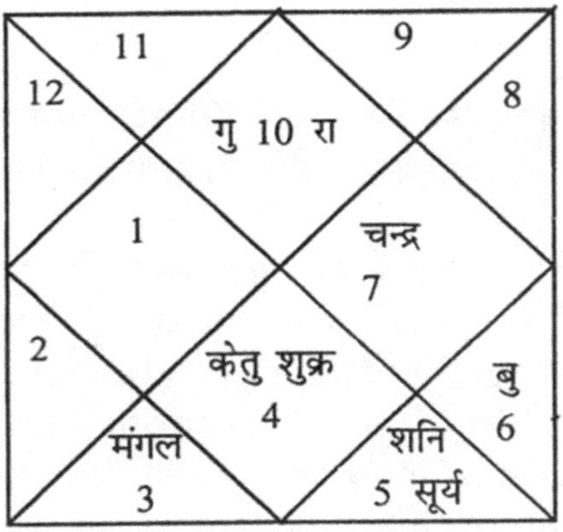


उसका दिल शरीर के बाहर (छाती से बाहर) धक-धक कर रहा था। डाक्टरों ऑपरेशन करके बच्चे के दिल को अन्दर कर दिया है।

(1) लग्न में राहु की दशा चल रही थी-

(2) चन्द्र लग्न से राहु चौथे है।

(3) लग्नेश और मारकेश शनि अष्टमेश सूर्य के साथ आठवें भाव में है।

(4) गज केसर योग और नीच मग (गुरु) होने से बच्चे की हालत फिलहाल ठीक है। 22 दिन के बाद मृत्यु हो गई।

(5) चौथे भाव (दिल का स्थान) का स्वामी मंगल छटे भाव में है और उस पर किसी ग्रह का प्रभाव नहीं। भाग्येश बुध, भाग्य स्थान में स्वराशि का है उस पर गुरु की नवम दृष्टि है। मेरे हिसाब से बच्चा बच जाएगा। आगे प्रभु इच्छा। कुण्डली कैसे पढ़े की कुछ मुख्यत बातें:-

किसी भी कुण्डली पढ़ने के लिए- लग्न, चन्द्र लग्न, नवांश कुण्डली या फिर उस डायग्राम को देखें जिस विषय के लिए पूछा जा रहा है। यदि हमने किसी व्यक्ति की सन्तान के बारे में पूछना है और सन्तान की कुण्डली नहीं है, तो व्यक्ति के पाचवें और पाचवें से नवम भाव को लग्न बना कर देखें। नीचे एक उदाहरण :-

(1) मंगल- तीसरे बैठ कर बेटे को पराक्रमी और शत्रुहन्ता बना रहा हैं। मंगल लाभेश होकर पराक्रम स्थान में।

निज कुण्डली

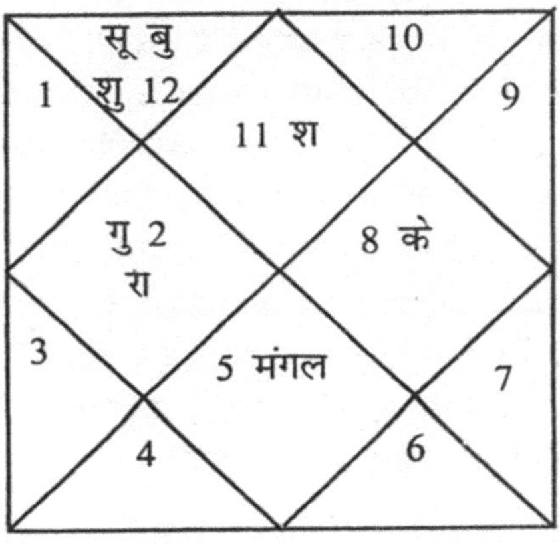


सन्तान कुण्डली

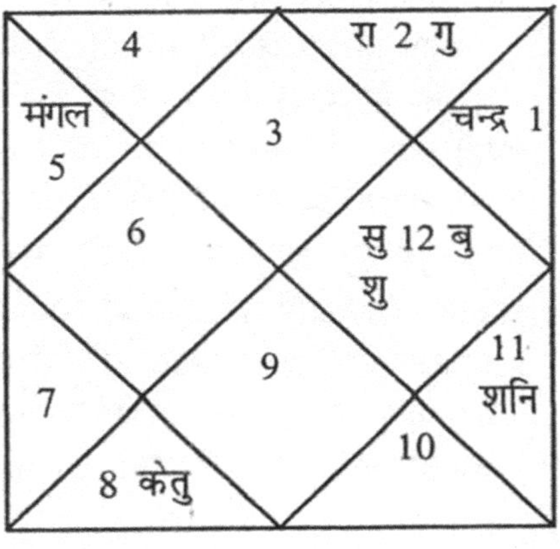

(2) धनेश चन्द्र लाभ स्थान में।

(3) भाग्येश शनि मूल त्रिकोण का होकर भाग्य स्थान में बैठकर पराक्रम स्थान और लाभेश मंगल को देख रहा है। शनि-मंगल के प्रभाव से सन्तान सेना में डॉ. है।

(4) कर्म स्थान- ठीक है। लग्नेश बुध दसवें भाव में शुक्र के साथ बैठ कर नीच भंग राज योग बना रहा है और सूर्य भी दसवें भाव में है। शुक्र और बुध अस्त नहीं अतः सन्तान कुण्डली के अनुसार महिला की दोनों सन्तानें पुत्र (बहुत अच्छी हैं, अवगुण रहित हैं, एक दांतों का डाक्टर है, (मिलिटरी विभाग में है) दूसरा पांच सितारा होटल में अच्छी पोस्ट पर है। शनि नौकरी कारक है और पाचवें से पाचवें भाव यानि भाग्य स्थान पर है। मंगल फौज़ का कारक सरकार के कारक सूर्य का राशि में है। अतः शनि और मंगल के सहयोग से सन्तान सेना में डॉ. है। अब अगर सन्तान की सन्तान के विषय में जानना हो तो वह इस प्रकार है-

सन्तान भाव का स्वामी उच्च का शुक्र है जो कि अष्ट नहीं है।

पाचवें भाव का चन्द्र पूर्ण दृष्टि से सन्तान भाव को देख रहा है उस हिसाब से कन्या योग बनता है।

मंगल की सन्तानेश शुक्र पर अष्टम दृष्टि है और चन्द्र पर शनि की दृष्टि अतः पहली सन्तान गर्भपात में बदल सकती है।

इस प्रकार सन्तान के विवाह, भाव को देखें:- तो सप्तम् भाव का कारक शुक्र दसवें भाव ये है। अतः लड़की, बहुत पढ़ी-लिखी उच्च घराने की होगी सप्तमेश गुरु 12 वें राहु के साथ है एक बात बन कर खत्म हो, और उसे ऐसी पत्नी मिले जिस का concern विदेश से हो।

चाहे जन्म कुण्डली हो या प्रश्न कुण्डली उसे उपरोक्त प्रक्रिया से ही अध्ययन करें। पूर्व जन्म होता है, पर सभी को पुर्नजन्म नहीं मिलता क्योंकि पुर्नजन्म उनको मिलता है, जिन्होंने आयु पूरी न भोगी हो, यानि अकाल मृत्यू हुई या उमर पूरी न भोगी हो या कर्म अच्छे न किये हो और उसके परिणाम भोगने के लिए दोबारा जन्म लिया हो। जैसे कि इस किताब में काटवे का वर्णन किया है। जिन्होंने अच्छे कर्म किये हों और पूरा जीवन सुख भोगा हो उनका दोबारा जन्म नहीं होता। हां ''अवतारों का जनम जरूर होता है'' ऐसा मैं नहीं, हमारे पौराणिक ग्रन्थ कहते हैं। जब-जब धरती पर पाप या अत्याचार बढ़ते हैं तब-तब भगवान् नये-नये रूप धर-कर धरती पर अवतरित होते हैं। वह लोग भी दोबारा जन्म ले सकते हैं जिन्होंने पूर्व जन्म में अपने काम पूरे न किये हों, और उसको पूरा करने की जबरदस्त इच्छा रखते हों जैसे कि मैं। मैंने पहले ज्योतिष अधूरी छोड़ी तो इस जन्म में पूरा कर रही हूं आगामी जन्म भी लेना पड़ेगा क्योंकि मुझे कल्याणकारी तान्त्रिक बनना है जो लोगों का कष्ट दूर कर सके।

# पंचमों का रहस्य

घनिष्ठा नक्षत्र से रेवती नक्षत्र को पंचकों की श्रेणी में रखा गया है। कहते हैं कि पंचकों में अच्छा, बुरा काम या अन्य कोई क्रिया कलाप हो तो वह पांच बार होगा। जैसे मरना, जीना, कुछ खरीदना प्राप्त होना पैसों का लेन-देन, प्रापर्टी खरीदना बेचना, सोना खरीदना बेचना, पैसों की वसूली आदि। जो काम पंचकों में होगा वह पांच बार होगा इसे मैंने भी कई बार अनुभव किया है। स्वयं भी, वह काम किया है जिसमें पांच बार पुर्नावृति हुई है। दाह संस्कार के दौरान लोगों को अक्सर देखा है कि जब कोई पंचकों में मरता है तो पांच पुतले बना कर उन्हें भी मृतक के साथ जलाते हैं। मेरे अपने परिवार में ही दुखद घटना घट चुकी है। मेरी बुआ का लड़का, अपने घर से दूर नौकरी कर रहा था, अचानक उसकी मृत्यु हो गई सभी लोग उसे लाने में जुट गए। रोने-धोने के चक्कर में किसी ने पचांग नहीं देखा। क्रिया-कर्म के बाकी हिस्से में पता चला कि उस समय पंचके चल रही थी और सचमुच उनके परिवार में चार मौतें उसी वर्ष हुई। पिता की, भाई की, ताया जी की और ताया के लड़के की। उपरोक्त प्रसंग इसलिये बताया कि वैसे तो कोई लड़का या लड़की पंचकों में होती है तो वह पांच की प्रक्रिया में भाई या बहनें होती है। पर 5-9-09 को एक अज़ीब किस्सा हो गया एक महिला ने पांच बेटों को एक साथ जन्म दिया समय था 12.36 से 12.39 तक। मैंने ''यमल योग'' यानि जुड़वा बच्चे के विषय में तो पड़ा था ''कि जब लग्नेश का तृतीय भाव और तृतीयेश के साथ, मंगल और मंगल की राशि के साथ और बुध और बुध की राशि के साथ सम्पर्क हो तो 'यमल योग' होता है। पांच बच्चों के केस में भी यही बात लागू होगी। दरअसल फार्मूला यह है कि एक साथ दूसरे का जुड़ना।

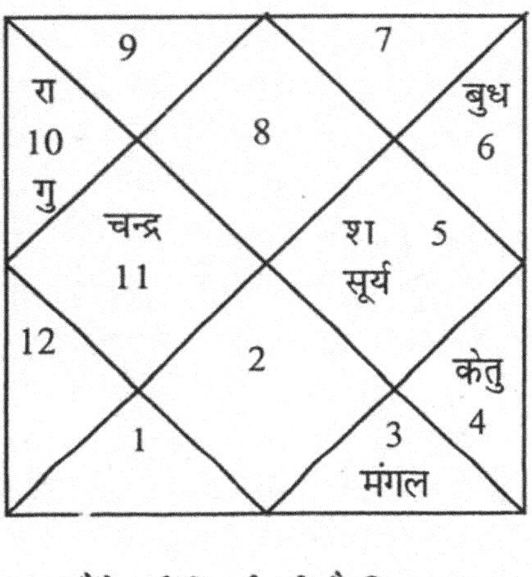


(1) बच्चे पंचकों में हुए।

(2) लग्नाधिपति स्वयं ही मंगल है।

(3) मंगल बुध की राशि में है और बुध की राशि कन्या को देख रहा है।

(4) तृतीय भाव को मंगल उच्च दृष्टि से देख रहा है। तृतीय गुरु की नीच भंग हो गया है। वैसे भी गुरु पुत्र सन्तान देता है। तृतीयेश शनि सूर्य की राशि मे है। पंचकों में कुछ भी हो वह पांच बार होता है। हां एक बात मैंने नई रिसर्च की है कि अगर एकाध पंचक गुजर चुकी हो तो उस कार्य

की भी गिनती कम हो जाती हैं। जैसे दूसरी या तीसरी पंचक में काम हुआ है तो इसी गिनती में बाकी काम होंगे।

## संन्यास

सभी लोग संन्यासी नहीं हो सकते और न ही सभी संन्यासी सचमुच संन्यासी होते हैं। कुछ लोग गृहस्थी होकर भी संन्यासी मन के होते हैं। मकर मिथुन और तुला लग्न के व्यक्ति कभी संन्यासी नहीं बन सकते ऐसे लोग दानी, त्यागी, परोपकारी तो हो सकते हैं पर संन्यासी नहीं और कुछ लोग घर में रह कर गृहस्थी होकर भी संन्यासी होते हैं। उसमें कुम्भ धन और मीन लग्न के लोग अच्छे संन्यासी बन सकते हैं घर में भी उनका मन त्यागी, सेवा भाव और परोपकार में रत रहता है और संन्यास में हो तो पूरी तरह सच्चे संन्यासी होते हैं। मिथुन लग्न वाले अगर कारण वंश या पैतृक गद्दी को संम्भालते हैं तो अन्दर खाने वे अच्छे चाल चलन के नहीं होते, उन्हें मज़बूरन संन्यास का चोला पहनना पड़ता है। तुला लग्न वाले संगीत कथा कीर्तन करने वाले गद्दी धारी होते हैं। समय आने पर गृहस्थ जीवन में प्रवेश कर लेते हैं। मेरे पास ऐसे ही एक संन्यासी, साल में एक बार जरूर आते थे मैं हमेशा मजाक में उन्हें कहती थी कि एक दिन जरूर कोई चेली तुम्हें पटा लेगी उनका उत्तर होता कि मैं 45 साल का हो गया हूं अब कौन पटायेगा? खैर मेरी बात सच्ची हुई। एक चेली उन पर मर मिटी और धमकी दे दी कि अगर तुमने मुझे नहीं अपनाया तो मैं आत्मदाह कर लूंगी और मज़बूरन संन्यासी जी को शादी करनी पड़ी। उनके दो बच्चे भी हो गए। कुण्डली इस प्रकार है।

लग्नेश शुक्र चौथे भाव (जनता) में है जो जनता में प्रसिद्ध करतां है। मंगल और शनि, विच्छेदी ग्रह हैं लग्न में राहु गुरु संन्यासी एवं त्यागी बनाते हैं। फिर विवाह क्यों? शुक्र संसारी और योगी ग्रह है गुरु जब शत्रु राशि यानि तुला राशि में होता है वह आपकी गुणवत्ता खो बैठता है अतः लग्न में गुरु राहु के साथ बैठ कर अपना गुण भूल गया और लग्नाधिपति शुक्र चौथे होने के कारण जनता से प्रभावित हो गए अतः पिता द्वारा दी गई गद्दी ने संन्यासी-मार्ग का सम्भाल न सकी और उपरोक्त व्यक्ति ने अपनी शिष्या से ही विवाह कर लिया।

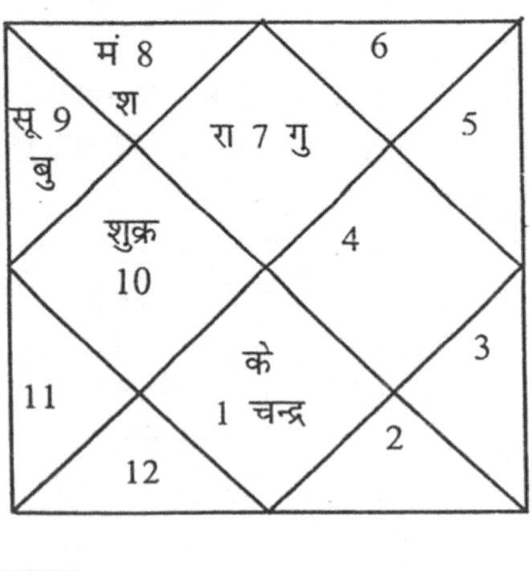

मिथुन लग्न का संकेत मैथुन प्रक्रिया से है और मकर तो मकारी का संकेत है ही, त: ऐसे लग्न के लोग कभी संन्यासी नहीं हो सकते अगर कभी परिस्थितियों वश किसी को संन्यासी बनना भी पड़े तो वह ढोंगी होगा अन्दर खाने भ्रष्ट कम करेगा शुद्ध संन्यासी कुम्भ लग्न के या मीन लग्न के होते हैं। कुम्भ लग्न के परमहंस राम कृष्ण थे और मीन लग्न की आनन्दमयी मां।

## कुछ अनुभूत प्रश्न व वर्ष फल—नौकरी सम्बन्धी

**वर्ष फल**
**10-4-2009**

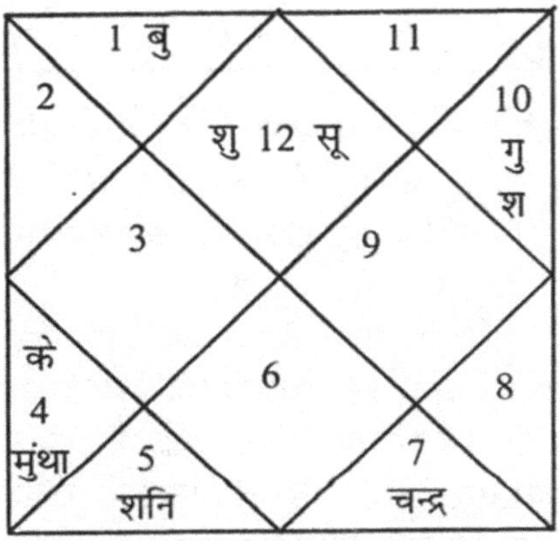


**प्रश्न कुण्डली नौकरी**
**21-3-2009**

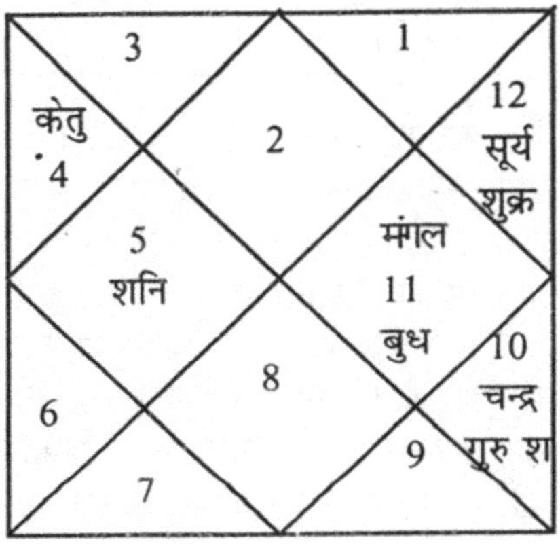


कुछ बातें वर्ष फल और प्रश्न कुंडली की कामन भी हो जाती हैं।

1. लग्न में उच्च का शुक्र और मीन का सूर्य

2. प्रश्न कुण्डली में लाभेश गुरु भाग्य स्थान में

लग्नेश और कर्मेश गुरु मकर राशि का लाभ स्थान में

3. मुथेश चन्द्र आठवें भाव में है जो विदेश से भी सम्बन्धित है। नौकरी विदेशी कम्पनी की ही है?

4. अष्टमेश शुक्र लग्न में है और प्रश्न कुण्डली का लग्न स्वयं उच्च का होकर लाभ स्थान में है। अत: प्रश्न और लग्न दोनों सेम ही Combination के हैं। इस बालक की 1 मई को होटल हिल्टन में नौकरी लग गई।

ऐसे ही एक प्रश्न विवाह का और वर्ष फल भी विवाह का एक जैसा रिजल्ट दे रहा है।

वर्ष फल में मुंथा सातवे हैं और मुंथेश शनि का लग्न में बैठ कर सप्तम भाव को देख रहा है। प्रश्न कुण्डली में चन्द्र लग्न में और गुरु सातवें भाव में

**वर्ष फल** **प्रश्न कुण्डली नौकरी**

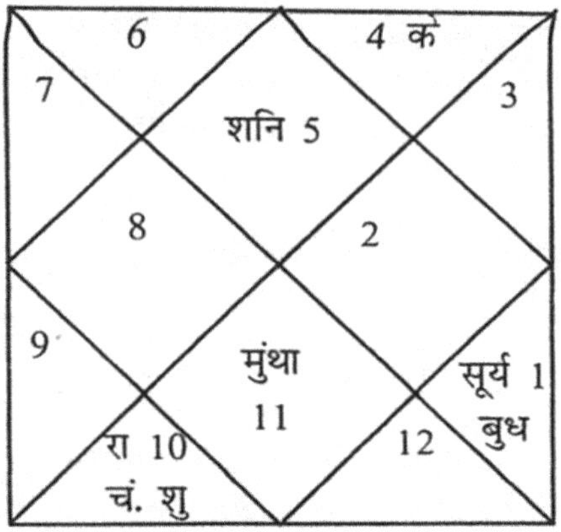


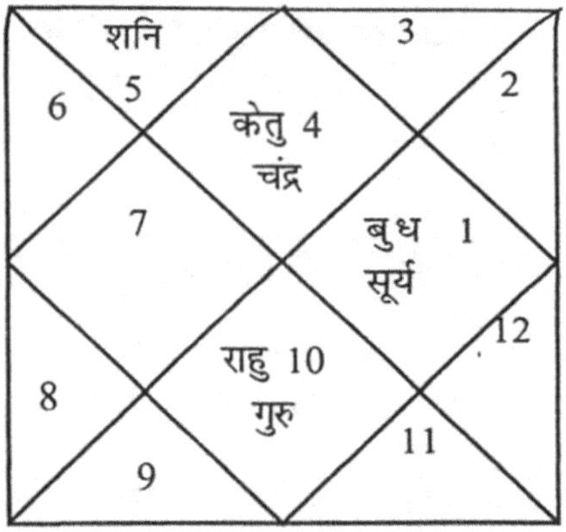


बैठ कर राज़ केसरी योग बना रहा है। वर्ष फल में बुध भाग्य स्थान में हैं और प्रश्न कुण्डली में सूर्य बुध दसवें भाव में है। गज़ केसरी योग भी दोनों कुण्डली में बन रहा है। अत: प्रश्न कुण्डली का भी व्यक्ति के जीवन में उतना महत्त्व होता है जितना कि जन्म कुण्डली में या वर्ष फल में होता है।

2 मई 2009 को किसी ने विवाह सम्बन्धी प्रश्न किया था। वर्ष फल में मुंथा सातवें भाव में होकर लग्न में आ गई अत: इस लड़की का विवाह गुरु नानक जन्म दिन में निश्चित हो चुका है। कभी कभी तो केवल मुंथा और मुंथेश भी पूरे वर्ष फल को अच्छा या बुरा प्रभावित कर देते हैं। उसी वर्ष फल में विवाह उसी वर्ष फल में बच्चा भी हो जाता है ऐसा ही एक उदाहरण पेश कर रही हूँ।

शनि लग्न में बैठ कर सप्तम भाव को पूर्ण दृष्टि से देख रहा है। मुंथा पंचम भाव में धनु राशि की है और मुंथेश गुरु भी उसी भाव में है। वर्ष फल 14 अक्टूबर 2008 का है। 13 नवम्बर गुरु नानक जयंती पर विवाह हुआ और 28 अगस्त 2009 को उसका लड़का भी हो गया। अत: एक वर्ष में विवाह और सन्तान दोनों हो गए उसका मुख्य कारण गुरु की स्वराशि मुंथा वह भी पंचम भाव में। एक बात यह भी बताना जरूरी है, उपरोक्त मामला प्रेम विवाह का ही था।

**वर्ष फल**

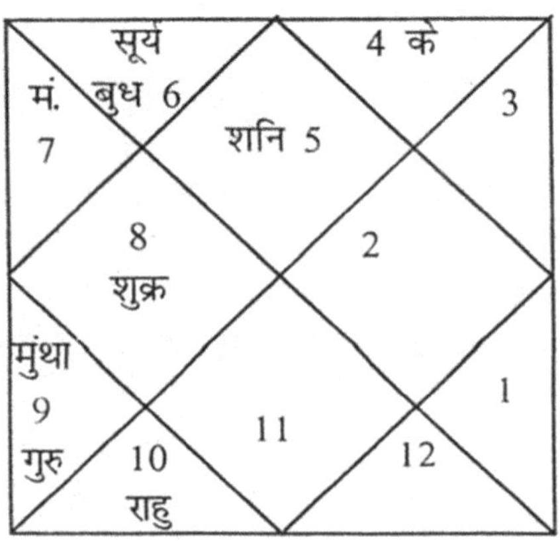

**लग्न एक शब्द में :-**

| | | |
|---|---|---|
| मेष | – | मेधावी |
| वृष | – | वाचाल |
| मिथुन | – | पराक्रमी |
| कर्क | – | जनता में प्रिय |
| सिंह | – | विचार शील |
| कन्या | – | संघर्ष प्रिय |
| तुला | – | सन्तुलित |
| वृश्चक | – | गहरा (पैठ) |
| धन | – | तत्पर |
| मकर | – | कर्म शील |
| कुम्भ | – | सहन शील |
| मीन | – | तड़प |